皇帝的
那些私事

鲜为人知的皇帝私事 不为人知的宫廷秘闻

HUANGDI
DENAXIESISHI

丁子予 编著

台海出版社

图书在版编目（CIP）数据

皇帝的那些私事／丁子予编著. —北京：台海出

版社,2009.12 （2019.1 重印）

ISBN 978 - 7 - 80141 - 673 - 5

Ⅰ.①皇… Ⅱ.①丁… Ⅲ.①帝王 - 生平事迹 - 中国

- 古代 - 通俗读物 Ⅳ.①K827 = 2

中国版本图书馆 CIP 数据核字（2009）第 221109 号

皇帝的那些私事

编　　著：丁子予

责任编辑：刘新玲　谢　香
装帧设计：天下书装　　　　　版式设计：通联图文
责任校对：韩　海　　　　　　责任印制：蔡　旭

出版发行：台海出版社
地　　址：北京市东城区景山东街20号　　邮政编码：100009
电　　话：010 - 64041652（发行，邮购）
传　　真：010 - 84045799（总编室）
网　　址：www. taimeng. org. cn/thcbs/default. htm
E - mail：thcbs@ 126. com

经　　销：全国各地新华书店
印　　刷：三河市天润建兴印务有限公司
本书如有破损、缺页、装订错误,请与本社联系调换

开　　本：787 × 1092　　　　1/16
字　　数：220 千字　　　　　印　　张：18
版　　次：2010 年 1 月第 1 版　　印　　次：2019 年 1 月第 3 次印刷
书　　号：ISBN 978 - 7 - 80141 - 673 - 5

定　　价：39. 80 元

前　言

　　自从秦始皇拉开中华历史的大幕，到清朝末代皇帝宣统搬出紫禁城，在长达两千多年的中国历史舞台上演出了一幕幕王朝兴衰更替的悲喜剧，造就了不计其数形形色色的中国皇帝。其中，有叱咤风云、独领风骚的帝王；亦有雄才大略、励精图治的英主；更有残暴无能、荒淫无道的昏君。

　　中国古代帝王的生活史，处处留有疑团、透着神秘；高墙内的紫禁城，留给人很多猜测与遐想。皇帝们的日常生活什么样的？他们的衣食住行又如何？

　　有些人以为，作为帝王，置身于金碧辉煌的九重宫禁，触目皆是凤阁龙楼与玉树琼花，每天锦衣玉食，还可以尽情享受香艳醉人的"白云乡"。其实，他们一样有着平常人的喜怒哀乐、悲欢离合和各种优缺点，一样也有脆弱、复杂、多愁善感的一面。谁说他们不渴望正常的人间生活？谁说他们是"龙"而不是"人"？

　　还有人以为，象征九五至尊的古代皇帝，拥有至高无上的权力，全天下都是皇帝一个人的，因此他就可以为所欲为，想干什么就干什么，喜欢谁就是谁……实际上很多时候并非那么回事。正因为他是皇帝，是一国之主，是天下之君，他的私事往往也就算不上是私事，而变成国事、天下事。即使是皇帝的私事，他自己也未必做得了主，无论是娶妻还是生子，无论是在庙堂还是在内宫，皇帝的私事时时处处都要受人格外"关照"。

正因为如此，历史的变迁、王朝的兴替往往跟帝王的私事相关联，历史的种种玄机往往也就隐藏在这一个个帝王的"私密"之中。历史上有不少因皇帝生活荒淫无道、任意胡为而导致天下纷扰、民怨鼎沸以至国家灭亡；也有许多忠直正义之士因规劝皇帝远离声色犬马而惨遭杀戮、诛灭九族；还有奸邪小人为了迎合皇帝的私欲而残害百姓、为祸四方……透过帝王的私生活，我们不仅能重新认识这些高高在上、披着神秘面纱的古代帝王，而且能从另一个角度了解历史的演变和发展轨迹。

历史记载了皇帝的荣华富贵、也再现了皇帝奢靡的宫廷生活。本书选取了四十多位古代皇帝，对他们的那些私事儿做了揭秘与解读。其中有杀父淫母的隋炀帝，也有封堂妹为嫔妃的孝武帝；有霸父妾的北汉王，亦有恋儿媳的唐玄宗；有染指逾万宫娥的晋武帝，亦有一妻定终身的明孝宗等等。

帝王的私密本是历史的存在，只是很多内幕不曾大白天下。追寻真相，窥破原由，对我们完整地了解历史，辩证地看待帝王的千秋功过，有着很重要的意义。

作　者

目　录

1

第三章　南北朝时期

第四章　隋唐时期

第五章　五代十国时期

第六章　宋元时期

第七章　明朝时期

第八章　清朝时期

第一章　秦汉时期

秦始皇的身世与爱情

秦始皇（公元前259～前210年），首位完成中国统一的秦王朝的开国皇帝。后人称之为"千古一帝"，姓嬴，名政。汉族，出生于赵国，所以又叫赵政。

关于秦始皇的出身问题，《史记》中是这样说的：

吕不韦取邯郸诸姬绝好善舞者与居，知有身。子楚从不韦饮，见而说之，因起为寿，请之。吕不韦怒，念已破家为子楚，欲以钓奇，乃遂献其姬。姬自匿有身，至大期时，生子政。

这里所说的"政"，也就是秦始皇嬴政。也就是说，千古一帝秦始皇，并不是他爹的亲生儿子，而是吕不韦的后代。

吕不韦，战国末期卫国濮阳（今河南濮阳西南）的大商人，他往来各地，以低价买进，高价卖出，做些投机生意，赚下了万贯家财。

故事的另一位主人公子楚，原名异人，是当时秦国太子安国君的儿子，秦昭王的孙子。安国君姬妾成群，共生有20多个儿子，却偏偏宠爱没有儿子的华阳夫人，把华阳夫人立为正夫人。子楚的母亲叫夏姬，虽然给安国君生了一个儿子，却始终得不到安国君的宠爱，连带着子楚也不被父亲喜爱。当时各国有互换人质的传统，安国君于是把子楚派到赵国作人质。但秦昭王和安国君显然没有把子楚的安危放在心上，屡屡派兵攻打赵国。赵国看子楚这个人质一点儿用处没有，也就根本不把他当回事。因此，子楚的处境非常困窘，虽然贵为皇子，但日子过得却连一个平民百姓都不如。

邯郸是座人口密集的大城，也是赵国的都城。吕不韦正是在这一次邯郸之行中邂逅子楚的。

吕不韦虽说是一个投机商人，却有一定的政治野心，见到子楚并了解清楚他的身份之后，回家就问自己的父亲：："种地能赚多少钱？"

父亲估算了一下，回答道："十倍。"

吕不韦又问："贩卖珠宝又能赚多少钱呢？"

父亲又估算了一番，回答道："一百倍。"

吕不韦又问："那么，把一个失意的人扶植成一国之君，掌管天下的钱财，又能获利多少？"

父亲闻听之后，惊得目瞪口呆，连忙回答道："这个吗？实在让我无法估算也无法想象。不过估计应该有无数倍吧。"

吕不韦听了父亲的话，更加踌躇满志地说："种地和贩卖珠宝之类，只不过能够养家糊口而已，而扶植国君却可以泽被后世！我认识了一个人，此人奇货可居，我要在他身上投资，豪赌一把。"

于是吕不韦千方百计寻找机会与子楚接触，不惜花大本钱来帮助子楚，有计划、有步骤地和他建立交情，子楚在困顿潦倒的处境中得到吕不韦的帮助，自然万分感激，把吕不韦视为知己，与他推心置腹，共商谋取王位的大计。

吕不韦于是先拿出五百金给子楚，供他日常用度，自己又拿出五百金购买了大批古董和稀奇古玩，跑到秦国去贿赂华阳夫人的姐姐，托她把这些礼物转送给华阳夫人，并让她转达子楚对华阳夫人的崇敬之情。说子楚久居异乡，非常思念父亲和华阳夫人，以至于夜不成寐，日夜啼哭，这些礼物就是子楚孝敬华阳夫人的。在吕不韦的蛊惑之下，华阳夫人心花怒放。吕不韦趁热打铁，继续通过华阳夫人的姐姐向华阳夫人游说："虽然夫人备受宠爱，但没有儿子，一旦您人老珠黄怎么办？不如趁现在早早结交诸子中既贤明又孝顺的，立为太子，那就等于是您自己的儿子，安国君百年之后，您所立的太子继位，您就是皇太后，这可是一本万利的生意啊。子楚不但贤明，而且又孝顺，您在他心目中的地位是至高无上的，如果此时您立他为太子，他一定终生感激不尽，您晚年的幸福不就有了坚实的保障了吗？"

吕不韦这些话深深打动了华阳夫人，于是，她开始在安国君面前不断地为子楚说好话，夸子楚有能力，有威望，又非常孝顺，身在远地还时时想念父王。最后，华阳夫人哭着使出了杀手锏："妾有幸的是和您相亲相爱，不幸的是没有儿子。您要真爱妾，就请您把子楚过继给妾，立为太子，这样妾的终身就有所依靠了。"

华阳夫人这番枕边风一吹，安国君哪能不乖乖就范？不仅答应了华阳夫人，立子楚为太子，又送了好多礼物给子楚，封吕不韦为子楚的老师，专门辅佐子楚。从此，子楚名声日盛，誉满诸侯。吕不韦也常住在了邯郸，和子楚一起广交天下宾客，等待回国做太子、准备以后继承王位的那一天到来。

吕不韦在邯郸与一个叫赵姬的歌伎相好，这赵姬既美貌又善舞，很受吕不韦的宠爱，与吕不韦同居，不久就怀了孕。有一次子楚应邀到吕府喝酒，见了赵姬眼都直了，趁着酒意，涎着脸请求吕不韦把赵姬转赠给自己。吕不韦大怒，但转念又一想，自己倾家荡产帮助子楚，是放长线钓大鱼，看好子楚未来的前途，不能因小失大，干脆做个顺水人情，彻底拴住子楚的心。于是慷慨地把赵姬转让给了子楚，却隐瞒了赵姬已经怀孕的事实。

这位赵姬肚子里的种儿可不是善茬儿，到了预产期还没有一丝生产的迹象，足足怀了十二个月才破胎而出，取名为赵政，回到秦国后改名嬴政。

尉缭曾经对秦始皇的相貌进行过详细的描述——峰准，长目，鸷鸟膺，豺声。郭沫若考证说：峰准就是马鞍鼻，在赵政的面孔中央，鼻子形成了塌陷下去的马鞍形；鸷鸟膺就是鸡胸，所谓鸡胸，也就是现在所说的气管炎。毫无疑问，赵政的鸡胸是由小儿佝偻病所致，即身体内缺乏足够的维生素 D，出现骨软化症，严重的鸡胸由于两侧向内凹陷的肋骨压迫心脏和肺，易出现疲劳和反复呼吸道感染。呼吸道反复感染导致气管炎，严重的气管炎致使赵政嗓音沙哑，如同豺狼的声音一般。

有的古代文献对秦始皇的相貌有不同的记载。《纬书》称秦始皇虎口、日角、隆准、长目、鸷鸟膺，看来鸡胸的记载没有什么区别，但是严重的鸡胸必将使秦始皇成为一个软骨病患者。《纬书》接着称秦始皇身高八尺六寸，相当于现在的一米九多，腰围七围，相当于现在的四尺多，这就和鸡胸的症状自相矛盾了。司马迁描述的软骨病患者和《纬书》的描述，哪一个更加可信呢？司马迁距离秦始皇大约一百多年，《纬书》又在司马迁之后大约一百多年，因此应更倾向于相信司马迁的记载，即秦始皇这位小儿佝偻病和软骨病患者没有享受到足够的母爱。这个事实埋下了他一生对女人爱欲情仇的第一个线索。

公元前 256 年，秦伐赵，包围了邯郸。赵国眼见事急，就想杀掉子楚报复。吕不韦用六百斤黄金向看守行贿，子楚才得以逃脱，逃回了秦国。赵国气不过，又想杀掉子楚的妻子赵姬和儿子赵政，赵姬本来就是赵国大户人家的女儿，被娘家藏了起来，娘俩这才捡回了一条命。

六年后，秦昭王驾崩，安国君继位，赵姬和赵政直到这时才来到秦国。不过安国君在位一年的工夫就死了，子楚顺理成章地继位，是为庄襄王。子楚尊华阳夫人为华阳太后，亲生母亲夏姬为夏太后，立赵政为太子，改名嬴政。

吕不韦用金钱和爱情的豪赌终于得到了回报：子楚以吕不韦为丞相，封为文信侯，一人之下，万人之上，权倾朝野。这场惊心动魄的豪赌显示了吕不韦的好运气，不过好运气并没有伴随吕不韦的一生。

子楚像他的短命父亲一样，在位三年就死了，死因不明。嬴政继位，当时才 13 岁，尊吕不韦为相国，模仿春秋时期齐桓公对管仲的称呼，称吕不韦为"仲父"。至此，吕不韦达到了一生事业的巅峰。

子楚死后，吕不韦和赵姬旧情复炽，爱情的火焰，在两人之间重新熊熊地燃烧了起来。吕不韦尽情地享受着拿爱情赌来的荣华富贵，还忙中偷闲，召集自己的门生编纂了一本20余万字的书，大言不惭地署名《吕氏春秋》。

这时，嬴政也在慢慢长大。面对自己的亲生儿子，吕不韦十分头痛：既不能披露嬴政的身世，那将使嬴政失去继位的政治合法性；又不能再继续和太后相爱，毕竟是私通，在长大的嬴政面前怕奸情暴露。吕不韦和太后的爱情遇到了严峻的考验。爱情和地位无法两全的情况下，精明的商人吕不韦选择了后者。对他而言，爱情本来就是赌注，因此注定要被牺牲。

吕不韦开始刻意疏远太后，私下里寻访到了一个奇伟的男人做门客。此人名字非常古怪，叫嫪毐，嫪读作"烙"，爱惜、留恋的意思；毐读作"矮"，意思是品行不端正的人。嫪、毐二字合在一起，就是指爱惜、留恋品行不端正的人，可见这个名字不是一个好名字，拥有这个名字的人当然也就不是一个好人了。

吕不韦让嫪毐扮成太监，然后设法把他逼进内宫进献给赵姬。太后得到嫪毐后，一下就爱上了这个品行不端正的人，再也不纠缠吕不韦了，还和嫪毐生了两个儿子，只瞒着嬴政。

此时嬴政已经成长为一名小青年，虽然这个小青年身体羸弱，天生一棵病秧子，但他的心灵却比健全人更加敏感。母亲和相国的宫闱丑事怎能彻底瞒得过他？也许，他还隐隐约约地听到相国和自己身世的各种传说；也许，母亲在和儿子的日常相处中，无意中曾经透露过自己的香艳往事。总之，怀疑和仇恨的种子开始在这个敏感内向、沉默寡言的小青年心中渐渐萌发，少年嬴政的目光日益阴沉起来。尉缭后来形容他"少恩而虎狼心"，这时已经初露端倪。午夜梦回，少年嬴政辗转反侧，他意识到，母亲这个女人不仅从来没有尽到过母亲的职责，从来没有爱过自己这个惟一的儿子，从来没有对父亲忠诚过，相反，还视自己如无物，半公开地和相国私通，和嫪毐日夜宣淫。母亲的种种丑行无疑是打在嬴政脸上的耳光。可是，她毕竟是自己的母亲，在赵国要捕杀母子俩的时候，惟有母亲和弱小的他相依为命，逃过了杀劫。按照伦常，他不应该仇恨自己的母亲。于是这种慢慢发酵的仇恨转而变质，指向了世间所有的女人。

成年后，嬴政坚决拒绝立皇后，而且终其一生也没有立皇后。考古发现证明，秦始皇陵中各种设施和用具应有尽有，部署十分周密，可是却没有皇后陵。有人认为，这是由于秦始皇死后而皇后仍健在，秦王朝又很快覆灭，因此皇后未能葬在陵园内。可是，偌大的秦始皇陵园里面，却根本没有为皇后预留陵墓的位置。秦始皇的皇后是谁，任何一部史书都没有记载。

而且，秦始皇后宫的任何资料也没有记载。涉及到秦始皇后宫的史料，只有秦二世胡亥即位后的一句话："先帝后宫非有子者，出焉不宜。"于是把秦始皇的后宫全部诛杀。这是所有关于秦始皇的史料中惟一涉及后宫的记载。因此，秦始皇就成为中国历史上惟一的后宫状况不明的皇帝。况且，他还是"始皇帝"，距离《史记》成书仅仅一百年！

这一不正常的状况与母亲对他肉体和心灵的双重伤害息息相关。嬴政13岁即位，22岁亲政，长达九年的时间里，秦始皇没有立皇后；在22岁到50岁长达28年的独裁统治时期，秦始皇也始终没有立皇后。这究竟是为什么？答案仍然是他的母亲。因母亲带来的心理阴影终生伴随着秦始皇，致使他成了一个女人的仇视者，视所有的女人为不洁之物，就像他的母亲一样。可是他对母亲的感情又是奇异的。很少有人注意到，在母亲死后，秦始皇的生活中出现了一位奇怪的女人。

这个奇怪的女人叫清，是巴郡的寡妇。《史记·货殖列传》中有寥寥数语的记载："巴寡妇清，其先得丹穴，而擅其利数世，家亦不訾。清，寡妇也，能守其业，用财自卫，不见侵犯。秦始皇以为贞妇而客之，为筑女怀清台。清穷乡寡妇，礼抗万乘，名显天下，岂非以富邪？"——清的先人因经营丹矿成为亿万富翁，清作为家族的后裔继承了这份家业，而且拥有一支庞大的私人武装保护家业，此之谓"用财自卫，不见侵犯"。秦始皇认为清是一名贞妇，对她非常客气，而且把清接到秦朝的首都咸阳安度晚年。清病故后，秦始皇又将清的遗体运回家乡安葬。不仅如此，秦始皇因为怀念清，专门在埋葬之地为她修筑了一座名为"怀清台"的豪华纪念碑，以供缅怀，以至于司马迁感叹道：清不过是一名穷乡僻壤的寡妇，竟然"礼抗万乘"，和秦始皇平起平坐，名声显于天下，难道不是因为她富有的缘故吗？

司马迁的感叹也许远远没有揭示出清和秦始皇关系的实质。

秦始皇对清的礼遇令人惊诧。最奇特的是，秦朝统一全国后，为了防止六国之人的反叛，把全国所有的兵器都收缴加以熔化，铸造成编钟和12个重达三万公斤的铜人，安放在宫中。严苛的《秦律》也明文规定：天下兵器，不得私藏。可是秦始皇却能容许清拥有一支庞大的私人武装！这份礼遇早已远远超越了司马迁认为的是为表彰清的富有的程度。还有学者认为，秦始皇一生都在求神仙和不死之药，而清经营的丹矿是冶炼丹砂的最大企业。秦始皇陵中"以水银为百川江河大海，机相灌输，上具天文，下具地理"，保守估计大约有100吨水银，同样需要丹矿冶炼提取，因此之故，才对清超乎寻常地礼遇。可是，在清死后，秦始皇已经失去了继续怀念清的利益动机，怎么解释"怀清台"的刻骨相思？

宋朝的夏竦在《女怀清台铭》里批评巴清"妇越闺户，预外事，是非贞也；图货殖，忘盥馈，是非孝也；采丹石，弃织纴，是非功也；抗君礼，乖妇仪，是非德也"，指责秦始皇表彰巴清是"妇非所表而表之，表贪竞也；台非所筑而筑之，筑祸乱也"。夏竦以灵敏的嗅觉，也许还有不为我们所知的资料，态度隐晦，同时又旗帜鲜明地推翻了秦始皇对清的"贞妇"封号。夏竦到底在怀疑什么？

夏竦怀疑的是——巴寡妇清是秦始皇的恋人！在清身上，折射着秦始皇对母亲的奇特感情。这种感情一方面是仇恨，一方面又纠缠着莫名的恋母情结。尤其是对天性内向的秦始皇而言更是如此。清的年龄大约比秦始皇要大上十岁左右，秦始皇把这份感情移情到了清的身上，清就是秦始皇母亲的"想象性的替代"。清死后，即使筑起了"怀清台"，秦始皇仍然无法消泯对清的刻骨相思，不久就在巡游途中病死，追随清的亡魂而去。位于长寿龙山寨的古墓穴，被当地人认为是巴寡妇清的墓。

秦始皇21岁的时候，有人告发嫪毐并非宦者，而是假借阉人的名义出入宫禁，不仅和太后私通，甚至密约秦始皇死后要立他们的私生子为皇帝。秦始皇羽毛已经丰满，不再有所避忌，准备下手清除嫪毐。嫪毐听到风声，趁秦始皇前往雍县郊祀的机会，联络同党，假借太后的御玺发兵造反。秦始皇早有准备，迅速平定了嫪毐的叛乱，将嫪毐车裂，夷三族，杀太后和嫪毐所生二子，将母亲迁到雍县居住。紧接着穷究此案，结果发现背后的主谋是吕不韦。

第二年，秦始皇罢免了吕不韦的相国职位，迁到河南的封地居住。有一个叫茅焦的齐人劝说秦始皇："大王您如今正想一统天下，却有迁太后之名，恐怕诸侯听说都要背离秦国了。"秦始皇这才把母亲接回咸阳，却并没有让母亲再住进宫中，而是住进了南宫。

又过了一年，秦始皇发现居住在河南的吕不韦和诸侯宾客来往密切，生怕吕不韦发动军事政变，于是赐书谴责吕不韦说："你对秦有什么功劳，致使秦封你河南的封地，食邑十万户？你对秦有什么亲近之处，竟敢号称仲父？你和你的家属都要迁到蜀地监视居住！"吕不韦对秦的功劳不言而喻，吕不韦和秦始皇的关系当然比亲近之处更要亲近许多，秦始皇这是欲加之罪，何患无辞，铁了心要杀掉自己的亲生父亲了。

秦始皇派出了行刑队。吕不韦相国站在行刑队面前，想起了朋友带他去邯郸做买卖的那个遥远的下午，想起了他拿爱情赌来的这一切，就像一场春梦，于是饮下自己亲手酿制的毒酒。

吕不韦死后，秦始皇命令不准下葬，吕不韦的三千门客偷偷将吕不韦的尸体窃走，埋葬在洛阳的北邙山下。秦始皇大怒，把凡是吊唁吕不韦的门客统统驱逐出境。

七年后，秦始皇的母亲赵姬崩，追随吕不韦的亡魂而去，秦始皇将母亲和父亲子楚合葬。再后七年，秦始皇灭掉六国，开创了中国统一的新局面。

汉高祖刘邦身边的女人

西汉高祖刘邦，（公元前256年～公元前195年），沛郡丰邑人（现在江苏丰县），字季，有的说小名刘季。

在刘邦生命中，有两个很重要的女人：吕稚和戚姬。

吕稚是汉高祖刘邦的皇后，至今人们提起她的名字，最先想到的是狠毒！然而，早年的吕后并不如此，还称得上贤惠的女人，她为了刘邦历尽艰辛，九死一生！

刘邦年轻时本是一个市井无赖，虽然出身农民家庭，却好逸恶劳，不安心农业生产，又不太喜欢读书，整天游手好闲，和一些屠夫、商贩之类的市井之徒在丰邑镇上舞枪弄剑、赌博喝酒、寻欢作乐，成为古丰邑镇上一个远近出名的贪酒好色之徒，就连他父亲也十分讨厌他。

但是，与一般的市井无赖之徒不同的是，刘邦是个非常有野心的人，在一次送服役的人去咸阳的路上，碰到秦始皇大队人马出巡，远远看去，秦始皇坐在装饰精美华丽的车上威风八面，他羡慕得脱口而出："大丈夫就应该像这样啊！"

正因有此非比寻常的大志，刘邦在浪迹市井之时，有意识地结交当地上层人士，如六国旧贵族后代、县府官吏和地方名士。

刘邦经过努力，30多岁时当上了沛县城东泗水亭的亭长，相当于现在的派出所所长。当上了亭长之后，丝毫没有收敛自己的流氓无赖习气，照样吃喝嫖赌，贪酒好色，混迹于市井之中。

吕雉的父亲吕公，是单父人（今山东单县），和家乡的人结下冤仇后，避难来到了沛县，因为沛县县令和他是好友。刚到沛县时，很多人登门拜访。刘邦也去了。当时主持接待的是县吏萧何，他规定贺礼钱不到一千的人到堂下就坐。刘邦身无分文却在自己的贺柬上手书"贺钱万"。这在当时可是一个惊人的数目,莫说县吏萧何吃惊,连吕公也诧异,连忙亲自出迎,礼接亭长刘邦。

吕公是见过世面的人,又善于观人面相。细看之下,只见刘邦气宇轩昂,气度非凡,彬彬有礼。心中为之折服,在行动上就十分谦让礼敬,将刘邦请入堂中,坐在上座。刘邦落落大方地坐在上座,高谈阔论,旁若无人,在座的宾客无不黯然失色。吕公在酒宴过程中,一直观察着刘邦,并细察他的言谈,深究他的面相,料定刘邦日后前途定不可限量。心里更加器重刘邦,决意将自己的女儿嫁给了他。这就是历史上有名的吕后。

吕雉在吕公的坚持下嫁给了亭长刘邦。当时,刘邦家境不富裕,成家以后,刘邦仍改不了吃喝玩乐的浪荡习惯,三天两头不见人影,织布耕田,烧饭洗衣,孝顺父母及养育儿女的责任,都一股脑儿地落在吕后一人身上。一晃就是几年,吕雉从一个娇小姐,一变而为一个农妇,一年四季下地耕作,操持家务,并先后替刘邦生下了一儿一女。

一次押解囚犯,刘邦因酒醉而使囚犯逃跑,自己也只好亡命芒砀山下的沼泽地区。贤惠的吕后除独立支撑家庭外,还不时长途跋涉,为丈夫送去衣物及食品。

秦末天下大乱,刘邦率众进入沛县被拥立为沛公,吕后当时也被尊称为吕夫人,等到刘邦攻入咸阳,被西楚霸王项羽立为汉王,吕后又成了王妃。

但吕后并没有因此过上舒适的日子,在接下来刘邦和项羽打得天昏地暗的楚汉战争中,吕后成了项羽的俘虏。在四年的楚汉战争中,吕后一直被囚在楚军之中作人质,受尽了折磨和凌辱,挣扎在生死边缘,使其心理和精神受到了严重打击,也造成了以后多疑与缺乏安全感的后遗症,变得心地狭隘、阴狠毒辣起来。

及至楚、汉罢兵言和,以鸿沟为界平分天下,项羽才将吕后归还刘邦,对吕后来讲,真是恍如隔世。后来刘邦毁约,重挑衅端,最终在垓下之战中打败项羽，建立西汉王朝，刘邦当上皇帝，吕后就顺理成章地当上了皇后。

汉高祖刘邦长年在外征战，随军帐幕中自然不乏红粉佳人。她们有薄姬、戚姬、曹姬等多人。一个人既然贵为天子，富有四海，多几个女人侍候，似乎也是理所当然的事，吕后也明白这个道理。但皇宫本来就是权力争夺的战场，其残酷的斗争一点不亚于刀剑相交的战场，且吕后本身就是一个权力欲十分强烈的女人，一旦发生实质的利害冲突，甚至影响到未来的安全问题时，吕后便感到如坐针毡，日夜不安！

最大的问题出在戚姬身上，戚姬身材修长，皮肤白皙，气质高雅，最为难得的是，她的歌喉优美婉转，舞姿轻盈美妙，令人陶醉。在定陶与刘邦一相遇，便十分得宠。戚夫人不久给刘邦生了一个儿子，取名叫如意。相貌极像刘邦，令刘邦十分喜爱。如意七岁的时候，被封为代王，十岁被封为赵王。随着年龄的增长，如意长得越来越像刘邦，甚至连言谈举止都和刘邦一模一样。刘邦更将这母子二人视如珍宝，备加爱怜。且这位戚姬也不是什么省油的灯，她一心想让自己的儿子如意继承王位。再加上太子刘盈生性敦厚柔弱，刘邦很不喜欢他，心里也早有改立太子的打算。

汉高祖十年（公元前197年）的一天，刘邦在朝堂上对满朝文武大臣宣布了改立太子的诏命："太子懦弱无能，难以继承大统。几个王子中，只有赵王如意言行举止最像我，继承皇位的，也以赵王最为合适。所以我决定改立赵王如意为太子。"说罢下令起草废立诏书。危急时刻，御史周昌挺身而出，力争保留刘盈太子的地位。周昌本来就有些口吃，由于情绪激动，话说得更是结结巴巴。惹得朝堂上的大臣都忍不住大笑起来。一番严肃的争辩被这可笑的气氛冲淡，怒气冲冲的刘邦也不禁笑了起来。一场废立太子的争论就这样滑稽收场了。

但这次朝会，却让吕后心惊肉跳，眼看太子地位不保，让她忧心如焚。这次朝会，废立太子之事就这么不了了之，但如果下次刘邦再提起废立太子之事，自己的儿子还能这么幸运吗？太子如果被废，那自己的皇后地位还能保得住吗？因此，她恨戚氏母子恨得入骨：戚姬不光是吕雉的情敌，更是她的政敌，她恨不得立即就置戚氏母子于死地，恨不得食其肉，吮其血，寝其皮。她必须反击，但也必须小心翼翼。

吕后思来想去，想到了一个人：留侯张良，一个最擅长谋略的人。她恳请张良为保刘盈的太子地位出谋献策，张良本来也就倾向于保持太子地位，于是，他就为吕后和太子想出了一条妙计：皇上打天下时，有四位高士为躲避战乱隐居商山。这四人德高望重，名闻遐迩，时人称为商山四皓。皇上得天下后，曾多次请他们下山为朝廷效力，他们嫌皇上太不尊重儒生，不愿意出山做皇上的臣子。如果太子能谦卑礼敬，恭请四人出山，到太子府中作太子宾客，一旦皇上知道，他不能请到的商山四皓愿意追随太子，必然有助于太子的声望，皇上也就会放弃废除太子。

吕后和太子自是言听计从，马上写了一封情真意切的书信，派谋士带厚礼前去商山，叩请四皓。四皓深为感动，欣然接受，到太子府中作起了太子宾客。一日，刘邦与群臣欢宴共饮。刘邦不经意地发现，在太子刘盈身后，恭恭敬敬地跟着四个须发全白的老人。刘邦召来一问，竟然是自己请都请不来的商山四皓！刘邦不禁大惊："我以前请你们，你们躲避我，如今怎么却追随我的儿子？"

四皓恭敬地回答说："皇上征伐四海，令天下臣服，四海归心。但是，皇上一直轻慢儒生，动不动就骂人，我等义不受辱，当然只能逃避皇上。太子恭敬仁孝，宽以待人，礼贤儒生，遐迩闻名，天下豪杰之士都愿意为太子所用，所以，我等自愿追随太子。"

大宴结束以后，四皓簇拥着太子从容不迫地离去。刘邦看见威望极高的商山四皓陪同太子离去，对戚夫人无奈地说："我一直想废了太子，但是，如今太子有这四个高士辅佐，名望日隆，羽翼已成，恐怕更难动摇了！我百年以后，吕后就是你的主人！"

从此，刘邦遂再未提废立太子之事。

汉高祖十二年（公元前195年）春天，刘邦去世，年仅17岁的太子刘盈即位，即为汉惠帝。刘盈天性仁慈柔弱，一切权柄都操在吕后手中，吕后恨透了戚姬与赵王如意，刘邦一死，压抑了很久的仇恨终于爆发了出来，她开始对戚氏母子进行残暴得近乎疯狂的报复。

吕后首先派心腹侍从将戚夫人剃成光头、穿上囚衣、铐上手脚囚禁起来，移往深巷冷宫，每天在院中舂米。囚禁在押的戚夫人内心非常思念自己的儿子，一方面担心儿子的命运，一方面又希望儿子将来能救自己。她一边舂米，一边用悲歌来排遣郁闷。负责监管的侍女把这一情况汇报给了吕后，吕后不禁为之心惊：看来赵王不除，依然是后患无穷。

吕后立即下旨，派心腹前往赵王封地传旨，召赵王如意入宫。

吕后心狠手辣，汉惠帝刘盈却是十分仁厚。虽然赵王如意险些夺了自己帝位，但刘盈依然对这个弟弟如意很友爱，听说母亲召如意进京，知道母亲是想除掉如意，决意尽自己最大所能来营救他。刘盈立即出宫，在赵王如意到达之前，自己先到长安城外的东灞亲自迎接，把如意接到了自己宫中，一起饮食起居，不离左右。

赵王如意和皇帝生活在一起，自然安全多了，吕后虽然恨得咬牙切齿，但一时也无可奈何，只好把自己的心腹安插在惠帝宫中，随时观察动静，寻找可以下手的机会。

机会最后还是让吕后等来了。赵王如意在刘盈宫中呆了一些时日，一直平安无事，皇帝刘盈的警惕性也就慢慢放松了。这天早晨起床后，太子照例要到院中练剑。太子见如意睡得很香，不忍心叫醒他，便自己出了宫院。吕后的心腹便乘此机会进入皇帝寝宫，将准备好的药酒强令赵王如意喝下。等刘盈练完剑回到宫中，如意已经含悲身亡。刘盈不禁嚎啕大哭，悲痛欲绝。

如意死后，吕后更加残忍地折磨戚夫人。她吩咐侍从砍去了戚夫人的双手双脚，再命人挖掉戚夫人的双眼，用药熏聋戚夫人的耳朵，用哑药把戚夫人变成了哑巴。然后把她丢进了厕所里。称她为"人彘"。

吕后这天高兴了，就召惠帝刘盈，让他陪同自己一道去厕所看人彘。天性仁厚的刘盈猛地见到这么一个怪物，不禁吓得心惊肉跳，忙问这是谁？回答是戚夫人。

刘盈呆愣片刻之后，禁不住痛苦得大哭起来，从此大病了一场。病中的刘盈，对吕后说了这么一番话："这不是人做得出来的事，你是太后竟做出来了。我身为太后的儿子，将有何面目治理天下？"自此以后，惠帝刘盈不问政事，终日纵情酒色。没过几年就在忧郁中死去了。

吕后主政八年，她死后，大臣杀诸吕，扶立刘恒为文帝。汉文帝为报戚夫人救高祖之恩，亲诏在戚姬救主之地兴建"戚姬苑"，以香火祭之。

刘邦如果在天有灵，将如何评价自己的糟糠之妻呢？

汉惠帝刘盈的乱伦婚姻

汉惠帝刘盈（公元前211年~前188年），西汉第二位皇帝（公元前194年~前188年），他是汉朝开国皇帝刘邦的嫡长子，他的母亲就是在历史上赫赫有名的吕雉。公元前195年，汉高祖刘邦因在平定逆臣英布的战争中受伤，不久就去世了，刘邦病死之时，太子刘盈只有16岁，经历了激烈的太子之争后，在母亲吕后的支持下，刘盈终于即位为皇帝，是为汉惠帝。

惠帝即位之初就开始实施"仁政"，减轻赋税，提拔贤士曹参为丞相，政治比较清明，社会也很安定。但是不久就沉迷酒色，不理朝政。不仅如此，汉惠帝还悖逆人伦，娶了自己的亲外甥女张嫣做了皇后。

汉惠帝究竟为什么要娶自己的外甥女为妻呢？难道他不怕因为乱伦而遭到天下人的耻笑吗？？其实这根本怪不得刘盈，因为他是在自己的母亲、皇太后吕雉的逼迫之中和一手操办之下才不得不接受了这场乱伦婚姻。

刘盈生性软弱、宽厚谦和，而母亲太后吕雉却泼辣凶悍，刘邦死后，她以太后的身份临朝执政，渐渐掌握了朝政大权。吕后不但要控制朝政，她还想把皇帝、自己的儿子也控制在自己的手中，这样她才能为所欲为地达到自己的目的。

吕后当初嫁给刘邦以后，在楚汉争霸战争中，不幸落入了项羽的手中。在楚军大营中，吕雉就和与自己一起被抓来的审食其勾搭在一起。后来一直与审食其藕断丝连。刘邦死后，因为惠帝懦弱，使吕后得以执掌了朝廷的大权。于是她便明目张胆地封审食其为侯，让他当了自己的丞相，两人来往更加频繁，再也不怕被人看见了。

吕后和审食其私通的消息很快就传到了惠帝耳中，他不禁又羞又恨，恨不得找个机会将审食其碎尸万段。终于有一天，他抓到了审食其的一个错处，判了他一个欺君枉法的罪名，

想要借这个机会杀了他。

吕后听说这件事后很着急，她急于去救审食其，却又感觉不便于自己直接出面，于是她授意审食其的好朋友——平原君朱建去救审食其。这时还没有结婚的惠帝喜欢上了一个宫内的太监，名叫闳孺。这个闳孺长得妩媚俊俏，很受惠帝的宠爱，两个人整天形影不离。刘盈很听他的话。朱建于是就通过闳孺去救审食其。他对闳孺开门见山地说："审食其是太后宠爱的人，现在皇帝要杀他，你如果不想办法救他的话，太后肯定会杀皇上宠爱的人报复，审食其死后，下一个死的就是你了！"闳孺听了这话非常害怕，朱建就对他说："皇上心慈手软，只要你哀求他，皇上一定不会轻易杀人的，只要审食其活下来，他一定会感激你，太后也会喜欢你的，这样你就有前途了。"后来在闳孺的求情之下，仁慈的惠帝终于放出了审食其。

经过这次事件之后，太后吕雉觉得皇帝已经日益难以控制，她想方设法想要把惠帝牢牢地控制在自己的手里，而且皇帝年龄渐渐长大却还未婚，还同太后住在同一个宫殿里，吕后感觉这也不方便她同审食其私会。于是她决定给皇帝找个皇后，一方面将皇帝迁出宫殿，另一方面通过皇后把惠帝控制在手里。吕后想来想去，认为这个皇后的最佳人选，就是自己的亲外孙女、惠帝姐姐鲁元公主的女儿张嫣。

张嫣，字淑君，长得很漂亮，姿容秀美，典雅端庄。她的父亲张敖知书达礼，长得一表人才；母亲鲁元公主温淑娴雅，气质高贵，仪容飘逸。张嫣在儒雅的气氛中长大，受到了良好的教育，因而娴静、高雅而早熟，加上她天生丽质，作为舅舅的惠帝刘盈一直也很喜欢她。但那种喜欢，只是一种亲情，是作为长辈对至亲外甥女的一种疼爱。要让外甥女嫁给自己做妻子，惠帝说什么也无法接受。吕后就对惠帝说："张嫣是你的外甥女，血统高贵无人能与之相比，而且容貌品德超绝古今，我这么多年为你选美还没看到比她强的。"惠帝说："这样做违背伦理，况且她的年纪也太小了。"太后说："年纪小不碍事，渐渐不就长大起来啦？而舅舅娶外甥女不在五伦之列，你没听说晋文公娶文嬴的事情吗？"

鲁元公主对这场乱伦婚姻当然也不同意。在吕后的一再逼迫之下，鲁元公主气愤地说："张嫣不过九岁，还是一个不懂事的孩子，男女之事根本就没有听说过，母后何苦苦相逼呢？再说舅舅娶外甥女为妻，本来就是丧尽人伦、天理难容的事情，只有禽兽才能做得出来，如今弟弟以天下人君的身份迎娶外甥女，岂不为天下人所取笑吗？"吕后大怒，声嘶力竭地训斥女儿，她知道这件事不能强逼，于是就假装垂泪说："这难道是我所愿意的吗，同样是我的骨肉，我怎么会有加害之心呢？高祖皇帝死得早，如今虽然天下稳定，但遗臣们虎视眈眈，你我母子三人虽各处尊位，不知哪日就会死于非命。如今唯有将吕家与刘家结为一体，才能确保江山和你我的性命。嫣儿是天生富贵之人，有我在宫中，必不会受任何委屈，这结婚的事也是我家之事，哪容得天下人来插嘴呢？"吕后威逼利诱，汉惠帝和鲁元公主没有办法，终于答应了这门婚事。

吕雉太后为儿子和外孙女举办了盛大的婚礼。她亲自制定婚姻仪式。拿出黄金两万斤，作为聘礼，相当于两千个中等人家的家产。

就这样，汉惠帝像傀儡一样，在吕后的摆布和一手操办之下，娶了自己年仅十岁（吕后为了让惠帝与张嫣尽早完婚，对外宣称张嫣12

岁）的外甥女做皇后。可是，在新婚夜里，身为舅舅的刘盈又怎么能对自己的小外甥女下手呢？于是，两个人都闷闷不乐地枯坐了一夜。第二天一大早，惠帝就离开了皇后的宫殿，以后再也极少进来。

在刘邦活着的时候，因为宠幸很多的后宫姬妾，冷落了吕后。这使吕后非常嫉恨，等刘邦死后，自己当了太后，便对以前的姬妾们进行迫害。尤其是对于原来曾威胁惠帝太子地位的戚夫人，吕后的报复竟达到了丧心病狂的地步：先是让人拔光戚夫人的头发，然后戴着枷做舂米的重体力劳动。后来，将戚夫人的儿子赵王如意骗到长安用毒酒杀死。这还不够，吕后又残忍地将戚夫人的四肢砍断，挖去眼睛，熏聋双耳，灌药使她变成了哑巴，最后扔到了茅房，称之"人彘"。戚夫人在茅坑里呆了三天才死去。

吕后让刘盈见"人彘"，刘盈大为惊恐，大叫："这不是人做出来的事！我是你的儿子，我没脸再掌管天下了！"为此他大哭一场之后，就病倒了。一年后，惠帝的病略有好转，但想起种种不如意的事和母后的所作所为，于是上书母后，把军国大政全都交给了她。自己不再理政。此举正合吕后的心意，所以吕雉欣然同意。

惠帝为了报复吕雉太后，从此沉湎于酒色中，整天饮酒作乐，自暴自弃。而且有意冷落、疏远张皇后。可怜的张皇后又成了一个悲剧人物。

两年之后，张嫣渐渐长大起来，容貌也越来越美丽。惠帝的男宠阂孺这年15岁，听说皇后貌美，想和她比个高低，惠帝便让他打扮得和皇后一样出来见宫中众人，众宫女一看，阂孺的确容貌非凡，大家还都以为阂孺是皇后呢。此时皇后驾到，发髻高耸，长袖翩翩，足踏花履，飘飘胜仙，不见裙动，莲步莘莘，恰似嫦娥返人间。阂孺顿时自惭形秽，后来对惠帝说："有皇后在，皇上哪里还用得着臣及其他后宫美人？"

张嫣12岁那年，惠帝欲幸东宫一美人，并告诉丫环用被子把宫女裹来，谁想这几个丫环竟然走错了地方，把张嫣裹了进来，刘盈一看是张嫣，笑问"惊了你的梦了吧？"张嫣说："如果皇上要召见，也该提前一天打招呼，今日如此轻薄，让宫女们笑话，这让我日后如何作天下之母呢?"惠帝说:"我找你来就是为了聊天。"于是二人掌灯谈心直到天明。

看到张嫣的身体有了一定的发育，吕后就经常派人监视皇帝和皇后的私生活，她自己也一改以往不管皇帝夜生活的态度，督促惠帝与皇后同床。惠帝更加愤恨，却也无可奈何。当他和张嫣一起坐在寝帐里的时候，他总是让张嫣先睡去，自己却长时间地坐在一边发呆，或者屏退了侍者，自己去侧室里睡。张嫣表现出了超出她年龄的成熟，每当这时候她就自愿地将皇帝送到别的寝室，而总是对太后交代说日夜同皇帝在一起。直到最后无法遮掩了，她就假装自己已经怀孕了。其实，张嫣心里明白，皇帝的身份与其说是名义上的夫君，不如说是事实上的舅舅。

惠帝心灰意冷，不能与作为皇后的外甥女寻欢作乐，便与后宫的其他女人发生性关系，不久就有一妃子怀了孕，吕太后就令张皇后假称有孕，夺其子为皇后之子，立为太子，并杀死了这位妃子。张皇后对此啼笑皆非，却也同惠帝一样无可奈何，只能一切听任吕太后摆布了。

惠帝的荒淫生活，渐渐掏空了身体。公元前 188 年，年仅 23 岁的汉惠帝因纵情酒色过度而极其虚弱地在未央宫死去。这年皇后张嫣才15 岁，因有个假儿子做太子，她便做了皇太后。一年以后，她的母亲鲁元公主也死了。又过了八年，即公元前 180 年，临朝听政的太皇太后吕雉驾崩，汉高祖老臣周勃等发动政变，诛灭吕氏外戚，迎立代王刘恒为帝，是为汉文帝。张嫣被褫夺皇太后称号，幽居在未央宫北面的北宫。北宫是一处极为幽静的院落，朝野都知道张皇后与诸吕乱政无关，因而没有在诛灭诸吕时杀死她。她在北宫中整整幽居了 17 年。

公元前 163 年，张皇后病死，被葬在惠帝的安陵园里。入殓时，宫女们含着泪水，替她净身。结果，宫女们吃惊地发现:真可怜呀!张皇后竟然冰清玉洁，依然是一个处女!

汉惠帝和张嫣的一段凄苦的政治婚姻就这么结束了，两个人都是这场婚姻的受害者，一场背离人伦的婚姻，记载了一段扭曲的历史。

汉武帝移情别恋卫夫子

汉武帝刘彻（公元前157年—前87年），汉族，幼名刘彘，是汉朝的第五代皇帝。汉武帝是汉景帝刘启的第十个儿子、汉文帝刘恒的孙子、汉高祖刘邦的曾孙。7岁时被册立为太子，16岁登基，在位五十四年，建立了汉朝最辉煌的功业之一。《谥法》说"威武强睿德曰武"，就是说威严，坚强，明智，仁德叫武。他的雄才大略、文治武功使汉朝成为当时世界上最强大的国家，他也因此成为了中国历史上伟大的皇帝。

汉景帝的薄皇后没有生子。他所宠爱栗姬生子最多，其长子名叫刘荣，由于没有嫡子，景帝最初遵照"立长"的传统立自己的庶长子刘荣为太子。

刘彻为景帝的妃子王美人所生，传说王美人怀孕时梦见了太阳钻入怀中，汉景帝很高兴，认为是个吉利的梦，预示着小孩子将来会有大作为。刘彻小的时候就长得英武，惹人喜爱。不到四岁时就被景帝刘启封为胶东王。

汉景帝有个同胞姐姐——馆陶长公主刘嫖，和景帝关系很好，是当时朝廷中举足轻重的人物。刘嫖生有一个女儿，芳名叫阿娇。阿娇长得十分漂亮，而且聪明伶俐，自幼就深得其外祖母——汉景帝之母窦太后的宠爱。长公主本打算将女儿许配太子，不久的将来就能当皇后了。于是长公主就派人前去联姻，她以为门当户对，一说准成。谁知栗姬竟一口回绝了这门亲事。原来后宫许多宫女知道长公主与景帝姐弟关系很好，为得到景帝宠幸，都奉承长公主，希望长公主能在景帝面前代为引荐。长公主也不忍却情，时常成全这些宫女的好事。栗姬生性善妒，对此事耿耿于怀，加上见识又短，因此当长公主为女议婚，便不顾情面，随口谢绝。长公主一副热脸蛋却碰了个凉屁股，气得咬牙切齿，遂与栗姬结下冤仇，并由此有了废掉太子的念头。

刘彻的母亲王美人虽然只是景帝后宫里一个地位普通的美人，但她聪敏世故，听说栗姬拒婚这件事之后，立刻屈意迎合、百般讨好馆陶长公主，为自己的儿子谋夺太子之位。

王美人下了一番功夫，把长公主哄得心花怒放，再加上长公主本来就喜欢刘彻，最后就与她王美人暗订了婚约。

王美人就在景帝面前，说起长公主愿结儿女姻亲之事。景帝却认为阿娇比刘彻大好几岁，似乎不合适，所以当时没有答应。王美人又请长公主亲自出马，让她去跟景帝说联姻之事。长公主索性带女儿一起入宫来见景帝。当着景帝和王美人的面，长公主异常爱怜地把刘彻抱到自己膝上，抚摩着他的头顶，嬉笑着问他道："彻儿长大了要讨媳妇吗？"刘彻生性聪明，对着长公主嬉笑无言。长公主故意指着旁边的宫女挨个问："让这些美人将来给你当媳妇，你要不要？"刘彻一概摇了摇头不说话，等到长公主指着自己的女儿阿娇问："你看让阿娇给你当媳妇好不好？"刘彻于是就笑着回答说："好啊！如果能娶阿娇做妻子，我会造一个金屋子给她住。"这就是成语金屋藏娇的由来。"此言一出，不但长公主、王美人听了大笑不止，连景帝也笑骂说："小孩子脸皮也太厚了！"景帝想他小小年纪，惟独喜欢阿娇，大概是前生注定姻缘，不如顺便允许，成就儿女终身大事，于是就认定了这门婚约。长公主与王美人，彼此更加情好关系深，两人就私下计议，怎样把栗姬母子除去。

"金屋藏娇"婚约是当时汉朝政治的一个转折点。因为女儿的定婚，刘嫖转而全面支持刘彻，朝廷局势为之大变。经长公主一番经营，景帝废太子刘荣为临江王，贬栗姬入冷宫忧死。不久，皇帝正式册封王娡为皇后，立刘彻为太子。

刘彻做太子时，便娶了14岁的阿娇为妻，立为太子妃。刘彻即皇帝位，太子妃陈氏旋被封册为皇后。阿娇陈皇后一直养尊处优，过着优裕富贵的生活，养成了娇蛮任性的性格。做了皇后以后，阿娇依旧被武帝刘彻宠爱着。这一方面是因为阿娇美艳迷人，风情万种，令春情正盛的武帝刘彻被阿娇所吸引和迷恋；另一方面是因为武帝非常留恋两人青梅竹马、两小无猜的日子。更重要的原因是武帝刘彻和阿娇的这一婚姻更多的有政治上的成分，武帝尊敬阿娇，很大原因在于长公主的家族势力足以左右朝政。刘彻之所以在众兄弟中能被立为太子，全得力于姑母馆陶长公主。刘彻登基初期，在政见上与祖母窦太皇太后发生分歧，建元新政更是触犯了当权派的既得利益，引起强烈反弹。有赖于皇后陈阿娇作为惟一的外孙女极受窦太皇太后宠爱，加上陈家以及长公主的全力支持，汉武帝才有惊无险保住了帝位。因此武帝当初对阿娇的感情是既爱又怕。因而才会一直宠着阿娇，让着阿娇，即便她任性胡闹，甚至于无礼冲撞，刘彻也克制着自己，尽量原谅这位娇艳迷人的表妹。

不幸的是，当了皇后的阿娇一直没有怀孕，这不能不说是一件十分严重的事，皇嗣可是江山社稷的大事，千万马虎不得。阿娇和母亲馆陶长公主非常着急，千方百计寻医、吃药、占卜、求神，所有能试的方法都试过了，可依旧无济于事。再加上随着皇位的稳固，刘彻好色和喜新厌旧的个性越来越明显的表现了出来，对阿娇那种任性骄横的性格，刘彻越来越看不惯甚至是厌恶，因而阿娇的悲剧也就越来越临近了。

恰于此时有沉鱼落雁之容的卫子夫出现在刘彻生活中，刘彻仿佛觉得阴暗沉沉的生活中射进了一束灿烂的阳光。

卫子夫出身贫寒，身世也很坎坷。卫子夫的母亲卫媪，是个漂亮多情的女人。卫媪是武帝刘彻的妹丈平阳侯曹寿家的一位姬妾。卫媪生性多情，不满足于一个男人的享受，经常和外人私通。卫媪先后生下了三男三女，都随了自己的姓。长子名卫长君，次子名卫青，三子名卫步；长女名卫君孺，次女名卫少儿，三女名卫子夫。

卫子夫没受过什么良好的教育，但却天生一副极好的歌喉。卫子夫很小的时候便被送到平阳侯曹寿家中学习歌舞。卫子夫亭亭玉立，色艺俱佳，很得平阳公主的喜爱，侍从左右。

适逢汉武帝在霸上祭扫回来到平阳侯家中，平阳公主就将这些美女装饰打扮起来，供汉武帝选择。但汉武帝看后，觉得都不满意。在武帝与平阳公主一起饮酒的时候，又让歌女起舞助兴，汉武帝便看中了卫子夫。随后，汉武帝起坐更衣，卫子夫便来服侍，一见倾心。平阳公主随后将卫子夫好生打扮以后，送进了刘彻后宫。刘彻的感情日渐波动，下朝以后更多地走向了卫子夫的宫室。刘彻寂寞的心里充满了这个娇艳可人的美女形象，一颗孤独的心终于有了寄托。刘彻一天天在离开阿娇，感情也日渐疏远。等到阿娇感觉到这种变化时，一切都为时已晚了。阿娇的富贵生活失去了平静。

卫子夫再美也不过是一个歌女。这样低贱的歌女，竟能夺皇后之宠，陈皇后阿娇不能容忍，阿娇的母亲馆陶长公主刘嫖、武帝刘彻的母亲王太后也都为之鸣不平。她们联合起来，共同对付卫子夫。

武帝刘彻迫于无奈，只好把卫子夫安排到别的宫室里面。陈皇后仍不满足，与武帝订约，把卫子夫锢置冷宫，不准私见一面。从此卫子夫在深似海的后宫中，有一年多不见天颜，似罪犯下狱，出入都要受人管束。因为宫女太多，武帝也渐渐将她忘记了。

一天武帝偶翻宫人名册，看到卫子夫三字，不由地触起前情，命内侍召入。卫子夫显得清瘦了许多，她亭亭下拜，呜咽几句便泪流满面。武帝不禁心生怜惜之情，从此与卫子夫重温旧好。

卫子夫不仅秀色可餐，而且肚子也很争气，像是故意气皇后阿娇一样，过段日子便怀上一个，一连生下了三个女儿。后来又生下一个儿子，武帝刘彻当然十分高兴，给儿子取名刘据。不久就被奉为太子。卫子夫从此更加得宠。她的三兄弟卫青由于卫子夫得宠，也升任建章宫护卫。陈皇后的母亲馆陶长公主得知卫子夫怀孕，便将一腔妒火发向卫青：长公主命人将卫青捕获，囚禁起来，准备杀死他以泄愤恨。卫青的好友骑郎公孙敖率几名平日和卫青要好的宫廷卫士一举将卫青救出，才使得卫青死里逃生。

卫子夫得报以后，十分气愤，便在武帝刘彻向她求欢时哭诉了这一切，并希望刘彻想想办法，让她和她的兄弟脱离险境。刘彻立即召见卫青，当面任卫青为建章宫总管。卫青长得高大健壮，武艺不凡，升任总管更是手握兵权。有了卫青守护建章宫，就再也没有人敢进犯建章宫的主人卫子夫了。

陈皇后阿娇自与卫子夫争宠后，竟渐失武帝的欢心，气闷非常，日日想除去卫子夫。她穷极无聊，就召入一个名叫楚服的女巫，要她设法祈禳，诅咒卫子夫早死，以挽回武帝的心意。

汉宫中是绝对禁止巫蛊秘术的。皇后阿娇在深宫行巫蛊术的事，很快就被人告发给了汉武帝。武帝听了之后，怒不可遏，当下命令彻底查究，立即将楚服拿下，交给有关部门严刑审讯，最后被枭首处斩。陈后宫中的女使太监三百多人，一概被处死。陈皇后吓得魂不附体，数夜不曾合眼，最后册书被收，玺绶被夺，废迁到长门宫。

陈皇后自从入居长门宫中，终日以泪洗面，于是辗转想出一法，命一个心腹内监，携了黄金千斤，请求大文士司马相如为她代写一篇文章，把自己深居长门的闺怨向皇上申表出来。司马相如下笔千言，一挥而就。这就是历史上非常有名的《长门赋》，赋中写得委宛凄楚："……悬明月以自照兮，徂清夜于洞房；忽寝寐而梦想兮，魄若君之在旁……"这是陈皇后想借文人笔墨，来感动武帝，她命宫人日日传诵，希望为武帝所听到而回心转意。但"长门赋"虽是千古佳文，却最终还是挽不转武帝的旧情。陈阿娇寥落悲郁异常，不久也魂归黄泉。

人无十年好，花无百日红。卫子夫取代了陈阿娇，贵为皇后。但她也有年老色衰的时候，卫皇后不久也步陈皇后的后尘受到冷落。最后在宫廷斗争中被汉武帝削去皇后之位，悬梁自尽了。

汉宣帝痛失爱姬

汉宣帝刘询（公元前91年—前49年），本名刘病已，字次卿，又字谋，即位后改名刘询，西汉第十位皇帝（公元前73年—前49年在位）。汉武帝曾孙，废太子刘据的孙子。

公元前 91 年，大汉王朝的都城长安经历了一场腥风血雨的巫蛊之祸，汉武帝的太子刘据自尽，太子一家也随之遭了殃，男丁女眷被杀和自尽者不计其数。而刘据的孙子，只是个待哺婴儿的刘询也被武帝下令收监坐牢。幸亏他被关押在首都长安城外的监狱，又遇到了一个好心的监狱官邴吉。邴吉不忍心让这样一个无辜婴儿死于非命，找来了两个女囚赵征卿、胡组，让她们喂养这个孩子。

在赵征卿、胡组的抚养下，刘询凭着极其顽强的生命力，居然在监狱中长大了。

刘询五岁这年，一个星象家向他的皇曾祖父武帝刘彻进言："长安城周围的郡县监狱上空，有天子之气，直冲云霄。皇上千万要早做提防。"

刘彻立即高度警惕，下令将监狱中的所有在押人员，不论有罪没罪、大罪小罪，一律处死。这项命令下达到邴吉所管理的监狱时，却受到了邴吉宁死不屈的坚决抵制。

邴吉说："即使是罪犯、是普通小民，也不可以随意处以死罪，何况这监狱里还关押着皇帝亲生的曾孙儿！"

他的据理力争很快传到了刘彻的耳中。刘彻听到"皇曾孙"三字，不禁感叹说："这也许是老天爷借邴吉之口提醒我吧！"于是不但收回杀人的命令，反而颁下了一条大赦天下的旨意。刘询从此结束了他的牢狱生活。出狱后的刘询来到了其在鲁地的祖母家中寄居。

许平君是昌邑（今山东金乡）人。她出生在一个境遇凄惨的家庭里。许平君的父亲许广汉，年轻时在昌邑王府做事。后来武帝出游，从长安至甘泉宫，许广汉是随驾人员之一，或者出于紧张，拿了别人的马鞍放到自己的马背上。这是"从驾而盗"的大罪，本该判死刑，刘彻则格外开恩，判他受了腐刑。于是许广汉便做了宦者丞。公元前 80 年，上官桀发动政变未遂，就在赶着捆绑政变中被擒获的犯人时，许广汉被派去找事先准备好的一千多条绳子，那原本由他保管的满满一大箱麻绳，许广汉找了半天也没找到，偏偏别人去找却轻轻松松就找到了。于

24

是许广汉又被判处做鬼薪，即苦工一类职务。后来逐渐升迁，直到暴室啬夫——宫廷监狱的典狱官。而这时，刘询已由祖母史良娣的娘家搬到掖廷读书。和许广汉整天相处在一起。却不想相处日久后，许广汉和刘询到成了忘年交。很自然的，刘询认识了同样在狱墙边长大的许平君，而这位许平君后来就成了史有明载得到皇帝丈夫爱情的为数不多的后妃之一。

许平君幼年时就已经订下了欧侯家的儿子做丈夫。没想到就在她及笄之年准备出嫁的时候，欧侯氏未婚夫居然死了。未婚丧夫，这事令许平君的母亲很是沮丧，于是找人占卜。卜者为她算了一卦，说许平君是大贵之人，未婚丧夫不是她的命苦，而是欧侯氏不配娶她为妻。

宫廷总管张贺曾经是刘询的祖父卫太子刘据的下属小吏，对于含冤死去的旧主人刘据一直念念不忘，因此对刘询也就百般照顾。眼看着刘询一天天长大，张贺开始为这个落魄王孙的终身大事着急。

刚开始的时候，张贺想把自己的孙女儿嫁给刘询。却招来了弟弟张安世的坚决反对。张贺只好重新给刘询张罗娶媳妇的事。

当许平君未婚丧夫的消息传到张贺的耳中之后，张贺就借机代刘询向许广汉求亲。在张贺的撮合之下，许广汉不顾夫人反对接受了这位没落王孙做自己的女婿。婚后，身无分文的刘询搬进了岳父许广汉的家里，名曰娶妻，实质上是个依靠岳父生活的上门女婿。

然而贫寒并没有妨碍刘询和许平君之间的夫妻情谊。许平君对丈夫体贴入微，刘询活了十七年，直到这个时候才知道有人嘘寒问暖是个什么滋味。他对不嫌弃自己的妻子和岳父感激涕零。结婚的第二年，小夫妻生下了一个儿子。

汉昭帝死后，大将军霍光迎昌邑王刘贺即位，霍光受遗命辅政。但刘贺昏庸无道，霍光有意废除他。这时，已经升任为光禄大夫的邴吉借机向霍光递交了一份奏章，陈说武帝刘彻嫡出长曾孙刘询，不但血统亲近，更生长于民间，为人学识都很不错，希望霍光能够把刘询召回宫中，建议改立刘询为新皇帝。

这年七月初，刘询平生头一次迈进了祖父生长的皇宫，前往未央宫拜见自己的叔祖母：实际上就是年方十六岁、比刘询还小两岁的昭帝刘弗陵寡妻上官太后。上官太后对刘询自然是不说什么的：权臣霍光就是上官太后的外祖父，外祖父同意了的事，上官太后岂有不同意的道理？一见面，上官太后便封庶人刘询为阳武侯。

刘贺当皇帝不到一个月，霍光就废掉了他，改立刘询为皇帝，是为汉宣帝。

初登大宝的刘询深知霍光的位高权重。因而刘询对霍光除了感激他拥立之功的同时又有几分忌惮。宣帝刚刚即位的时候，照例须祭祀宗庙。大将军霍光骑马与宣帝同行，宣帝坐在舆中，好似背上生着芒刺，内心十分惶恐不安。于是刘询对霍光是礼敬有加，言听计从，百依百顺，唯恐自己一不小心得罪了霍光，不但丢了皇位，还会把小命赔进去。虽然如此，但在立皇后这个问题上，刘询却没向霍光妥协。即位之初，刘询封许平君为婕妤。中宫后位未定，群臣为讨好霍光，大多打算立霍光的小女为皇后，宣帝听说此事，对身边的侍者说："朕当年寒微时的佩剑在哪里，去为朕取来。"群臣明白了宣帝的意思，于是异口同声请立许平君为皇后。

许平君是一个普通人家出身的女子，从小勤俭持家、与人为善。即使如今成了皇后，也仍然保持着这样的生活习惯。她的身边宫女人数很少，服饰食品都比较简单。而且遵循着普通人家的礼节，对长辈毕恭毕敬。尤其是昭帝刘弗陵的遗孀上官太后，她更是每五天就要去朝见一次，并且亲自为上官太后抹案送菜，服侍得十分周到。因此，许平君在宫中很快赢得了拥护和尊重。

但封后一事，却让霍光心里很不舒服。照惯例，皇后的父亲一定要封侯，但霍光却始终不答应。霍光对大汉王朝，就像他的异母哥哥霍去病那样，始终是忠心耿耿的。然而他毕竟同时也是父亲，对于女儿未能正位中宫，这位父亲不可能没有一点想法。更何况拒绝迎娶自己女儿的刘询，完全是靠了霍光才当上皇帝的。

因此，在按制度要封许平君之父许广汉侯爵之位时，霍光毫不犹豫地表示了反对，他说，许广汉是个"刑余之人"，哪里能去做侯爵呢？

不过，霍光毕竟执掌朝政多年，知道凡事都要适可而止。过了一年左右，气头儿过去了，他还是表示应该对皇后的父亲有所封赏。于是，许广汉被封为次于侯爵的"昌成君"。

霍光的气消了，可是他妻子霍显的气却消不了。不但消不了，而且始终是怀恨在心。

霍显，其实并非霍光的元配妻子，她的出身很卑贱，不过是霍光原配妻子东闾氏的陪嫁婢女而已，当初被霍光纳为小妾。东闾氏只生了一个女儿就早死了。东闾氏死后，霍光就将霍显作为继室。霍显是一个淫悍狡黠的泼妇，她生了几个子女，小女儿叫霍成君，还没有出嫁。霍显一心打算将女儿霍成君嫁给宣帝做皇后。谁知宣帝却对糟糠之妻情深意浓，让许平君正位中宫做了皇后。霍显极度失望，她日思夜想，想把皇后许平君害死。

公元前七二年，做了两年皇后的许平君再次怀孕。到快分娩时，已是寒冬天气，孕妇体弱，许平君不慎感染了风寒，有些不舒服。宣帝遍召御医诊治，而且召募女医进宫里来朝夕看护许平君。恰好掖庭护卫淳于赏的妻子淳于衍粗通医理，便应召入侍。

淳于赏对于自己做掖庭护卫这个职务早已心生厌倦，听说妻子被选入宫，他顿时大喜过望，对妻子说："你和霍夫人虽说认识，但平常无缘无故不好去拉关系，眼下这可是一个天赐良机，你赶紧以入宫辞行为理由，去大将军府向霍夫人辞行，趁机提出让我调动职务的要求，霍夫人一定不好推辞。眼下最好的肥缺就是管理盐池的安池监，要是调成了，可有好日子过啦！"

淳于衍觉得丈夫说得很有道理，便依言而行，果然见到了霍显。霍显将淳于衍引至密室，悄悄地说："你想要我代谋安池监的职位，这一点都不难，但我也想麻烦你一件事，你能答应我吗？"淳于衍说："但凭夫人吩咐。"霍显笑着说："大将军最爱小女儿成君，正为她的事发愁呢，还希望能得到你的帮助"淳于衍不禁有些惊愕不解，问道："夫人什么意思？"霍显将淳于衍拉近，附在她耳边说："女人产育，关系到生死。现在皇后因怀孕而得病，正好将她毒死。天子若将小女立为继后，我们霍家与你共享富贵！"淳于衍听到这里脸都白了，她哆嗦着说："药方必须众医配合，进服时也有人先尝，此事恐怕难成。"霍显于是又冷笑道："是否成功只看你肯不肯而已，大将军掌天下大权，即使有事谁敢多嘴？只怕你不肯帮忙。"淳于衍犹豫了半天，最后一咬牙答应了霍显。她私下将附子捣成粉末，藏在衣服里，带进了宫中。

许平君临盆生下一个女儿，产后虚弱，需要调理，经御医拟定了一副药方，淳于衍将附子末悄悄掺入药里。附子性热，本无剧毒，但不宜产后服用。许平君喝下药，顿时头昏眼花，额上冷汗淋漓，她挣扎着问淳于衍："这服丸药，莫非有毒不成？"淳于衍说："丸药是众医公拟的方子，怎么会有毒，再过一刻，自然大愈。"许平君听了半信半疑，不久瞳孔散大，过了片刻功夫就含恨死去了。

宣帝十分悲痛，有人上奏说皇后的暴崩，想必与用药有关，应捉拿所有给皇后治病的御医以及身边的护理人员严刑拷问。宣帝当即命令捉拿这些人。淳于衍刚进家门，就被逮入狱中。淳于衍抵死不肯供认，其他的医官，因为并不知情，都同声喊冤。霍显听说淳于衍被逮进大狱，惊惶失措，这时杀人灭口已来不及，杀了淳于衍，反而更让人怀疑，她万般无奈，只好将实情告知霍光，霍光十分吃惊，责备霍显为何不与他商量就鲁莽行事。霍显已在一旁泣不成声。霍光见爱妻哭得像一朵带雨的梨花，一腔怒气早已平息。他决定想办法瞒过这件事。于是入朝见宣帝，说皇后的崩逝是命数注定，如果加罪于医官，未免有伤仁德；况且那些医官也没有这胆子敢谋害皇后。宣帝才二十一岁，况且有前废帝刘贺的前车之鉴，不敢再坚持，于是传诏赦免了那些医官。淳于衍也就此逃过一劫。许平君就这样糊里糊涂地入了黄泉。霍显此时才放下心，密召淳于衍，酬谢她无数的金帛，而且替她营造了华丽的房屋，购置许多田宅婢仆，让淳于衍享受荣华富贵，借此堵住了她的口。

霍光的女儿霍成君如愿以偿地入宫做了皇后，但四年后刘询仍然立了许平君生的儿子刘奭为太子。霍显恼羞成怒，于是唆使霍皇后毒害太子。而汉宣帝早已为儿子精心挑选了一名忠心耿耿的保姆，每当霍皇后给刘奭送食物的时候，这保姆便先将食物吃下自己肚里，验证无害之后才送去给小主人，霍皇后的毒药实在找不到放的时候。到霍氏被灭族，皇后也顺理成章地被废。在霍皇后被废后，为了保证许平君儿子绝对的地位，汉宣帝不立有子的宠妃为后，而选择了一个没有生子的王氏立为皇后，做了刘奭的养母，其用心之良苦和对儿子的慈爱可见一斑。即使到后来，当宣帝对这个迷恋儒术的儿子极度失望时，也因为思及其早逝的母亲而心软，不忍将其废除。

汉元帝痛惜"落雁"远飞

汉元帝（公元前75～前33年），即刘奭，西汉皇帝、汉宣帝子，公元前49～前33年在位。

汉元帝刚刚即位的时候，下诏广选天下美女补充后宫，历史上著名的王昭君就是在这时被选入宫的。王昭君是我国古代著名的"四大美女"之一。她的事迹，在《汉书》、《后汉书》等正史中都有记载。关于昭君的名字，历史上有不少争议。一般认为，王昭君，姓王名嫱，字昭君，在历史上又被称为"明妃"，这是因为到了西晋时，为避司马昭的讳，才改称"昭君"为"明君"，后渐渐有了"明妃"一说。但有人提出异议，认为王昭君姓王，名、字不详。根据西汉宫廷规矩，宫女从入宫之日起，就不称呼她娘家名字，因而不详其本来名氏字号，王昭君也不例外。《汉书·元帝纪》称之为"王樯"，这"樯"字本是指载运她离开家乡所用的舟楫，也就是说她是位船只载运而来的王姓姑娘。后来《匈奴传》又称"王蘠"，都不是昭君的本名，只不过是一个记音译的符号。《后汉书·南匈奴传》改为"王嫱"，才使其名统一起来。"昭君"两字为封号，非官号，因出塞前夕，必须提高她的政治地位，才能达到和亲的目的，于是赐封为"昭君"。久而久之，昭君、王嫱这些标志她政治身份或出身特征的称呼，被当成了她的名字。

王昭君出生于南郡秭归县宝坪村（今湖北省兴山县昭君村）。其父王穰老来得女，视为掌上明珠，兄嫂也对其宠爱有加。王昭君天生丽质，聪慧异常，琴棋书画，无所不精，昭君的绝世才貌，传遍四方。汉元帝遍选秀女时，王昭君为南郡首选。历时三月之久，到达京城长安，为掖庭待诏。

从全国各地挑选入宫的美女数以千计，皇帝无法一一见面，首先由画工毛延寿各画肖像一幅呈奉御览。出身富贵人家，或京城有亲友支援的，莫不运用各种管道贿赂画工，惟独王昭君家境寒素，更自恃美冠群芳，既无力贿赂，也不屑于欺瞒天子，使毛延寿心中十分不是滋味，不但把她画得十分平庸，而且更在面颊上点了一颗硕大的丧夫落泪痣。等到汉元帝看到王昭君的画像时，非常嫌恶，从没召幸过她，因此，几年过去了，她仍是个待诏的宫女身份。

公元前33年（汉元帝竟宁元年）春三月，南匈奴单于呼韩邪前来朝觐，并表示愿意和亲。元帝正担心边疆生出是非，希图暂时羁縻匈奴，省得劳民伤财，多动干戈，当下慨然允诺。

汉朝和匈奴和亲，都得挑个公主或者宗室的女儿。这回，汉元帝决定挑个宫女给他，他吩咐人到后宫去传话："谁愿意到匈奴去的，皇上就把她当公主看待。"后宫的宫女都是从民间选来的，她们一进了皇宫，就像鸟儿被关进笼里一样，都巴望有一天能把她们放出宫去。但是听说要离开本国到匈奴去，却又不乐意。王昭君不但美丽出众，而且也很有见识。入宫数年来，始终不得见御，内心的悲凉和哀怨是可想而知的。因而当历史提供机会时，她主动请行，自愿远嫁匈奴。她想自己的姿容或者能够感动匈奴的单于，使他永远做汉朝的臣子，这样可以增进大汉的国威，又使两国休兵罢战，也免了那边境年年生灵涂炭之苦。将来汉史上即使不说我的功勋，也总比老死在后宫远无出头之日的活地狱强。

管事的大臣正在为没人应征焦急，听到王昭君肯去，就把她的名字和画像上报给了汉元帝。汉元帝看见是个相貌平常并且面有黑痣的宫女，二话没说，当即吩咐办事的大臣择个日子，让呼韩邪单于和王昭君在长安成亲。

到了第二天，元帝特意在金銮殿上，设席宴请呼韩邪。酒至半酣，便命将公主召出，以便与呼韩邪单于同赴客邸完婚。只见一群宫女拥出一位美人，袅袅婷婷地轻移莲步，走近御座之前辞行。元帝不瞧犹可，瞧了一眼，直把他惊得魂飞天外。原来此人真是一位绝代佳人。但见王昭君丰容靓妆，光彩照人，顾影徘徊，竦动左右，直令后宫粉黛顿时失去了颜色。

元帝当下如丢了魂魄，忍不住轻轻地问道："你叫什么名字，何时入宫？"王昭君奏道："臣女王嫱，小字昭君，入宫已有三年了。"元帝听了暗想该女入宫多年，为何并未见过？可惜如此美貌，反让与外夷享受，本想把王嫱留下，另换一人赐与呼韩邪。回顾呼韩邪坐在殿上，只把一双眼睛尽管望着王嫱，不肯转动。元帝既担心失信外夷，又害怕被臣民谤以好色的訾议。没办法只好镇定心神，嘱咐数语，闭着眼睛，将手一挥道："这是朕负美人，你只好出塞去了！"呼韩邪看见元帝恍惚的神情，还以为骨肉远别而难舍，慌忙出座，向元帝跪奏道："臣蒙陛下圣恩，竟将彩凤随鸦，请陛下放心，臣定会对公主优礼相待，子子孙孙，臣服天朝，决不再有贰心。"元帝听呼韩邪这番说话，只得频频点头，吩咐护送公主全客邸成婚，目送她起身出去，拂袖入宫。

汉元帝心中怏怏不乐地回到后宫，找出了待诏宫女图册，翻到王昭君的画像，只见画像与本人有天壤之别，而粉颊秀靥上，何曾有什么黑痣。刹那间，汉元帝把失去王昭君的懊悔心理，转化成对画工毛延寿的愤怒，当即传命有司彻底追查，才知道都是毛延寿的索贿不成，故意将王昭君的花容月貌，绘成泥塑木雕的平庸女人，于是将毛延寿以欺君之罪斩首，对这件事，后人自有评说。

31

曾闻汉主斩画师，何由画师定妍媸？

宫中多少如花女，不嫁单于君不知。

意思是毛延寿虽然胡作非为，而汉元帝也太过糊涂。正象王安石所讲："耳目听见尚如此，万里安能制夷狄。"

无论如何，汉元帝心中对王昭君的歉疚、悔恨、怜惜与不忍割舍的情绪一齐涌上心头，他要设法加以弥补，于是诡称："妆奁尚未齐备，后三日即行。"他既然已无法留住王昭君，他必须好好利用这宝贵的三天时间来尽量与这个绝色美人多呆在一起。

临行之日，元帝赏给她锦帛二万八千匹，絮一万六千斤及黄金美玉等贵重物品，并亲自送出长安十余里。王昭君戎装打扮，妩媚中更见英爽之气，带着一种异样的感情，看了最后一眼长安，怀抱着琵琶上马而去。匈奴人马和朝廷派出的卫护组成的队伍，浩浩荡荡地经过长安大街，沿途万人空巷，争睹昭君风采；眼看如此风情万种的美人儿，离开繁华的帝京，前往荒凉的胡地，陪伴一个垂垂老矣的匈奴单于，无不为之嗟叹不已。

王昭君在队队车毡细马的簇拥下，肩负着汉匈和亲的重任，别长安、出潼关、渡黄河、过雁门，历时一年多，于第二年初夏到达漠北，受到匈奴人民的热烈欢迎，并被封为"宁胡阏氏"，意为匈奴有了汉女作"阏氏"（王妻），安宁始得保障。

就在王昭君抵达匈奴王庭三个月后，汉元帝在思念与懊恼之中，恹恹病榻，于初夏时节崩逝。

昭君出塞后，汉匈两族团结和睦，国泰民安，"边城晏闭，牛马布野，三世无犬吠之警，黎庶忘干戈之役"，六十多年没有战事，展现出欣欣向荣的和平景象。公元前31年，呼韩邪单于亡故，留下一子，名伊屠智伢师，后为匈奴右日逐王。当时，王昭君以大局为重，忍受极大委屈，按照匈奴"父死，妻其后母"的风俗，嫁给呼韩邪的长子复株累单于雕陶莫皋。年轻的单于对王昭君更加怜爱，夫妻十分恩爱，接连生下两个女儿，长女名须卜居次，次女名当于居次（"居次"意为公主）。后来分别嫁给匈奴贵族。王昭君的兄弟被朝廷封为侯爵，多次奉命出使匈奴，与妹妹见面，王昭君的两个女儿也曾到长安还入宫侍候过太皇太后，这位太皇太后就是汉元帝的皇后，

公元前20年复株累单于又死，昭君自此寡居。一年后，33岁的绝代佳人王昭君去世，厚葬于今呼和浩特市南郊，墓依大青山，傍黄河水。后人称之为"青冢"。

汉成帝坠入"温柔乡"

汉成帝刘骜是中国历史上赫赫有名的昏君，一生沉湎于酒色，不理朝政，西汉王朝在他的统治之下，急剧走下坡路，并直接导致了不久之后的王莽篡政。他因为荒淫无度，最后竟精竭身亡，死在他自己所谓的"温柔乡"中。

汉成帝刘骜生于甘露二年，也就是公元前52年。他是汉元帝刘奭的儿子，母亲是元帝皇后王政君。王政君是汉末有名的人物王莽的姑母。元帝四十四岁时离开人世，太子刘骜即皇帝位，为汉成帝，时年十九岁。据说他的名字中的"骜"，是他祖父宣帝给起的，宣帝之所以给他起这个名字，是对他寄予了很大的希望，希望他做汉王朝的千里马，承继"宣帝中兴"的局面，没有想到结果却事与愿违。由于成帝昏庸不理朝政，宠幸赵飞燕姐妹，放任自己母亲王政君家族长期独霸朝纲，最终酿成了王莽篡夺西汉政权的后果。

汉成帝刘骜虽然长得一表人才，但却是个酒色之徒。在没有即位之前就好酒色，为此汉元帝几次要废掉他，因为外戚史丹的帮助才得以保住太子之位。做了皇帝之后，汉成帝变得更加肆无忌惮起来。

汉成帝即位之初，宠幸两位美人，一个是皇后许氏，另一个就是有名的班婕妤。

许皇后是汉宣帝皇后许平君的侄女，按辈分来说还是汉成帝的表

姑，也算是亲上加亲了。她不但美丽聪慧，还熟读史书，颇有才华。还是太子的刘骜与她可谓一见钟情。成帝即位以后，许氏被立为皇后，成帝对她十分宠爱，后宫的嫔妃也因此很少被宠幸。皇帝与皇后感情好，自然许氏外戚也就飞黄腾达。但对于王氏外戚来说，许氏的显贵无疑是对他们地位的挑战。正好这时天上有了日蚀，按照"天人感应"的说法，这说明皇帝有了过失，上天示警。于是，成帝赶忙下诏检讨。王氏的党羽谷永就趁机借口日蚀是许皇后"失德"造成的，要皇帝减少她的用度，来打击许氏外戚的力量。

许皇后被平白地扣上一顶"失德"的帽子，自然十分不服气，她本有才华，就洋洋洒洒地写了一份奏章抗议，言辞恳切，有理有据。成帝看了，也找不出可以驳斥的地方，只好让大儒刘向捉刀代笔，摆出皇帝的威严，拉出圣人的大旗，才把许皇后压了下去。经此一事，成帝虽然对许皇后依旧宠爱，但总觉得自己连她也驳不倒，实在是非常没面子。再加上以后许皇后年纪渐长，容貌也不像当年那么漂亮了，对于好色之徒汉成帝来说，"色衰而爱驰"也就成了理所当然之事，对许皇后便渐渐冷落了。

汉成帝另外宠爱的一个美人是班婕妤。班婕妤是《汉书》作者班固的祖姑。班婕妤长得很漂亮，人也很聪颖，博通文史，知书达礼。她没有一般女子"好妒"的毛病，在一次成帝召她侍寝时，她竟然把侍女进献给汉成帝，而侍女也得到宠幸，也被封为婕妤。她不争宠，不干预政事，谨守礼教，行事端正，凡事都合于礼法，曾经有个著名的"班姬辞辇"的故事，当时广为流传。

汉朝宫廷礼仪制度相当严格。比如皇帝乘坐的车子，设绫罗为帷幕，锦褥为坐垫，两个人在前面拖着走，称为"辇"，而皇后妃嫔所乘坐的车子，决不能与皇帝一样。一次，成帝想要去后廷游逛，想让班婕妤和自己同辇而行，她推让说："妾看了许多古时的图画，贤明的帝王出游巡幸，旁边跟的都有名臣，没听说帝王与妇女同游，到了三代亡国之君，才出现宠幸臣妾的现象。现在陛下要和臣妾同乘一车，几乎与三代的亡国之君相似，臣妾不敢奉命！"成帝听后很高兴，认为班婕妤言之有理，很贤慧。太后王政君听说了班婕妤的话，也非常高兴，十分称赞班婕妤，并把班婕妤比喻成"樊姬"，樊姬是春秋时楚庄王的夫人，楚庄王喜欢狩猎，樊姬担心他对于政事懈怠，就不再吃禽兽之肉，楚庄王因此不再外出狩猎。班婕妤曾生下一个皇子，数月后夭折。这以后她虽然受到宠幸很长时间，却再也没有生育。

对于汉成帝来说，女子的才华和德行并不是最重要的，他所看重的，不过是美色而已。像班婕妤那样的"美德"，他虽然表面夸奖，但从此以后却越来越敬而远之。所以，一旦遇到更合他心意的美人，他就把曾经宠爱过的许皇后和班婕妤都抛到了脑后。这个让成帝心动的美人，就是大名鼎鼎的赵飞燕。

赵飞燕的身世极为离奇。她出身于官宦家庭，赵飞燕的母亲是江都王孙女姑苏郡主，美艳动人。郡主一开始嫁给了官员赵曼。但赵曼却满足不了郡主的欲望。郡主竟然和年轻力壮的家奴冯万金私通，以至于先后怀孕生下两个女儿，这便是历史上臭名远扬的赵氏姐妹赵飞燕和赵合德，因为赵氏姐妹名义上是郡主与赵曼的女儿，因此他们就随了赵姓。

郡主纵情放荡，生下孩子后根本没有打算抚养。于是就把这一对双胞胎姐妹抛弃到荒郊野外。但没有想到三天后居然还活着，冯万金觉得不同寻常，就又把这一对姐妹抱了回来，给姐姐取名宜主，妹妹取名合德。她们长大后，冯万金已死，姐妹俩孤苦无依，流落到长安，便拜阳阿公主的管家赵临为义父，做了阳阿公主家的舞女。

赵氏姐妹肌肤如玉，柔若无骨，腰如柳枝，宛如弱柳扶风，美色夺人。很快就在阳阿公主家的舞女中脱颖而出。其中，赵宜主的舞姿尤为出众，她身材纤瘦，举步翩然若飞，像一只翻飞的燕子那样袅娜轻盈，因此号称"赵飞燕"。

鸿嘉三年（公元前18年），汉成帝微服私行，经过了阳阿公主家，入门稍事休息。皇帝到来，阳阿公主自然不敢怠慢，就把府里的歌姬舞女统统叫了出来，给皇帝侑酒助兴。酒色之徒汉成帝一眼就看中了与众不同的赵飞燕，宴席之后便迫不及待地将她带回了皇宫，没几天工夫，就把她升为爵比列侯的婕妤。又让她迁居到豪华的远条馆，还赐给她一大堆的稀世奇珍。而赵飞燕不但貌美，也十分聪明。她知道自己的地位低贱，如此受宠会引起宫人的嫉妒，就作出谦卑的样子，用成帝赐给她的财物在后宫中收买宫人，并刻意低声下气地与宫中粉黛结好，逐渐缓和了后宫佳丽对她的敌意。不过光是消极的防守还不够，她还要采取更积极的办法，为了把成帝牢牢地控制在自己身边，她就把妹妹赵合德也介绍到宫里来。

赵合德不仅是个倾国倾城的美人，而且心计比其姐还更胜一筹。她知道姐姐已经凭着姿容舞姿得宠，自己就要翻出点新的花样来，于是就使出了欲擒故纵的手段。成帝派人宣她进宫，她先是借口没有姐姐的宣召，死也不去。成帝没有想到这么个小小的奴婢却敢抗拒皇命，就越发想尽快得到她。于是他郑重其事地派人拿着赵飞燕的信物再次前往，赵合德这才同意进宫，还精心地打扮了一番，用"九回沉水香"沐浴，又画了新奇的"远山黛"、"慵来妆"，皇帝一下就被迷得神魂颠倒。但赵合德在侍寝前还要再假意推辞一番，又不慌不忙地拒绝道："皇上如今是我姐夫，姐姐性格严正，如果没有她的允许，我是万死也不敢侍奉皇帝的。"皇帝的欲火被烧得难以自持，于是就亲自厚着脸皮去找赵飞燕，让她劝妹妹进皇帝的寝宫。如此几次三番，赵合德终于答应了下来。皇帝如愿以偿，自是大喜过望，几番云雨后，成帝得意地把赵合德的身体称为"温柔乡"，还把自己和汉武帝比较说，他不愿意效仿汉武帝追求成为神仙，让他老死在赵合德身体上就很满足了。于是立刻把她封为婕妤，和姐姐一起宠冠六宫。

这时，汉成帝的许皇后已经失宠多年，"椒房掖廷用度"被减省了，甚至连皇帝的面也见不上了。于是许皇后满腹怨恨，就和姐姐许谒一起请巫祝设坛祈禳，恶毒诅咒车骑将军王音和后宫中一个有身孕的王美人。此事很快被王氏家族掌握，于是怂恿赵飞燕姐妹揭发许皇后。而此时赵氏姐妹因为很受宠爱，一心想取代许皇后而当皇后。他们一拍即合，结果，在赵飞燕入宫的当年十一月，赵飞燕替王氏家族跑到前台做了揭发，许谒等人被处死，许皇后被废黜，许氏家族的所有成员被流放。赵飞燕在控告许皇后的同时，把班婕妤也牵连进来。但班婕妤是有名的贤德才女，汉成帝也不相信她会参加到这种下作的事情中去，就亲自前去讯问。班婕妤从容地回答："臣妾听说'死生有命，富贵在天'，规规矩矩地做好事，上天也不见得就会降福，难道企求上天帮忙做坏事，上天就会听从吗？如果上天不会听从，难道不是自取祸殃吗？这样的事，臣妾不但不敢做，而且也不屑去做。"成帝听她说得坦白，也很感动，不仅没有治她的罪，还赐给她黄金百斤。但班婕妤虽得免罪不究，却清楚现在宫中，已是赵飞燕姊妹的天下，若不想个自全方法，将来仍是许后第二。她左思右想了一夜，赶忙缮成一本奏章，递呈成帝，自请到长信宫供奉太后。成帝见她心意已决，也只好批准。

班婕妤第二天就移居长信宫内，从此再也没有见过汉成帝，直到汉成帝死后，才以先帝嫔妃的身份前往守陵，伴着冢形碑影，又孤独地生活了五年，便离开了人世，时年约四十余岁，后葬于延陵。

许皇后被废的第二年，成帝下旨要立赵飞燕为母仪天下的皇后。最初太后王政君觉得有些不妥。王太后并不是对赵飞燕不满意，赵飞燕聪明机灵，倒是很招太后的喜欢，加上赵飞燕甘当太后的心腹共同对付许皇后，替他们王家清除了一个强有力的对手，太后当然喜欢赵飞燕。可是，喜欢归喜欢，突然间要立赵飞燕为皇后，太后心里有些不大舒服。当然，赵飞燕出身寒微，立了皇后不会引起后族崛起，从而和太后家族抗衡，进而分庭抗礼，有了这一层，人后心里就好受多了。太后最后只是说，赵飞燕出身太寒微，猛然间母仪天下，朝野会服吗？淳于长给成帝献计，请成帝先封赵飞燕的父亲为成阳侯，使赵飞燕成为侯门之女，这样再立赵飞燕就名正言顺了。成帝觉得这主意很好，就奏告太后，太后也觉得这还过得去。这样，赵飞燕的父亲赵临先封成阳侯，七个月后，赵飞燕堂而皇之地做了母仪天下的皇后。赵飞燕的妹妹赵合德自然也获得名号，封为仅次于皇后的昭仪。

宫中的这一变动在朝野引起了巨大的反响。因为皇后的废立不只是皇家的事，而是关系整个国家的大事。所以，朝臣们纷纷上表反对。成帝看过奏章，气得怒不可遏。盛怒之下，对于上奏章的宗室子弟，降死罪一等，判为鬼薪，终身为陵墓拾柴火。

从此赵氏姊妹专宠后宫，轮流侍寝，连夕承欢，风流天子，尝尽温柔滋味。后宫三千粉黛，都不值成帝一顾，只好自悲命薄，暗地伤心。而昭阳宫则涂以丹朱，黄金为门槛，白玉做台阶，壁间的横木嵌入蓝田璧玉，以明珠翠羽做装饰。所陈列的几案帷幔等类，都是世间罕有的珍奇，最奢丽的是百宝床、九龙帐、象牙簟、绿熊席，床幔熏染了异香，沾到身上几月都不散。

汉成帝不仅好女色，而且爱男宠。汉成帝的男宠是张放，史称他"常与上卧起，但为微行出入"。成帝时常和一批近幸佞臣在宫中长夜醉饱欢乐，谈笑放荡，全无拘束。他在宴乐处所，四面张书屏风，屏上画纣王醉踞妲己做长夜之乐的图画。

而赵飞燕的暧昧情事，成帝也不闻不问。赵飞燕有一张琴名为"凤凰宝琴"。当时长安有一位少年音乐家名叫张安世，自幼习琴，十五岁时便名满天下，后入宫为汉成帝和赵飞燕演奏了一曲《双凤离鸾曲》，其出色的技艺和优美的音乐令赵飞燕如痴如醉。赵飞燕偷偷爱慕上了玉树临风的张安世，为了能把张安世弄到手，赵飞燕假借要向张安世学琴的名义，特求成帝允其随便出入皇宫，并给他一个侍郎的官职，还送给他两张名贵的琴，一曰"秋语疏雨"，一曰"白鹤"。从此赵飞燕便借琴歌为名，与张安世眉挑目逗，每当成帝在赵合德处留宿，张安世就在赵飞燕处留宿。又因赵飞燕连年不育，害怕将来色衰时失去成帝的欢心，于是她想方设法想生下自己的孩子，既然与成帝不能生，她就暗查子嗣多的侍郎宫奴，偷偷把他们弄进内宫与他们偷欢，几乎每天都要换一个人，可谓夜夜为新娘。又怕被成帝听到，就修了密室一间，托言供神祷子，无论何人，不得擅入。其实是密藏英俊少年，不分白天和黑夜恣意肆淫。当成帝临幸时，赵飞燕却因疲劳过度，不过虚与周旋，勉强承应。成帝于是就觉得赵飞燕不及赵合德，再加上赵飞燕偷情的事他也隐隐约约地听说了一点，只是还有些半信半疑，所以渐渐地疏远了赵飞燕。

一天夜里，成帝与赵合德偶而谈起她姐姐飞燕，略有不满的表情。赵合德已知赵飞燕私蓄男宠的秘事，于是聪明的赵合德忙为姐姐跪下求情，她说：姐姐性格刚强，容易招来怨恨，难免会有人在陛下面前进谗言，诬陷姐姐，倘若陛下听信了这些谗言，那赵氏家族就为祸不远了。一边说，一边还哭哭啼啼，潸然泪下。汉成帝慌忙替赵合德拭泪，并用好言劝慰，并发誓不至于误信谣言。所以后来有人得知飞燕奸情，出来告发，都被成帝处斩了。

后来赵飞燕感激赵合德对她的回护，特意推荐一个宫奴。这个宫奴身体雄壮，并能够飞檐走壁。赵合德便趁着成帝不在时，与这个宫奴欢会。从此，这个宫奴轮流光顾飞燕与合德的内室。赵合德恐怕这个宫奴往来时招人耳目，于是企求成帝另筑一间房室，与赵飞燕的远条馆隔道相连。此后两处消息贯通，宫奴的踪迹随成帝临幸的宫殿而转移。

在封建时代，"母以子贵"，赵飞燕虽然被正式册立为后，但她与妹妹都没有子嗣，她们的地位就受到了严重的威胁。成帝也因对赵氏姊妹宠幸这么多年，但未生一男半女，时常忧心，便开始私下里临幸其他宫人。赵氏姐妹自己不能生育，也不许别的妃嫔生育。宫中有个叫曹伟能的女官，怀上了成帝的孩子，临到生产的时候，赵合德命中黄门田客拿着皇帝的诏书，毒死了曹姬，取走了婴儿，并立即处死，甚至连伺候的婢女都被勒毙而死。成帝却怕赵合德姊妹，不敢救护，坐看曹宫女母子毕命归阴。后来，后宫的许美人也怀孕了，成帝暗中派御医去探视，又送给许美人三粒名贵的养身丸药，做保胎之用。许美人生了儿子以后，赵合德知道了，大哭大闹了一场，最后胁迫成帝亲手掐死了自己的儿子。赵氏姐妹的残忍令人发指，而汉成帝的昏蒙也无以复加。当时有讥刺赵飞燕童谣道："燕燕，尾涎涎，张公子，时相见。木门仓琅根，燕飞来，啄皇孙。皇孙死，燕啄矢。"

在追求这样的满足中，汉成帝痴迷放纵，毫不节制，身体逐渐垮了下来，弯腰驼背，骨瘦如柴，面对娇艳欲滴的赵合德竟然无能为力。有一天，成帝去长信宫朝见太后。太后看他一副"痨病鬼"模样，痛彻心腑，垂泪道："你怎么成了这个样子?"太后虽然知道了怎么回事，可是又不能直截了当指责赵氏姐妹，或批评成帝。太后便拿成帝的男宠张放开刀。太后召成帝到太后宫中，婉转劝解成帝，不要过于宠幸张放，要珍重身体，亲理朝政。并当即逼成帝下一道旨，遣男宠张放回自己的封地，立即离开皇宫，远离京师。

据说赵飞燕有"彭祖分脉"之书，她会根据书上的说明，配制一种助阳兴的春药，这种丸药服了就离不开，但上瘾后必须使药量逐渐增加。赵飞燕一来为了适应自身的需要，二来为了讨好刘骜，秘制了这种春药丸供刘骜性交之前吞服。据史书记载，这种春药是方士进献的大丹，是在火中烧炼一百天才炼成。炼成后先用一个大瓮贮满水，然后把丹药放进水中。因为过热，丹药放进去后，会把水烧沸腾，只能不断地换新水，反复十天左右，等水不再沸腾后，才可以服用。一种投到水里水都沸腾的药物，以人的脆弱之体，竟敢吞下肚子，以博一次爽快的云雨之事，可见成帝真是昏聩到了极点。成帝每次和赵氏姊妹上床，就吃一粒，果然其效如神，为了能在"温柔乡"中享乐，汉成帝乞灵于春药，后终因服药过量，纵欲之后，驾崩在赵合德的玉体上。

据《赵飞燕别传》说，汉成帝每天服一粒就可以临幸赵合德，但这一晚在大庆殿临幸时，因为赵合德喝醉了，就让汉成帝一连服了十粒。然后两个人在绛帐中云雨。刚开始听到成帝笑声不断，但到了半夜，成帝就昏睡不醒。天明时，成帝就驾崩在赵合德的怀里。赵合德也成为因为用床笫功夫把皇帝搞死而"名留青史"的第一位后妃。

成帝死后，赵氏姊妹失去依靠，十余年来对于赵氏姐妹的怨毒，开始爆发。刚刚重新掌权的王莽追究责任，赵合德虽不是毒死成帝，然而从前在宫里淫乱的事，若一经逮问，断难隐讳，况且要连累家里人一同坐罪，于是非常害怕，自己喝下毒药自杀了。

绥和二年，汉成帝死后无子，由定陶王刘欣即位，即汉哀帝，赵飞燕被尊为太后。哀帝在位六年崩驾，随即平帝即位，赵飞燕第二度失去了靠山。因为在哀帝当政时期，赵飞燕得罪了王氏家族，因此被刚刚夺得政权的王莽贬为孝成皇后，迁居到北宫，过了一个多月，被贬为庶人，被赐自杀。

汉哀帝也玩"断臂山"

　　汉哀帝刘欣，生于成帝河平四年丙申（公元前25年）三月壬辰日，是元帝傅妃的孙子，汉成帝刘骜的侄子，三岁时受封定陶王。成帝死后，无嗣，十九岁的刘欣于绥和二年（公元前7年）四月继位称帝，第二年改年号为"建平"，他就是历史上以贪恋男色而著名的汉哀帝。

　　要说起来，汉朝几乎每个皇帝都有男宠，如汉高祖宠幸籍孺，汉惠帝宠幸闳孺，汉文帝宠幸邓通、赵谈、北宫伯子，汉景帝宠幸周仁，汉昭帝宠幸金赏，汉武帝宠幸韩嫣、韩说、李延年，汉宣帝宠幸张彭祖，汉元帝宠幸弘恭、石显，汉成帝宠幸张放、淳于长，这些男宠虽然有的也专横跋扈，但在皇帝面前都不过是弄臣角色，对江山社稷似乎都没有什么影响。但董贤之于哀帝则很是不同。下面就从著名的"断袖"的典故来历说起。

　　汉哀帝少年时曾经是个熟读经书、文辞博敏有才的谦谦君子。原本不好声色。即位初期，面对此时汉朝中落的局面，哀帝很想有一番作为，很想像武帝和宣帝一样，依靠强有力的皇权进行统治。他为此曾亲自带头节俭，减少宫廷用度。勤劳于政事，又任用龚胜、鲍宣、孙宝等有识之士，帮助他治理朝政。又颁布限田令、限奴婢令等法令，试图抑制日益严重的土地兼并。然而哀帝的努力很快化为泡影。当时汉家王朝正在走着下坡路，无论何人也无力回天。哀帝的革新政策因受到大贵族官僚的反对而失败，这其中就有强大的外戚势力的阻挠。长于权术的哀帝祖母傅太后的干政，使哀帝办起事来力不从心，并最终导致权力外移，朝风日坏。面对挫折和失败，年轻的汉哀帝没有能够挺住。即位之初的锐气很快消失殆尽，无尽的烦恼使哀帝只能在声色犬马之中寻求刺激。这样，即位不久的汉哀帝便由一个颇有朝气的年轻有为之君，很快堕落为一个比前任皇帝成帝还要荒淫腐败的昏君。

董贤（公元前23～前1年），西汉云阳（今陕西淳化西北人），字圣卿，是御史董恭的儿子。汉哀帝刚即位时，董贤是太子舍人，当时年纪还不过十五六岁，常把美丽当成自我陶醉的资本。宫中的皇帝侍臣，都说他年少无知，不让他办什么要紧的事，所以哀帝只听说过他，但并没有真正见过。

建平二年（前5年）的一天，哀帝下朝回宫，看到殿前站着一个人，模样清秀美丽。哀帝刚开始还以为是个美貌的宫女打扮成男子模样。于是将他召入殿中，待问明了姓氏，立即想起来："你就是舍人董贤?"那人忙叩头道："正是小臣董贤。"哀帝口中如此问，心中却已经想入非非。男子中有此姿色，真是绝无仅有，就是六宫粉黛，也相形见绌。哀帝让董贤坐到自己腿上，与之促膝而谈，并当下授董贤黄门郎的官职，让他随侍左右。从此对他日益宠爱，同辇而坐，同车而乘，同榻而眠。

董贤生来就有一种女性的柔媚，说话娇声下气，搔首弄姿，引得哀帝欲火中烧，居然让他侍寝，和董贤有了肌肤之亲。董贤一月连升数级，竟然很快升任驸马都尉、侍中。董贤平时身穿一件轻逸的绡革衣，走起路来衣服像蝉翼一样飘飘若飞。哀帝常常与董贤一同沐浴，董贤则趁机在浴池水中供奉仙药灵丹，邀宠献媚，使哀帝享受到从未有过的快乐，董贤成了哀帝的最心爱的人。

一天，哀帝又和董贤同榻而眠。早晨醒来，见董贤还在睡着，身体正压住哀帝的衣袖。哀帝想把衣袖抽出来，却又不忍心惊动董贤。想要继续躺下，自己又有事急需要去办，不能等他醒来。无奈的哀帝一时性急，竟然从床头拔出佩刀，将衣袖割断，然后悄然出去。等董贤醒来的时候，看见身下压着哀帝的断袖，深深感动于哀帝对自己的深情，从此更加竭力讨好哀帝。因为哀帝的这样一段故事，后人就把嬖宠男色，称作"断袖癖"。当时的宫女知道后，也纷纷加以效仿，割断一只衣袖，以此想唤起皇帝对自己的宠幸。

董贤是一个非常善于讨主上欢心的人，据史书记载，他"性柔和便辟，善为媚以自固"，每到出宫休假的日子，他总是不肯离去，执意要留在天子身边侍候起居、饮食、医药。他不肯回家看自己的妻子，总是给家里捎信说哀帝多病，须在旁煎药伺候。哀帝本来也是一刻也离不开董贤，见他不回家，心里非常高兴，但又考虑到董贤家中也有妻子，为服侍他不能回家团聚，心里又多少有些过意不去。哀帝于是也就经常劝他回去与妻欢聚，劝说了几次，董贤还是不愿回去。哀帝很过意不去，特破例让董贤妻加入了宫籍，搬进宫中居住，这样就可以与董贤经常见面了。

董贤有一个妹妹，还未嫁人，哀帝让董贤送妹进宫。董氏面貌与董贤相似，杏眼盈盈，秀骨姗姗，哀帝在董氏入宫的当天晚上就留她侍寝，一夜鱼水，无限柔情。第二天封董氏为昭仪，地位仅次于皇后。皇后的宫殿称"椒房"，董昭仪所居处特赐号"椒风"，表示与皇后名号相等。董贤的妻子美艳非常，她出入宫禁，被哀帝看见。哀帝不禁心动，令她与董贤同侍左右。从此与妻妹二人，轮流值宿。

董贤得宠仅仅一月之间，所得赏赐已不计其数。"一人得道，鸡犬升天"，董贤的父亲迁升为少府，赐爵关内侯。董贤岳父升为将作大臣，董贤小舅子升为执金吾。哀帝还专门命人为董贤修建豪华奢丽的住宅，土木工程采用当时最先进、最高档的水准，这个宅子分为前殿、后殿，高大的殿门相连不绝，殿室梁柱都是华美的锦缎捣烂成浆，围涂成彩。第中楼阁台榭，连亘如云。规模和华丽的程度丝毫不逊色于皇宫，又把御沟里的水引流到董府后园中。兵器库房中的名重兵器，皇宫里的珍玩宝贝，都送到董贤家里去了。甚至连皇宫御园中的秘宝珍器，珠衫玉匣，哀帝也统统都送给了董贤。

汉哀帝还命人在自己的陵墓义陵旁边为董贤营造了方圆数里、门阙众多、松柏夹道的坟墓。其规模宏伟，墓道宽阔、墓室巨大，墓外是数里长的祭祀专用大道，大道上的门阙、屏风高大靡丽；与冢茔配套的葬具更是令人瞠目，哀帝命人按照天子和诸侯王的丧葬等级为董贤特制了棺椁和金缕玉衣，仅义陵一项工程耗费的钱财就达数以万计。二人不仅要在生时常相守，甚至还要在死后常相伴。

　　当时，地方郡国、塞外蛮夷都要定期向朝廷贡献珍宝、美食和服饰，朝廷将这些贡品分为不同的档次，高档用于天子享受，中低档用于赏赐臣属。不过，董贤在哀帝心目中的地位可是无人能比的，哀帝对他的宠爱甚至超过了对自己的关爱。结果，那些高档的贡品往往都被赏赐给了董贤，而天子则乐于享用中低档的贡品。

　　爵位是汉代人地位的象征，哀帝早就有册封董贤为侯爵的打算。不过，汉朝的开创者刘邦曾经给他的后世子孙们立下了这么一个规矩，那就是"非刘氏不得王，非有功不得侯"。董贤为朝廷、国家并没有作出什么贡献、立下什么功劳，所以，哀帝没有合适的理由册封他为侯爵。然而，机会总是人创造的。当时有个河内人息夫躬和长安人孙宠，在偶然间得知了东平王刘云和王后祭祀奇石，并诅咒天子的事情，便上告有关部门，当时正好遇到皇帝经常患病，就以为是受到诅咒而起的，就下令调查、审讯，刘云的王后对罪行供认不讳，孙宠、息夫躬二人按照惯例可以被封侯。哀帝觉得这个机会可以利用。他通过侍中傅嘉密诏孙宠、息夫躬，让他们对有关部门说是通过董贤才得以上告的，这样一来，董贤便和孙宠、息夫躬二人同时成了国家的功臣，可以得到封侯的待遇。不过，哀帝想要同时封三个人侯爵，还害怕丞相王嘉会反对，就先派孔乡侯傅宴拿着拟好的封赏诏书让丞相王嘉和御史大夫贾延看。果然，丞相王嘉和贾延同时上奏说，董贤三人被赐爵的事情，引起朝野激愤，大家都认为董贤三人被封不是因为对国家有什么贡献，而是因为董贤受到皇上宠幸所致。应该把董贤三人当初的上奏都公布出来，让朝廷大臣根据惯例来决定。二人的奏章无疑把董贤给排除在外了，哀帝非常生气，后来就先禀告了祖母傅太后，获得傅太后的同意后，就下诏严词斥责持反对董贤等人封侯意见的大臣，然后就强行封董贤为高安侯。这还不算完，后来因为王嘉认为董贤享有的种种待遇打乱了国家的纲纪制度，因此数次谏诤天子进行整治。哀帝当然对此不能容忍。结果，这位正直的丞相被安了一个言事不当的连坐罪名，惨遭入狱。王嘉后来在狱中绝食二十多天，吐血而亡。此后，朝中再也不敢有人站出来与董贤为敌了。

哀帝还觉得对董贤不够好，正巧大司马丁明同情王嘉，被哀帝知道，就借此将丁明免官，让董贤代任。董贤故意表示谦让，哀帝于是就先让光禄大夫薛赏做大司马，薛赏任职才几天，忽然不明不白地死去。接着董贤做了大司马，总领尚书之职，百官都要向他奏事。并且加封卫将军的职衔。这样一来，董贤便掌握了朝廷的军政大权。当时董贤只有二十二岁，已是职位超三公，掌握天下兵权，位极人臣的人了。

一天董贤的母亲生病，哀帝派使者四出设祭祈祷，使者祭祀后在道中排列的祭品，凡是路过的人随意吃也吃不完。不仅如此，每次董贤家有婚丧嫁娶等事，哀帝就下诏命朝中百官都要备礼物前往祝贺。

以前孔光当御史大夫的时候，董贤父董恭是侍候孔光的小吏。到董贤做了大司马，就和孔光并为三公。这时哀帝故意让董贤去拜访孔光。孔光听说董贤要来，知道皇帝的意思是要尊崇董贤，就提前整肃衣冠，出门恭候。董贤车一到门前，孔光立即引身倒退。等董贤到了中门，才避入门侧，董贤下车后，孔光低头便拜。请董贤上座，自在下座陪着，好似卑职迎见长官。拜访在欢洽的气氛中结束了。哀帝听说后，对孔光的表现很满意，当即给孔光的两个侄子授予官职。从此，百官群僚无不对董贤表示敬畏，董贤的权力几乎与天子相等了。

当时一个匈奴单于来朝见汉朝皇帝，他见掌握当朝最大权力的大司马竟然是这么一个年纪轻轻的美貌少年，不由得觉得非常惊讶。面对匈奴单于的疑惑，哀帝则说别看大司马年纪轻轻，但却是最有贤德的人，所以才能登此高位。结果，匈奴单于还信以为真，恭恭敬敬地向董贤行了大礼，又恭喜汉朝皇帝得到了这样一位年轻的贤臣。

哀帝甚至不知怎么表达对于董贤的宠爱了，一天在庄严肃穆的麒麟殿哀帝和群臣一起饮酒，哀帝竟然对董贤说："朕欲效仿尧禅舜，把帝位传给你。"一时间大殿内鸦雀无声，谁也不敢相信自己的耳朵。董贤闻言，虽然内心很高兴，但事出突然，一时竟然不知如何回答，正在这时，忽然有一人进谏说："天下是高皇帝的天下，非陛下所私有。陛下上承宗庙，应该传授子孙，世世相继，天子岂可出戏言！"哀帝一看是中常侍王闳，当下十分恼怒，竟将王闳赶了出来。王闳是王太后的侄孙，王太后听说此事，亲自代王闳向哀帝道歉，哀帝才慢慢平息了怒气。后来也觉得自己也未免失言，从此也就不再提起禅位的事情了。

董贤正处于春风得意的时候，谁知乐极生悲，董贤家宅院外的大门本来十分坚固，有一天却忽然无缘无故地塌了，董贤隐约感到此预兆似乎不吉利。果然，哀帝因纵欲过度，不久一病不起，元寿二年六月去世。只有二十六岁，在位仅六年。

俗话说得好，"三十年河东，三十年河西"。在哀帝即位、董贤显贵之前，朝廷中呼风唤雨的人物是外戚王莽，王莽的姑母王政君是汉成帝的母亲，当时的皇太后。不过，因为汉成帝没有子嗣，皇太后王政君只能册立一个与自己没有直系血缘关系的皇族成员为太子，这个人就是哀帝刘欣。所以，后来当成帝驾崩、刘欣即位之后，以王莽为首的王氏外戚自然就成了"局外人"，失去了以往的威势。但王政君和王莽姑侄都是老于世故的政治人物，他们知道自己难以凌驾于新君之上，便都采取了低调、退避的方法：王政君把自己塑造成一个不理世事的太皇太后；王莽则辞去了大司马的职位，闭门谢客，修养身心。而实际上，他们都在以退为进，等待时机，以图东山再起。

与成帝一样，哀帝也没有子嗣，所以，他的突然死亡为王氏外戚提供了重掌朝政的好机会，而要把握这个机会，首先就是除掉手握军政大权的大司马、卫将军董贤。在董贤与妹妹董昭仪入哭哀帝寝宫时，王政君就以太皇太后的身份召董贤问丧事该如何料理。董贤年纪轻轻的，哪里懂得这些方面的礼仪制度？他以前的心思和精力完全投入到向哀帝献媚、讨哀帝欢心上面去了。哀帝的死，对他造成了莫大的打击，使他魂不守舍，加之他基本没有什么政治经验，所以，面对太皇太后的询问，他只有心里忧惧、无言以对，随后就是免冠致歉、听凭摆布了。

于是，太皇太后王政君对他说："成帝驾崩的时候，新都侯王莽曾经以大司马的身份主持丧事，知晓如何料理和安排帝王丧事，就让他来辅佐你办理天子的葬礼吧。"董贤闻言，竟然以为太皇太后是在帮助自己，因此他感激涕零，不住地道谢。太皇太后王政君就遣使召王莽入宫。很快，王莽奉诏进宫见太后，首先说董贤无功无德，不应占据高位，接着按照事先和太皇太后商量好的计划，他命人弹劾董贤，罪名是天子病重的时候董贤没有亲自侍奉医药，结果董贤被驱逐出宫，并且从此以后禁止进入。董贤惊惶失措，站在大门前，脱官帽，赤双脚，向内谢罪。在董贤不知所措、彷徨恐惧之时，王莽命人向他宣读了太皇太后的诏书，罢免了他的大司马职位，收回董贤的印绶，让董贤罢官归第等待朝廷治罪。其实对于董贤来说，从哀帝死的那一刻起，他的靠山已经轰然坍塌，因此在接到册免诏书之后，当天夜里，董贤思前想后，知道王莽肯定不会轻易放过他，还不如自尽，免得更加丢脸，就和妻子一起自杀了。

董贤的家人害怕大祸临门，不敢报丧，就悄悄将董贤夫妇棺殓，趁夜埋葬。此事传到王莽耳中，王莽怀疑董贤诈死，就让有关部门开棺验尸。因为董贤用的是沙金画棺材，涂上了四时之色，左苍龙，右白虎，上面还镶上了金银打制的日月之像，穿的是玉片做的衣服，四周是珍珠满缀的棺壁，王莽便指责他僭越王制，把董贤的尸体拖出棺外，剥去衣服饰物，用草席裹起来。这位不久前还是位极人臣、"与人主侔"的汉代第一男宠，就这样被草草地掩埋在了墓中，最终没有能够与他的"天子情人"厮守一处。

董贤的家属都受到牵连，家产被查抄，约值钱四十三万缗。

其实，就在董贤极盛时期，王氏只有王闳作为待诏能够呆在内宫。

王闳的岳父萧咸，是前朝名臣萧望之的后代。董贤的父亲董恭想为他的另一个儿子董宽求娶萧咸的女儿做妻子，让王闳帮着说媒。但萧咸却婉言拒绝了，他对王闳说：哀帝任命董贤为大司马的诏书中有"允执其中"的字样，这是当年尧将天下禅让给舜时所用的话，这不是属于三公所用的词语，董家怎么能够承受得了？董恭得知求婚被拒绝之后，慨叹说："我董家究竟做了什么对不起天下百姓的事情，让大家这样害怕？"萧咸确实不愧为名臣之后，很有先见之明。

光武帝平生只爱一个女人

汉光武帝刘秀（公元前6~公元57年），字文叔，南阳蔡阳（今湖北枣阳西南）人。东汉王朝的开国皇帝，公元25~57年在位。汉光武帝刘秀是我国历史上著名的封建皇帝之一。

刘秀是汉高祖刘邦的九世孙，长沙定王的后代。据说刘秀出生时，他家田地里的稻谷大获丰收，甚至出现了一稻九穗的奇异现象，因此他的父亲刘钦给他起名为"秀"，意思就是庄稼出好穗。

刘秀有两个哥哥：刘縯、刘仲，还有两个姐姐：刘黄（后来的湖阳公主）、刘元和一个妹妹刘伯姬。刘秀九岁这年，他的父亲刘钦去世了。刘秀兄弟三人从此寄居在叔父刘良家里，几个姐妹则继续跟随母亲生活。刘秀性情温和，喜欢在田野间嬉戏，渐渐对农桑稼穑产生了浓厚的兴趣，而哥哥刘縯的性格与刘秀恰恰相反，对农务劳作毫无兴趣，喜欢交朋结友、弄侠使气，养着不少乡间豪悍的少年。他对弟弟与世无争的生活态度很看不惯，常常笑话他没有出息。

公元8年，王莽废汉立新朝，刘氏宗亲后裔失去了所有的特权和财富。刘秀这年14岁，在这种改朝换代的困境中，刘家很快就成了普通的老百姓，过着与从前截然不同的窘迫生活。

这样的生活令刘秀的大哥刘縯非常不满，经常在家中大发牢骚，声言定要重振大汉王朝。

刘秀在哥哥的影响下，开始由一个醉心于农田生产、与世无争的少年慢慢地转变了。当同龄的朋友都纷纷成婚聘娶、沉浸于家室之乐的时候，20岁的刘秀却做出了另一个决定：西去长安，开拓视野、研习学问。

来到长安以后，刘秀成为许子威的学生，学习了《尚书》等当时最经典深奥的学问。不久，刘秀的盘费用尽，返回了家乡。返乡后，刘秀在亲友中找到了自己的知己：姐姐刘元的丈夫新野人邓晨。并且常常在姐姐姐夫家里住宿。就在这样的情形下，刘秀遇见了他这一生最重要的女人、未来的光武皇后阴丽华。

阴丽华出生于南阳新野，是当地有名的美人儿。在南阳，阴家祖上是辅佐齐桓公"九合诸侯，一匡天下"的管仲一脉，传到第七代管修，以医术传名于世，后来从齐国迁居楚国，被封为阴大夫，以后便以"阴"为姓名。秦汉之际，阴氏子孙在南阳新野为生。

阴丽华的母亲姓邓，与刘秀姐夫邓晨之间有一定的亲缘关系。阴丽华比刘秀小近十岁，这时还是一个天真的少女，远未到出嫁的年龄。然而她的美丽和孝顺，在新野一带已经非常出名。刘秀活了二十多年，还从来没有对哪个女人动过心，可是不知道为什么，一听说阴丽华的名字，他就神魂飘荡。想起当初在长安城里看到的"执金吾"出行盛况，他不禁立下心愿："仕宦当作执金吾，娶妻当得阴丽华"。

王莽篡汉以后，推行了一系列雷厉风行的改革措施，比如恢复井田制，设置六关、五均、赊贷等经济制度，改革币制，复古建制，变更官制等。因为准备不周，条件不成熟，反而造成经济萧条，民不聊生，荒旱连年，盗贼蜂起的局面。

当时，樊崇起兵于山东一带，把眉毛涂成红色，号称"赤眉军"；王匡起兵湖北，号称"新市兵"；王常起兵江陵，号称"下江兵"；陈牧起兵荆襄，号称"平林兵"；28岁的刘秀和哥哥刘縯一起，号召家乡子弟兵起而抗暴，号称"春陵兵"。并与进入南阳与王匡、王常等人的部队合在一起，号称"绿林军"，为了顺应人心思汉的潮流，推立汉朝宗室刘玄为皇帝，以"反莽覆汉"为号召，改元更始，一路攻略，中原地区尽皆归服。

在消灭王莽的过程中，刘秀的功劳最大，公元二十三年，"绿林军"几千人被王莽主力四十二万人包围在昆阳城中，是刘秀带十八人突围，带回三万多援军，以少胜多，把王莽军队打得落花流水，从此，"绿林军"乘胜前进，推翻王莽的统治，进占长安。

威望日增的哥哥刘縯受到更始皇帝刘玄的猜忌和排斥，趁刘秀出外征战的机会，更始帝设下圈套，以莫须有的罪名杀害了刘縯。正领兵在外的刘秀自知势单力薄，强忍悲痛，主动回到宛城谢罪。就在此时，随刘秀作战的阴氏兄弟，深感刘秀前程远大，抓住机遇，说服家人，把阴丽华嫁给了刘秀。刘秀终于达成了他多年的心愿，在宛城城里，迎娶了阴丽华为妻。这年，刘秀二十九岁，阴丽华十九岁。

刘秀忍辱负重，不为哥哥举办葬礼，反而与倾慕多年的爱人阴丽华热热闹闹地举行了婚礼，洞房花烛夜之后，天天花天酒地，一副及时行乐的模样。刘玄对他放了心，认为刘秀不过是纨绔子弟一个，因此他得以躲过杀身之祸。

对哥哥的死，刘秀表面上只能强颜欢笑，到晚上就偷偷地哭。阴丽华就劝慰丈夫："更始皇帝气量狭小，小具规模便沉迷酒色。为求自保，不如向河北发展，也好相机独树一帜。"阴丽华虽是妇道人家，但刘秀十分听她的话。正好不久之后王莽身死，刘玄进驻洛阳。他又命令刘秀去招降北地的其他势力，却不发一兵一卒。刘秀知此去凶险，于是将阴丽华送回了新野娘家。

刘秀以有名无实的特使虚衔，带领数百人马渡过黄河，一路废除苛政，排除万难，争取民心，赢得了河北百姓的爱戴和拥护。刘秀就是以此地做根据地，建立了东汉。

当时，河北邯郸有一个以卜卦为生的术士王郎，乘群雄并起之际，诈称是汉成帝的儿子刘子舆，自立为王，声势浩大，有一定的实力，是刘秀在河北扩展势力的绊脚石。真定王刘扬聚兵 10 多万，听命邯郸王郎，不肯归附刘秀。

在这样的情形下，在昌城投靠他的刘植愿意以同宗的名义，前去游说刘扬，让他与刘秀联合作战。刘扬勉强同意，却提出与刘秀结亲的条件。也就是把自己外甥女郭圣通嫁给刘秀。郭家是大族，娘家又势力强大，郭圣通摆明了不可能做小的，肯定要做正妻（中国古代是一夫一妻多妾制，妻子只有一个，地位也绝然不同，比如妾的子女只能叫妻为母亲等等）。刘秀生在男人多姬妾的年代，应该对这种制度并不反感，但是他从来也没有想过，要让别的女人凌驾于阴丽华之上。他对阴丽华苦恋多年，做梦也没有想到，如今居然会有人要他停妻再娶。

不过眼下的情况是：要么娶郭圣通为妻当刘扬的外甥女婿，要么就来一场十几万兵马的混战。刘秀苦恼万分，最终，他还是妥协了，答应了这桩婚事。刘扬对刘秀的态度十分满意，亲自为他和郭圣通举行了婚礼。

这场婚礼，毫无疑问是一场政治联姻，因而刘秀进洞房时多少有些不情愿，但是等他看见郭圣通，却也不禁动心起来。郭圣通出身高贵，美丽动人，而且很有才学。他刚娶了阴丽华，初识男欢女爱不到百日就被迫分开，一年多来在刀光剑影中混日子，如今在郭圣通这里又重新看见了万种风情，虽然心里对阴丽华万分愧疚，却也身不由己地又掉进了温柔乡。

刘秀和郭圣通成亲后，刘秀不但避免了一场决战，还得到了刘扬的军队，顿时声势大涨，几天后便将元氏、房子、攻口、柏乡等地收入囊中。他拒绝了更始皇帝给予的封号，另树一帜，不久即帝位于鄗南的千秋亭，以建武为年号，定都河南洛阳。就在刘秀称帝的当年，郭圣通为他生下了长子刘疆。当上父亲这一年，刘秀已经三十二岁。他与阴丽华已经分别了整整三年。

刘秀刚定都洛阳，便立刻派人接阴丽华来团聚。但在册立皇后的问题上就出现了一个问题，是立郭氏为后呢，还是立阴丽华为后。面对结发之妻和继娶之妻，刘秀左右为难——如果有得选择，他只愿意让阴丽华做皇后，可是郭圣通与自己也有夫妻情谊，而且她不但有儿子，背后还有舅父刘扬的十万大军。困窘之下，刘秀只得先把她们都封为仅次于皇后的"贵人"。封后之事暂缓。

郭圣通的舅舅、真定王刘扬本来有野心，看见外甥女婿刘秀打下了江山，妄想坐享其成于是密谋造起反来了，但叛乱很快就被刘秀给镇压下去了。郭圣通不但失去了舅父这个靠山，还因舅父而受到了连累，虽然丈夫没有追究郭氏家族，但是一时间，她自己都对做"皇后"彻底没有了指望。刘扬的叛变，帮助刘秀解决了一个大难题，他觉得自己终于可以理直气壮地立阴丽华为皇后了。谁知道，阴丽华却拒绝了。阴丽华说："困厄之情不可忘，而况郭贵人已经生子。"

在阴丽华的坚持下，公元26年6月，郭圣通意外地成为东汉王朝第一任皇后，她所生的儿子刘疆，成为第一任皇太子。

刘秀总是满怀愧疚地想方设法弥补自己对阴丽华的亏欠。此时东汉王朝的天下还没有完全平定，刘秀经常要率军出战。每当统兵出征的时候，他都要带上阴丽华，尽可能地不让她与郭圣通单独相处。

刘秀在称帝后的10年，勤政务实，恩威并济，国家富强，百姓安居乐业，终于使天下归心，成就了大一统的局面。于是他转而偃武修文，休养吏民，保全勋臣，崇尚义节。其间，刘秀对阴氏始终念念不忘，一直非常宠爱，阴丽华也陆续生养了五个儿子：刘庄、刘苍、刘荆、刘衡、刘京，以及若干个女儿。

刘秀也仍然没有忘记郭圣通，他对郭圣通仍然有一定的感情。此后，郭圣通也陆续为刘秀生育了不少孩子，除了刘疆，后来还有刘复、刘康、刘延、刘焉，一共五个儿子。

建武九年（公元33年），一群不知道从哪里来的盗贼，半夜闯进了阴丽华乡间的娘家。由于阴丽华的谦让，阴家没有侯爵之封，也就没有了护卫兵士，强盗很轻易地就得了手。在抢劫的同时，还杀死了阴丽华的老母邓氏及弟弟阴诉。

刘秀面对哭得死去活来的阴丽华，想到邓家岳母对自己多年的关爱，哀伤溢于言表。

他传令大司空，颁下一道诏书：

"我在微贱的时候，就娶了阴贵人，由于兵荒马乱，被迫别离。幸亏老天有眼，我和她都从战乱中劫后余生，再次团聚。对她的美德我非常了解，因此想要立她为皇后，她却坚持推辞，甘愿为姬妾。我敬慕她的谦让高尚，曾经想要封她的弟弟们为侯爵。可是没想到，他们没有得到我的封爵，却陡遭祸患，母子俱丧。我十分愧疚伤怀。"细看这道广布天下的诏书，郭圣通却忍不住五味杂陈。

七年过去了，丈夫在这道诏书里，仍然念念不忘阴丽华才是他的结发妻子、更甚至把当年只有夫妻间才知道的"让位"之事公诸于世，这等于是在提醒世人，郭皇后的位置，是阴丽华"让"出来的。而如今阴家也同样拥有了不亚于皇后家族的爵位，这顿时让郭圣通觉得自己这个皇后，已然沦为朝廷内外的话柄。

这便使得郭皇后对刘秀"数怀怨怼"。这种怨怼之情明显违背了刘秀倡导的"宫教"。恰好刘疆作为太子，也不怎么合刘秀心思。在政务上刘疆中规中矩，就是在军务上很有祖辈刘彻的遗传因子，喜欢动武逞强。刘秀虽然是军事天才，然而一生都宽厚仁爱，绝不好大喜功妄动刀兵。于是刘秀经常斥责刘疆，并且要他向弟弟刘庄（阴丽华所生，即后来的汉明帝）学习。这些更加剧了郭圣通的恐惧感。于是她开始不断地跟刘秀及阴丽华制造麻烦。刘秀和阴丽华选择了让和躲。阴丽华搬出了洛阳，刘秀则尽量不回内宫。郭圣通就把满腔怨气发作到了其他妃嫔和刘秀的子女们身上，一时间人人畏之如虎。

刘秀终于忍无可忍，于建武十七年（公元 41 年）颁下了一道废后诏书，改立阴丽华为皇后，刘秀对阴丽华长久的歉疚，终于得到补偿的机会。

阴丽华虽然真的没有当皇后的念头，但由此也明白了刘秀对她的真

53

情厚意，心中自然是十分满足。当上皇后之后，她仍和原来一样，恭俭仁厚，谦让自抑，不喜笑谑，事上谨慎柔顺，处下矜惜慈爱，天下都称她为贤后。

阴丽华的谦德与她的家风是密不可分的。刘秀刚当上皇帝的时候，阴丽华的哥哥阴识因随军征战有功，刘秀本打算破格封赏，以示对阴丽华的补偿，然而却受到阴识的谢绝，他说："天下初定，将帅有功的多，臣托属外戚的关系，不能示天下以不公。"这是建武二年的事。又过了两年，阴丽华随侍光武帝征讨彭宠，在河北生下一子，就是后来的汉明帝。阴丽华的另一个兄弟阴兴当时为黄门侍郎，指挥武骑，随军征伐，算是刘秀的贴身侍卫长，每次出入，都拿一个小盖伞为刘秀遮风蔽雨。建武九年，刘秀升迁他为侍中，赐爵关内侯，印绶已经准备妥当，阴兴却坚决辞让："臣未有先登临陷之功，而一家数人并蒙爵赏，转令天下失望，诚所不愿。"事后，阴丽华私下问兄弟为什么要那样说，遭到阴兴一阵义正辞严的教育："亢龙有悔，盛极则衰，外戚家苦不知谦退耳！"

为了安慰郭圣通和郭氏家族，也让刘疆宽心，皇后阴丽华又向丈夫提出了一些建议。刘疆仍然被封为太子。郭圣通的哥哥郭况、侄子郭璜、堂哥郭竟、堂弟郭匡、叔父郭梁的女婿陈茂都得到封赏。刘秀甚至封郭圣通为中山王太后。郭圣通于是成为中国历史上惟一一个没被打入冷宫反而得到尊崇的废后，郭氏家族也成为史上惟一一个非但没有遭殃丢命，反倒全家升官发财的废后家族，并提前得到了"皇太后家族"的待遇和爵位。

不过，尽管刘秀百般抚慰，太子刘疆仍然忐忑不安。自从母亲被废离宫，刘疆就在忧虑中过日子，终于，他在郅郓的建议下向父亲上书表示要退出太子位，让给阴丽华的长子刘庄。刘秀与阴丽华原本觉得父母之间的纠葛不应该连累孩子，也就没有同意。刘疆屡屡向身边的官员和十个弟弟表示，自己甘愿去做外藩亲王的心事。这样再三多次提及，刘秀知道事情已经无可挽回，终于在两年后（建武十九年）做出了决定：

改封刘疆为东海王，原来的东海王刘庄为新任太子。

阴丽华对自己生的刘庄取代太子刘疆的地位心中不安，于是，在阴丽华一再要求下，刘秀将刘疆的封地再次扩大，使他实际上成为拥有两个封国的亲王，领地合计 29 县。以此弥补刘疆未能登基为帝的遗憾。

当年 6 月，郭圣通离开人世。她比刘秀和阴丽华都要年轻，却比他们更早离开人世，原因固然很多，但与她的皇后被废不无关联。

阴丽华一生谦德做人，相夫教子，不曾干预朝政，也把后宫治理得井井有条，她不仅以身作则，更能约束家人，使刘秀无后顾之忧，专心国事，才出现了与"文景之治"并称的"光武中兴"时代。

公元 56 年，刘秀去世。刘秀死后，阴丽华的儿子即位，即为汉明帝，尊阴丽华为皇太后。阴丽华依然保持一颗菩萨般善良的心，叮嘱她的儿孙们善待郭圣通的家族，不像有的皇后掌握权力后肆意打击情敌及其家族。这一点，从明帝刘庄，到阴丽华的孙子汉章帝刘炟都做到了，中元三年，阴丽华的孙子章帝北巡路过真定时，特地按照阴丽华的叮嘱和郭氏家族聚会，赏赐万斛粟米和五十万钱。

永平七年（公元 64 年）正月，阴丽华去世，她和刘秀的寿命恰好一样，都是 62 岁。阴丽华死后，被合葬在光武帝刘秀原陵。后来的东汉皇族虽然不是每个皇后都能像阴丽华那样善待情敌及其家族，但是确实再没有发生过杀害非己所出皇子的事情。这不能不说是与阴丽华的身体力行、传为家训分不开的。

皇帝的婚姻，鲜有幸福圆满的，而刘秀、阴丽华却和谐得令人羡慕。

汉灵帝的"裸游馆"

汉灵帝刘宏（公元 156—189 年），东汉第十一位皇帝（公元 168—189 年在位），在位 22 年，谥号为孝灵皇帝。汉灵帝统治时期是东汉最黑暗的时期。

汉灵帝能登上皇帝的宝座完全是一个意外的幸运。刚去世的汉桓帝没有儿子。他的窦皇后及其父亲窦武就看上了桓帝的近亲刘宏，刘宏的父亲解渎亭侯刘苌与桓帝刘志是堂兄弟，刘宏是桓帝的亲堂侄；更重要的原因是，刘宏当时还是个只有 12 岁的孩子，更便于外戚控制朝廷权力。

东汉自章帝以下的皇帝都是少年登基，年幼不能理政，只能靠皇太后临朝称制，太后自然会想到依靠娘家的人，于是就带来外戚的专权。对于外戚来说，只有皇帝登基的时候年纪很小，太后称制才名正言顺，他们才能得到专权的机会，而东汉诸帝又往往早亡，没有子嗣，所以他们在选择皇位继承人的时候都愿意选小孩子，以便于控制。12 岁的刘宏，就是在这种情况下被推上皇位的。

灵帝即位之后，面临的是一个千疮百孔的社会。外戚跃跃欲试地准备统理朝政，宦官虎视眈眈地觊觎着皇权，外戚和宦官的斗争愈演愈烈，终于在灵帝登基不久，一场宫廷政变不可遏制地爆发了。

由于汉灵帝登基时年龄尚小，自然由窦太后临朝执政。窦太后的父亲窦武被封为闻喜侯；其子窦机为渭阳侯，位拜侍中；其兄子窦绍为鄸侯，迁步兵校尉；窦靖为西乡侯，位拜侍中，掌管羽林左骑。窦氏一家权倾朝廷内外，十分显贵。

窦武掌权之后，提拔原被朝廷禁锢的清流士大夫出来做官，并和一向反对宦官的大臣陈蕃联合起来，打算诛灭宦官。这时，大宦官曹节被封为长安乡侯，暂时受到压制，但曹节通过灵帝乳母和太后的身边宫女，向窦太后献殷勤，又取得了窦太后的信任。结果，窦太后对窦武和陈蕃的密谋一直犹豫不决，最后导致密谋的事情被宦官得知。

宦官先下手为强，于公元 168 年秋天发动了宫廷政变，他们挟持了汉灵帝和窦太后，夺取了玉玺，逮捕了窦武等人。后来又宣布窦武和陈蕃谋反，把他们杀掉了，那些被他们提拔起来的清流士大夫又被统统罢免，朝廷大权又落到了宦官手里。

从灵帝当上皇帝的那天起，他的深层心理就被一个可怕的阴影笼罩着。随着灵帝在阴谋和险恶四伏的宫廷中不断长大，这个阴影不仅没有消失，而且越来越厚重。渐渐地，他对皇位与皇权形成了一种异常敏感以至于脆弱的心理，总是恐惧有人图谋社稷，觊觎王位，侵夺皇权，就像他突然得到皇位那样，又在突然间丧失。

宦官们非常透彻地了解汉灵帝的这块心病，也总想利用他的这种心理，因而不断地营造"谋反""叛逆"的气氛来吓唬灵帝。宦官这样做的结果，的确使得汉灵帝非常害怕，从此甘愿把大权交到宦官手中。他周围的张让、赵忠等十名宦官，都曾担任中常侍，封为列侯，号称"十常侍"。这些宦官本是在皇帝身边的伺候之人，见皇帝年幼，也甘愿给他寻找各种新鲜玩法，好让他寻欢作乐，不理国事，方便自己弄权。汉灵帝见这些宦官如此知心知意，就更加宠幸他们了，有一次竟然说："张常侍是我爹，赵常侍是我妈。"

宦官是一个十分腐朽的政治集团。身体的残缺和社会的鄙视，使得他们具有卑劣的人格和极强的报复心理。因而当这个集团左右了皇帝，操持了朝政，总揽了大权之后，在全国范围内实行宦官集团的独裁统治。其父兄子弟、姻亲宾客遍布天下，专横跋扈，贪婪放纵，大肆抢掠财物，损害百姓。只要对他们稍有不满，他们就诬告陷害，或流放禁锢，或罢官下狱，或杀身灭族，无所不用其极；他们大肆兼并土地，恨不得天下所有的良田美地、山林湖泽都占为己有，杀人越货，巧取豪夺，与强盗无异；在生活上，腐化糜烂，挥金如土。甚至连他们造的宅第，都模仿宫室的样子。他们怕灵帝登台看到，就骗他说："天子不应该登高。天子登高，百姓就会失散。"灵帝对宦官言听计从，从此就不敢再登台榭。

面对宦官的恣意妄行和士人的激烈抗争，汉灵帝感到无能为力。既然宦官们喜欢专权用事，只要这些奴才们把自己的生活料理好了，汉灵帝也便乐得个恬然自得；既然宦官们能够放手做事，只要这些奴才们变着法让自己玩好了，汉灵帝也便只想着敛财和淫乐。

于是，在汉灵帝的时代，一些在历史上罕见的龌龊之事都出现了。

灵帝继位之后立宋氏为皇后。宋皇后是扶风平陵人，聪慧美丽，性情平和，又具有"淑媛之懿"，皇后深知宫闱之中勾心斗角的可怕与相互倾轧的险恶，她也谨慎周密地待人接物，如履薄冰地维护地位，但不幸还是降临在她的身上。

宋皇后有个姑姑是渤海王刘悝的妃子，宦官中常侍王甫与刘悝曾有过节。王甫就伺机诬陷刘悝图谋叛乱，刘悝被迫自杀，宋妃冤死狱中。王甫怕遭到宋皇后报复，于是接着又陷害宋皇后。与太中大夫程阿诬陷宋皇后在宫廷里挟巫蛊诅咒皇帝。

灵帝大怒，下诏收回了宋皇后的玺绶，宋皇后不久忧虑而死。接着宋皇后的父亲以及兄弟全部被杀，宫中众常侍及大小黄门在省署的人都暗中可怜宋皇后。有一天灵帝梦见已故的桓帝对他说："宋皇后有什么罪过？你听信任用奸邪的大臣和嬖姬使宋皇后绝命。现在宋皇后和刘悝都到天帝那儿去告你。天帝极为气愤，你的罪过太大，很难赦免！"灵帝从梦中惊醒后，非常恐慌，就将这件事说给羽林左监许永，问他梦中所见是什么征兆。许永就趁机把宋后和渤海王无辜之状说给他听，并且请求改葬以使冤魂得到安宁，灵帝终究没有听从许永的话。不过梦是心境的外显，可见在内心的深处他多少也有一些愧疚。

皇后不能得到灵帝的欢心，他就把眼光放到宫里别的女人身上。随着年龄的增长，他对女人的兴趣也就随之增加，"淫乱"的本性渐渐暴露出来。

中平三年（公元186年），汉灵帝在西园建成了一千多间样式别致、布设奢华的裸泳馆。鳞次栉比的馆舍前是玉石青砖台阶，台阶上铺满了滑腻鲜嫩的绿色苔藓。引来清清的渠水绕着各个门槛，环流过整个裸游馆。渠水中所植的荷花莲大如盖，高一丈有余，荷叶夜舒昼卷，一茎有四莲丛生，名叫"夜舒荷"。又因这种莲荷在月亮出来后叶子才舒展开，又叫它"望舒荷"。每逢盛夏，汉灵帝就在裸游馆避暑，带上宫女作昼夜之游，尽情享乐。宫女中年纪在十四岁以上、十八岁以下的都要浓妆艳抹，脱去衣服，陪他游玩。他选择玉色肌肤、身体轻盈的歌女执篙划船，摇漾在渠水中。在盛夏酷暑，他命人将船沉没在水中，观看落在水中的裸体宫娥们玉一般的肌肤，然后再演奏《招商七言》的歌曲用以招来凉气。

他还经常让宫女赤身裸体和他一起洗澡，用西域进贡的菌墀香，放在水中煮热，宫女们就用这种香水洗澡，并把余下的香水倒大水渠中，名为流香渠。

灵帝与美女在裸游馆的凉殿里裸体饮酒，一喝就是一夜。他感叹说："假如一万年都如此，就是天上的神仙了。"灵帝整夜地饮酒直到醉得不省人事，天亮了还不知道。宫廷的内侍把一个大蜡烛扔在殿下，才把灵帝从梦中惊醒。灵帝又让宫内的内监学鸡叫，在裸游馆北侧修建了一座鸡鸣堂，里面放养着许多只鸡。灵帝每当连夜地饮宴纵欲醉了以后，往往到天亮时还在醉梦中醒不过来。这时候内监们便争相学鸡叫，以假乱真来唤醒灵帝。灵帝的"裸游馆"后来被董卓纵火烧了。到魏咸熙年间，当年内侍为了唤醒醉酒沉睡的灵帝而扔蜡烛的地方深夜里还有闪闪的光亮，人们说那是神光，于是就在那里盖了个祠，名叫"余光祠"。

汉灵帝游玩的兴趣不仅限于这座裸游馆，他还发明了一种驴车。比起马车来，既轻便又时尚。皇帝亲自驾着驴车在上林苑转悠，一脸的得意洋洋。有了大汉天子倡导于上，这种驴车很快就在京城里流行起来。上至王公，下至百姓，无不以拥有一辆驴车为荣，导致驴的价格直线上涨，甚至超过了马价。除了驴，汉灵帝还喜欢养狗，甚至把狗唤作"爱卿"。而"爱卿"这个词，通常是皇帝对大臣的称呼。汉灵帝大概受到了启发，就给一只狗戴上文官所用的进贤冠和绶带，让它后腿直立，摇摇摆摆地走了起来。他还乐得拍手大叫："好一个狗官!"旁边的大臣听了，真是哭也不是，笑也不是，感到受了侮辱，却也无可奈何。不过，汉灵帝的官不少都是拿钱买的，只会欺压百姓，作恶多端，其行为只怕还不如一只狗。叫他们"狗官"，倒是名副其实呢。

灵帝还在后宫中设列市肆，让宫中的婢女嫔妃打扮成买东西的客人，而他自己装成是卖货物的商人，玩得不亦乐乎。肆中的货物都是搜刮来的珍奇异宝，被贪心的宫女嫔妃们陆续偷窃而去，甚至她们为了你偷的多我偷的少而暗地里争斗不休，灵帝却一点也不知道。他白天与宫女们贸易，夜里就抱着她们恣意地淫乐寻欢。据《古今情海》引用《文海披沙》的记载，灵帝甚至在西园里弄狗与宫女进行交配。

　　宋皇后被废之后过了两年，灵帝耽于淫乐还没有打算再册立皇后。朝臣上表请求他赶紧确立中宫，因为这是国家的一个象征。灵帝便册立了贵人何氏为皇后。何皇后的出身很微贱，她是一个杀猪屠夫的女儿。但何氏的容貌美艳无比，她身高七尺一寸，肌肤如雪，亭亭玉立。灵帝一见到何氏就喜欢上了她。于是她夜夜独占灵帝。不久，何皇后怀孕生下了皇子刘辩。

　　何皇后的兄长何进被封为侍中，她已故的父亲何真被追封为车骑将军。何皇后性情刚刻多忌，正位中宫之后，时刻提防其他的嫔妃夺宠，宫里的嫔妃都很害怕她。但好色之徒往往喜新厌旧，灵帝不久又爱上了出身名门、知书达理的王美人。几度春风之后，王美人怀孕了。但她深知何皇后妒忌，怕她因此加害自己，就在每次朝见皇后的时候都拿帛束住腹部，免得叫何皇后发现自己怀孕。只是这种事情如何能瞒得下去，王美人就找来堕胎药喝下，但多次服用之后却不见效，于是她也就听天由命，把孩子生了下来。汉灵帝给这个命大的皇子取名刘协，对他十分喜爱。

　　何皇后得知此事，愤怒非常，就趁王美人产后调理之际，下药把她毒死了。汉灵帝听到王美人忽然去世的消息，十分震惊，急忙前去探视，一看王美人四肢青黑，就知道她是中毒而死。汉灵帝立刻大怒，下令立刻追查，等调查出是何皇后干的时候，就打算将她废去。但何皇后花钱贿赂了曹节、张让等宦官为她说情，灵帝看自己的"爹"都出面了，此事也就不了了之。可汉灵帝自此以后，一直怀念王美人不已，还写了《追德赋》与《令仪颂》两篇辞赋纪念她，缠绵悱恻、如泣如诉。

也许是爱屋及乌吧，汉灵帝对于失去母亲的皇子刘协也就怜爱有加，怕何皇后害他，就把他寄养在母亲董太后那里。又因为这个孩子像自己，就对他更为宠爱了，萌生了立他为太子的念头。但是，何皇后已经有了皇子刘辩，是汉灵帝的嫡长子，天经地义的皇位继承人。汉灵帝因为讨厌何皇后，就说刘辩"轻佻无威仪"，不想立他。只是当时不论是外廷的官僚，还是内廷的宦官，包括灵帝自己的外戚，都支持刘辩。汉灵帝没有办法，只好先拖下去。

灵帝荒淫无道，宦官弄权朝廷，文武大臣也多为非作歹。上行下效，全国一片奢华浮靡之风。就这样，汉灵帝刘宏在声色犬马中，享受这短暂的人生和末世大厦将倾的悲凉。东汉王朝，也就这样埋丧在荒淫皇帝自掘的深坑之中。

第二章 三国、两晋时期

魏武帝曹操的浪漫史

曹操（公元 155 ~ 220 年），即魏武帝。字孟德，小名阿瞒，谯（今安徽亳县）人。曹操是个英雄，也是个不折不扣的浪荡子。作为一代豪雄，曹操和历史上的大多数帝王一样，喜好美色。

曹操一生究竟有多少女人，这实在无法考证，因为遗留至今的资料很不全面。但可以断定，曹操一生中曾经占有过许多女人，仅从可信的史书中可以明确查找的，光是被曹操封了名号的夫人、姬妾就有丁夫人、刘夫人、卞夫人、环夫人、杜夫人、秦夫人、尹夫人、王昭仪、孙姬、李姬、周姬、刘姬、宋姬、赵姬等多达十余人。他众多的妻妾一共为他生下了二十五个儿子和更多的女儿。

曹操的妻妾，出身千奇百怪，丁夫人出身于平民，卞夫人则是歌妓出身，还有一位尹夫人，其出身及其与曹操的关系则更为复杂甚至可笑，尹夫人原来是东汉末代何太后的侄媳妇——自从丈夫死在董卓之乱以后，尹氏便带着幼子何宴生活，虽然已为人母，尹氏的美貌仍令曹操着迷，很快便变着法子将她纳为妾室。曹操本想将随母进入曹家的何宴收为养子，但是何宴年纪虽小，却坚决不肯改姓。何宴长大后，以相貌俊美、风度翩翩闻名遐迩，人称"傅粉何郎"。曹操便把自己的女儿金乡公主嫁给了他。于是尹氏不但成了金乡公主的庶母，更成了金乡公主的婆母。

曹操的嫡妻丁夫人一直没有生育。他的长妾刘夫人为他生下了长子曹昂和另外两个孩子。还在儿女幼小的时候，刘夫人便早逝了，临终的时候，她把自己的儿女都托付给了宽厚仁慈的正室丁夫人，请求丁夫人能够收养自己的孩子。

丁夫人从此将三个儿女视为己出，亲自抚养长大。尤其对长子曹昂更是疼爱非常，几乎倾注了她全部的心血和希望来培养曹昂，曹昂也没有辜负嫡母的期望，不但孝顺，而且清秀儒雅，文武双全，十九岁便被举为孝廉，并成为声名远扬的少年将领。

建安二年（公元197年）初，曹操率军讨伐南阳张绣。张绣战败投降。没想到曹操一见张绣寡居的婶母姿色出众，便忘乎所以，立即把她据为己有。

张绣被迫投降，本来就不太甘心，如今曹操居然强行霸占了自己的婶母，他更是愤恨至极，率旧部夜袭中军大营。曹军被打了个措手不及，一直被赶到舞阴（河南泌阳）。在混战中，曹操身负箭伤，而他的长子曹昂，更被乱兵射杀。

消息传来，丁夫人痛不欲生。当她弄明白张绣反叛的原因之后，更在哀伤之余，恨透了曹操：如果不是因为曹操的好色，何至于逼反了张绣，把自己儿子的性命也给搭进去呢？

第二年，曹操再次围攻张绣，并且再次获胜。在官渡之战前夕，张绣再次率部投降，曹操正是聚积兵力准备与袁绍决定的关键时候，闻讯大喜，对张绣既往不咎，封为扬武将军。

丁夫人一听说曹操居然宽恕张绣并纳张家女人为妾，简直新仇旧恨一起涌上心头，从此后，无论曹操怎么辩解怎么献殷勤，丁夫人都没有好脸色给他，弄得曹操颜面扫地。

曹操虽然对丁夫人和曹昂心怀愧疚，但是终于也忍耐不住，下令将丁夫人送回娘家。他原以为丁夫人在曹府过惯了锦衣玉食的生活，返回娘家必然耐不住清贫，很快就会回心转意。可是没料到丁夫人却泰然自若地在娘家纺纱织布，对曹操屡次派去的使者连看都不屑看一眼。这时的曹操已是睥睨天下，堂堂曹府里居然没有正室夫人，令人议论纷纷。

一段时间以后，曹操终于先忍不住了，亲自带着侍从人马，去丁家迎接妻子。谁知丁夫人根本就不理睬他，仍然像平时一样织布。曹操不见妻子出迎，只得自己走到织室去找她，抚着她的背请求："你就不能回头看看我、与我同车返回王宫吗？"

丁夫人既不回头，也不答话。曹操等候了很长时间不见回应，只得尴尬无奈地退出织室。侍从请曹操上马，曹操却犹豫着再次走到织室的窗外，再次请求妻子回心转意："真的再也不肯原谅我了吗？"丁夫人仍然像没听见一样照常织布。曹操只得摇头长叹着离开了丁家。

回去之后，曹操派人给丁夫人传话，既然自己已经无法挽回丁夫人之心，也不想耽误丁夫人了，任凭她改嫁他人。后来曹操也一直没有忘记丁夫人，屡屡借卞夫人的名义邀请丁夫人返回王宫赴宴。卞夫人知道丈夫的心思，总是把与丈夫并排的嫡妻座位留给丁夫人，自己退居妾位。

丁夫人在做嫡妻的时候，并没有给过卞夫人什么好脸色，卞夫人能够这样厚待，让丁夫人多少有些过意不去，说："我已经不再是曹家的人了，夫人何必如此呢？"不过，丁夫人的客气话只对卞夫人说，对旁边眼巴巴看着自己的曹操，她却一如既往地面无表情。

几年后，丁夫人在娘家静静地去世了。曹操对丁夫人的去世非常痛心，感慨自己再无赎罪机会。卞夫人体察丈夫的内心，主动提出由自己操办丁夫人的丧事。曹操点头应允，并亲自为她选择了墓地，将她安葬在许昌城南。

卞夫人祖籍琅邪开阳（山东临沂），公元 161 年出生在齐郡白亭。卞家世代操持卑贱职业，是以声色谋生的歌者舞伎。据说卞氏出生的时候，产房中整天都充满黄光，初为人父的卞敬侯非常奇怪，便去向卜者王旦问卜。王旦回答："这是大吉之兆，这个小女孩前途不可限量。"

话是这么说，但是长大后的小卞氏仍然免不了再操家族的卑贱职业，成了一名歌舞伎。这个以卖艺为生的家庭四处飘零，若干年后，来到了谯地（安徽亳县）。此时的东汉权臣当朝，曹操当时为东郡太守，为避贵戚之祸而称病辞官返乡。在故乡城外建起别墅，读书放猎，自娱自乐。

就在这里，年已二十岁的卞氏以才色过人，而被时年二十五岁的曹操看中，成了乡宦曹操之妾。卞氏出身娼门，生性浪漫多情，长于风月，很受曹操的钟爱。从此以后，曹操无论走到哪里，都将卞氏留在身边，侍寝欢娱，享不尽的雨露恩爱。卞氏一次次怀孕，先后替曹操生下了四个子女：曹丕、曹彰、曹植、曹熊。

曹操在乡下住了不长时间，冀州刺史王芬、南阳许攸、沛国周旌等人密谋废除汉灵帝。他们前来联络曹操，想要拉他一起干。曹操预感到他们肯定不会成功，很干脆地拒绝了他们的要求。

果然不出曹操所料，王芬等人的谋反很快就以失败告终。但是王芬等人的这一举动，产生了一系列连锁反应，各地造反作乱的层出不穷。由于局势动荡，闲居乡里的曹操也被征召，并被任命为典军校尉，成为大将军何进的部属，再次来到了祖辈父辈成就功名的东都洛阳。

新婚燕尔的卞氏，也随着丈夫来到了东汉的都城洛阳，并在中平四年（公元 187 年）冬天生下了未来的魏文帝曹丕。

转眼就到了公元 189 年，这一年的夏天，东汉王朝发生了翻天覆地的巨变，大将军何进死于非命，董卓弑杀何太后，废少帝、立献帝。董卓觉得曹操是个人才，一心想笼络他，便封他为骁骑校尉。曹操拒绝赴任，带着几个亲信微服逃出了洛阳城。

曹操出逃不久，袁术就捎来了关于曹操死在外面的消息。这消息一时间弄得曹府一片混乱，尤其是早先投靠他的部下更是觉得没了奔头，都想离开洛阳回老家去。在全家上下惶恐不安没有主心骨的时候，28岁的卞氏挺身而出，料理内外事务。

不久，曹操便得知了小妾卞氏在纷乱中沉着主持大局的情形。他虽然是一代枭雄豪杰，却也不禁为这个平时看来娇媚谦柔的女人如此优秀的表现而动容。

由于丁夫人的离去，曹府没有了女主人。而长子曹昂又死于乱军，那么，卞夫人所出的次子曹丕便成了活着的长子。卞氏虽然出自娼门，但在曹操面前表现得十分贤慧温柔，百依百顺。卞氏聪明异常，她在府中广结人缘，曹府上下都非常敬佩她的为人。卞氏以其美色和贤慧赢得曹操的宠爱，她总是那么温柔平静，从不仗势欺人，恃宠而骄。由卞夫人敬重丁夫人的记载可以看得出，卞夫人和曹操众多的姬妾也都能彼此友爱，此外她毕竟出身娼家，于夫妻之道也更为浪漫娇媚，再加上四个出类拔萃的儿子，曹操对她格外另眼相看。于是，在丁夫人离异之后不久，曹操便将小妾卞氏扶立为正妻，卞氏从这时起，才真正成为"卞夫人"。

成为正妻之后，卞夫人仍然一如既往地辅助丈夫、教养儿女、善待姬妾。曹操儿女众多，姬妾中如刘夫人那样早逝者也不少，很多年幼的孩子都因此失去生母的照顾。曹操便把这些孩子都托付给卞夫人，让她代行养育之责。卞夫人对这些孩子的身世生母毫无芥蒂，都尽心尽意地抚养教育，这使得曹操很是安慰。

没有了后顾之忧的曹操，更能将全副身心投入争夺天下的宏图霸业之中了。在曹操成为魏王之后，卞夫人的儿子们、尤其是曹丕与曹植，为了争夺继承权展开了一系列明争暗斗。在整个过程中，她虽然心有偏爱，却始终保持沉默，没有随意发表任何言辞。

同年十一月，曹操在儿子群里最后选定了时任五官中郎将的曹丕做自己的继承人。称魏王太子。曹丕成为王太子，很快就有近侍大臣去向卞夫人报讯。

卞夫人淡淡地回答："曹丕是长子，所以为嗣，而我做为母亲，能够在教导儿子方面没有过失就已经足够了，我们母子没有什么功劳，有什么值得重赏的呢？"

曹操听说了卞夫人的回答，非常欢喜，认为她的表现具有母仪天下的风范，赞扬道："愤怒不变容态、喜悦不失礼节，这真是太难得了。"

既然对卞夫人有如此高的评价，接下来的事也就顺理成章。

建安二十四年七月，曹操颁布策书："夫人卞氏，抚养诸子，有母仪之德。今进位王后，太子诸侯陪位，群卿上寿，减国内死罪一等。"

出身卑微的卞氏，正式成为高贵的魏王王后。这年，她58岁。

甄氏是中山无极人，她的父亲甄逸曾经做过上蔡县令。甄氏的母亲张氏，是常山远近闻名的美人。甄逸夫妇十分恩爱，生下三儿五女，甄氏排行最小，生于汉灵帝光和五年十二月，就是公元182年，取名为甄洛。最小的甄氏聪明漂亮，惹人喜爱。甄逸夫妇疼爱得无以复加，视如掌上明珠。甄氏的哥哥姐姐们也都很喜爱她。

甄氏实在是美色惊人，如仙子下凡。据说，她每次就寝，肤白如玉，以至家人仿佛看到有人将玉盖在她的身上，惊奇不解。由此可见甄氏玉颜美色，光彩照人。甄氏生长在世宦家庭，是汉代宰相甄邯的后裔。母亲张氏请当地有名的相士刘良来到家中，为一大群儿女看相。刘良细细察看张氏的儿子和女儿，一直默然无语。看到最小的甄洛，刘良心中一惊，眼睛中放出奇异的光。刘良细看甄洛以后，对张氏悄声说："这个女孩贵不可言。"

甄洛聪明灵秀，从小就喜欢识字读书。随着年龄一天天长大，不仅出落得花容月貌，而且博览群书，通晓经史，成为远近闻名的才女。甄洛十余岁时，袁绍出任大将军，兼领冀州牧，甄氏所在中山无极正属袁绍的管辖范围。甄洛才色双绝的美名远扬，袁绍自然得知，袁绍便替自己的二儿子袁熙娶了这个美貌的女子。甄洛便成了袁熙的夫人。

官渡大战，袁绍惨败后不久，曹操就兵围邺城，邺城副将苏由投降了曹操。苏由对邺城的守备、兵力、财力、人员一清二楚。在说到留在邺城的袁氏家人时，苏由说袁绍的夫人刘氏留在城中，刘氏怕寂寞，二媳妇甄氏极得刘氏的喜爱，便把她留在身边。好色的曹操早就听说二媳妇甄氏在袁氏父子的众多美艳妻妾中是最为秀美、最具风情的，曹操听说甄氏还在邺城，怦然心动，激动不已。多情的曹操还想进一步证实甄氏的美丽，曹操便含蓄地说："一直听说袁绍的几个媳妇都很美，这个甄氏究竟怎样?"

苏由当然知道曹操有颗好色之心。苏由平静地回答:"袁绍的几个儿媳妇确实个个貌若仙子,美貌惊人,但在这几个儿媳妇中,却要数这二媳妇甄氏最美。甄氏不仅美艳绝伦,而且还知书达礼,善解人意。刘夫人在袁府中是以脾气古怪闻名的,谁也侍候不好,只有这个二媳妇甄氏,合刘夫人的脾气,刘夫人十分的喜爱。甄氏在袁府中调和上下,内外亲融,府中人人都喜爱她。"

一员守城武将说起这位二媳妇甄氏都头头是道,心驰神往,可见这位美人的美名传遍邺城,妇孺皆知。好色成性的曹操已经被点起了欲望的烈火,恨不得马上把这个绝世尤物拥在怀中,尽情消受。

邺城失陷,曹兵蜂拥而入,一支精兵极其神速地奔赴袁府,将袁府团团包围。这支精兵是曹操儿子曹丕的卫队。原来,在苏由告诉曹操邺城的情况后,一直躲着偷听的曹丕又单独召见了苏由,再次详细地寻问了美人甄氏的详情。曹丕被苏由描述的甄氏的美丽所迷醉,魂不守舍,心荡神驰,眼前一直闪现甄氏那如云的秀发,窈窕的身材,如柳的腰肢。

有了这番语言的刺激,曹丕便暗中策划,不管父亲曹操的禁令,城破之日自领卫队直奔袁府,先行抢夺了甄氏。父亲总不至于和儿子争夺女人吧!曹丕围住了袁府以后,便直奔后室。后室中闻变的刘夫人十分平静,身边有一个女人,满脸污浊,显然是故意掩饰的。曹丕一眼就看出刘夫人身边女人的天姿国色,这定然是甄氏无疑。

曹丕手持利剑走近甄氏。血气方刚的曹丕令刘夫人和甄氏惊恐。曹丕让甄氏抬起头来。刘夫人依令捧起甄氏的脸。甄氏脸上挂满泪珠,曹丕知道,这是惊恐的泪水。曹丕用袖子为甄氏擦去眼泪,也擦净了脸上的灰垢。曹丕真的惊呆了,这个女人的美哪是语言所能描述的,简直比讲述的要美艳千百倍。曹丕有点醉了。甄氏是一张鹅蛋似的小俊脸,脸上白皙如玉,眼睫毛如帘,一双眼睛水汪汪的,像两个水潭,两道柳眉弯弯,鼻子挺括细巧,嘴如樱桃,秀发如瀑布,实在是美丽动人,沉鱼落雁之容。曹丕没见过这么美的女子，情不自禁地轻叹："好一个仙子!"曹丕安慰了刘夫人几句后，便起身辞别。刘夫人悬着的心放了下来，平静地对甄洛说："放心吧，我们不会死了。"

曹操遣派心腹领卫队守护袁府，把美人甄洛带来。卫队飞奔袁府，发现早有曹丕的卫队把守。近侍报知曹操，说曹丕已经去了，守住了袁府。曹操大怒，忿忿地说："这次攻打邺城，就是为这甄氏!"曹操气愤这样的美人竟让儿子抢了先! 可是，儿子先占了，作父亲的总不能大打出手，跟儿子公然争夺一个女人!

曹丕拜见曹操，一见面便乖巧地请求父亲把甄氏赐给他。曹操无奈，只好忍痛答应。这样，他一心爱恋的美人甄氏便成了儿子曹丕的夫人。曹丕这年19岁，而甄氏这年24岁，比曹丕大5岁。

相传曹操的一生曾倾慕的两个女人是大乔、小乔。

三国时曹操欲吞并东吴，诸葛亮奉刘备之命到达江东劝说孙权联合抗曹。周瑜是东吴的关键人物，诸葛亮为说服周瑜，欲擒故纵道："我有一计，既不必牵羊担酒，纳土献印，也不必亲自渡江。只要派一名使者，送两个人到江北给曹操，百万大军就会卷旗卸甲而退。"周瑜问："用哪两个人?"诸葛亮说："我在隆中时，就听说曹操在漳河新建了一座'铜雀台'，并且广选天下美女置于其中。他很早就听说江东乔公有两个女儿，长曰大乔，次曰小乔，都有沉鱼落雁之容，闭月羞花之貌。曾经发誓：'吾一愿扫清四海，以成帝业；一愿得江东二乔，置之铜雀台，以乐晚年，虽死无恨矣。'可见他率百万雄兵，虎视江南，其实不过是为得到这两个女子。将军何不去找那乔公，用千金头卜这两个女子，派人送给曹操。曹操得到她们之后，心满意足，必然班师回朝。这是范蠡献西施的妙计，还犹豫什么?"

周瑜道："曹操想得到二乔，有什么证验没有?"诸葛亮说："曹操的小儿子曹植，下笔成文。曹操曾经命他写了一篇《铜雀台赋》。赋中的意思，单道他家合为天子，誓娶二乔。"周瑜道："先生还能记得这篇赋吗?"诸葛亮说："我爱其文采华美，曾经把它背了下来。"说完，当即将《铜雀台赋》背诵了一遍。其中"揽二乔于东南兮，乐朝夕与之共"一语，果然是想要得到江东二乔的意思。周瑜听罢大怒，站起来指着北方大骂道："老贼欺人太甚！"诸葛亮连忙劝阻说："当年汉朝皇帝曾以公主和亲，今天为了退敌，这民间的两个女子有什么可惜的呢？"周瑜道："先生有所不知，大乔是孙伯符之妇，小乔乃周瑜之妻。"诸葛亮佯装惶恐道："我确实是不知此事，矢口乱说，死罪死罪！"周瑜道："我与老贼誓不两立，希望先生助我一臂之力。"于是，二人遂订下联合抗击曹军的大计。

这是罗贯中在《三国演义》中有意渲染曹操觊觎二乔美色的主观臆造。小说家言，并不可信。因为赤壁之战在建安十三年，铜雀台建于十五年，谈不上"铜雀春深锁二乔"。罗贯中把曹植原赋的"连二桥于东西兮，若长空之虹蝾"，改为"揽二乔于东南兮，乐朝夕之与共"纯属小说的虚构。

三国时期的美女，史籍中有关江东二乔的记载极少。东汉建安四年，孙策从袁绍那里得到三千兵马，回江东恢复祖业，在好友周瑜的扶持下，一举攻克皖城。皖城的乔公有二女国色天香，又聪慧过人，远近闻名。孙策于是遣人礼聘，得邀乔公允许，送入一对姊妹花。于是，便有了孙策纳大乔、周瑜娶小乔的韵事。

在乔公故宅的后院有一口古井，水清且深。相传二乔姐妹常在此梳妆打扮，可谓"修眉细细写春山，松竹箫佩环"。每次妆罢，她俩便将残脂剩粉丢弃井中，长年累月，井水泛起了胭脂色，水味也做胭脂香了。于是，这井便有了胭脂井的雅称。有诗曰："乔公二女秀色钟，秋水并蒂开芙蓉。"

民间还流传着另一种说法。二乔婚姻并非自愿，孙策、周瑜逼婚时，两位美女欲投井自尽，又念及老父，便坐在井旁，相对而泣，滴滴血泪，落入井中，染红了井水。正如"天柱老人"乌以风所云："双双家女付王侯，倾国定伶汉鼎休，谁识深闺残井水，至今似有泪痕流。"

二乔究竟有多美？《三国志》没有写，杜牧没有写，罗贯中也没有写，这种美实在太模糊了。可是，千百年来，这"模糊美"一直动人心魄。作为艳名倾动一时的美女，江东二乔很自然地成了文学艺术的对象。古代女人美不美全靠历代笔墨渲染而定，未必可靠。明代高启的《过二乔宅》云："孙郎武略周郎智，相逢便结君臣义。奇姿联璧烦江东，都与乔家做佳婿。乔公虽在流离中，门楣喜溢双乘龙。大乔娉婷小乔媚，秋水并蒂开芙蓉。二乔虽嫁犹知节，日共诗书自怡悦。不学分香歌舞儿，铜台夜泣西陵月。"可叹曹操有生之年未能取江东，不然二乔或许就在铜雀台里度过余生了。

汉昭烈帝刘备 "换妻如换衣"

刘备，（公元 161 ~ 223 年），字玄德，涿郡（今河北）人，公元221 年称帝，定都成都。蜀汉的开国皇帝。

刘备是涿郡涿县人，是汉景帝儿子中山靖王刘胜的后代。

刘备幼年时，父亲就去世了，他与母亲主要靠贩履织席为生。刘备不喜欢读书，只爱好狗马、音乐、华丽的衣服。他身高七尺五寸，垂手超过膝盖，回头可以看见自己的耳朵，不喜欢说话，喜怒不形于色，好交结豪侠，乡里的少年都依附他。在东汉后期群雄并起的年代，中山大商人张世平、苏双觉得刘备不同寻常，便给了他许多金银财宝，这样刘备招买了一批人马，也加入了夺取天下的行列。

在成为豫州刺史之后，刘备在小沛纳甘氏为妾。这一年，刘备已35 岁。

甘夫人并不是刘备的第一个妻子。刘备的第一个妻子到底是谁，现在已经无可考评，史书上只留下了这样一句话："先主数丧嫡室"。那就是说，在甘夫人来到刘备身边的时候，刘备已经娶纳过好几个嫡妻，都先后死去了。因此，甘夫人便很快继为嫡妻，以嫡妻的身份管理刘氏家族的内务。后来在刘备依附刘表的时候，她怀了身孕，并且做了一个梦，梦见北斗星从她的口中滑入。不久她在新野生下了一个儿子，以梦为征，起名为"阿斗"。

甘夫人出身于山野人家，虽然出身微贱，但她从小便与众不同，相士看了之后都说："这个女孩贵不可言，能够位极宫掖。"长成之后，出落得玉质柔肌、貌美如花。成为刘备的妻子之后，刘备将她召致白绡帐中，在户外观望，甘氏就如同月下凝聚的白雪一样。河南有献媚刘备的人送给刘备一支高三尺的玉人，刘备便常常在月色下把这个玉人放在甘夫人的身边，自己在帐外端详，却发现甘夫人的肌肤与白玉没有区别，竟然分不清哪个是甘夫人哪个是玉美人。

刘备身边的人妒忌甘夫人专宠，而甘夫人却妒忌玉美人与自己不相上下，常常想把玉人毁掉，便对刘备说："从前子罕不以玉为宝，得到《春秋》的赞美，现在天下未平定，你怎么能玩物丧志呢？像这样的东西，不要再拿进来。"刘备听了甘夫人的话，从此再也不把玩玉人。

刘备从陶谦手里接管了徐州之后，用麋竺、陈登为辅佐。袁术自接邻的扬州起兵与刘备争夺徐州。建安元年吕布袭取徐州的治所下邳，守将张飞嗜酒误事，刘备的家眷都陷落在城里。刘备溃退到广陵收集败兵散卒，以图后举。麋竺与陈登辗转找到了刘备，麋竺原来是一个商人，家产十分丰厚。麋竺在广陵遇到刘备，刘备问及自己的家眷，麋竺说还在下邳城里。刘备丢了城池失去了甘夫人，弄得两手空空，无奈只有叹息一番。

麋竺有一个年已及笄的妹妹，长得非常漂亮。为了安慰刘备，他便将妹妹送给了刘备，并将家产倾囊献出充作军资。刘备不仅使危军复振，而且在穷困潦倒的时候还得到一个美女相伴。他写信给吕布请他送还家眷，互释嫌疑。吕布只是为了得到徐州的地盘，与刘备本来没有什么个人恩怨，便做个人情，将家眷送还了刘备，并且还格外开恩让没有地方安身的刘备驻扎在徐州的小沛。

虽然吕布归还了甘夫人，但是刘备与吕布已经互生嫌怨。建安三年春，吕布派人去河内买马，半路上被刘备将马匹都抢走了，吕布正愁没有借口来攻打刘备，借此机会便派部将高顺、张辽率兵攻打小沛。刘备知道自己的力量敌不过吕布，飞书向许都的曹操求救。曹操立刻派遣夏侯惇领兵前往小沛增援刘备。

夏侯惇的军队来到小沛，还没来得及安营扎寨，就被高顺部下的骑兵冲得四处逃散，急得他手忙脚乱。夏侯惇左目中了一箭，鲜血直流，多亏亲兵救护才逃出险境。刘备带着关羽、张飞前来接应夏侯惇，刘备正与高顺相遇，不料被张辽袭击背后，刘备全军陷落。他前后都没有了去路，不得已跑往梁地。小沛里只有孙干、糜竺等几个文士，甘糜二位夫人被吕布劫去。

刘备跑到了梁地，正处于穷途末路的时候，曹操亲自督兵前来救他。救刘备是假，夺取地盘是真。曹军首先攻下了彭城，并将彭城的守兵平民全部杀戮一空，然后再引军进攻下邳。吕布作战失利，听信妻子严氏的话，又怀疑属下的谋士将领，导致将士离心，被部下侯成、宋宪、魏续出卖给曹操。这样刘备又找回了妻妾甘糜二位夫人。

建安五年（公元201年），曹操亲率大军攻打刘备。刘备一见曹军大兵压境，旌旗猎猎，刀光闪闪，顿时大惊失色，只带了几十名骑兵就径自逃走了。刘备军队大败。曹操把刘备的军队整体收编，关羽也被活捉，甘夫人和糜夫人姐妹俩一起又成了俘虏。

刘备逃到了袁绍那里，受到了袁绍袁谭父子的隆重的接待。刘备有了安身之地的消息，很快就传到了陷于曹军中的关羽耳朵里。于是他带着甘夫人糜大人一起逃离了曹军，回到了刘备身边。

曹操取得官渡之战的胜利之后，便打算乘胜追击，捉拿刘备。却不提防刘备已经投奔到了荆州刘表那里。

刘备在荆州过了一段相对安宁的日子，又重新开始招兵买马、收揽人心。很快，荆州的豪杰便有相当数量投靠到了他的周围。这使得刘表对刘备的用心产生了疑虑，百般提防起来。

建安十二年（公元208年），曹操北征乌丸，刘备劝刘表趁机突袭许州，刘表既已对他起了疑心，自然不会采用他的计策，失去了一个大好机会。北征归来后，曹操再次南下，攻打刘表。就在这个时候，刘表病逝，将荆州刺史的位置传给儿子刘琮。刘琮不敢跟曹操作战，想要投降。刘备得知消息，大惊失色，知道自己若是落入曹操手里，可再没有上次那么好的结果了。于是跟刘琮翻脸，刘琮本是个懦弱无能的花花公子，吓得连站都站不起来，于是刘琮的部属和荆州百姓都归附了刘备，携儿带女随刘备同行。到了当阳的时候，士民多到十余万，辎重也有好几千辆。走的速度很慢，每天只能走十余里。曹操亲率大军长驱直追，刘备让张飞断后，赵云保护家眷。

曹操亲率五千精兵追赶刘备，一天一夜追了三百多里，来到了当阳长坂，追上了张飞的殿后军。在乱军之中，甘夫人和糜夫人被冲散，赵云冲出重围后才发现两位夫人没有跟来，便又杀回去，好不容易才把甘夫人带了出来。等到张飞和赵云会合，才发现甘夫人手里并没有抱着阿斗。一问才知道，阿斗抱在糜夫人怀里。没有办法，赵云又冲回乱军阵里，找到了糜夫人。

等到赵云看见糜夫人的时候，她已经受了重伤，没有办法行走，但是怀里仍然紧紧地抱着阿斗。为了不给赵云增加负担，糜夫人将阿斗交给赵云之后，便跳入水井自尽了。赵云只得带着阿斗和甘夫人回去见刘备。

甘夫人虽然得以逃生、并且重新见到亲生儿子和丈夫，但是她产后体弱，又遇到这一场生离死别的灾难，终于坚持不住了，从此一病不起，几个月后（209 年）便撒手尘寰，与好姐妹糜夫人重会去了。

当初刘备没有立足的地方，向东吴借荆州暂时栖身，约定以后归还。赤壁之战后孙权想讨回荆州，刘备以各种理由再三推脱。糜夫人和甘夫人相继去世后，周瑜劝孙权将妹妹嫁给刘备，以婚姻关系羁绊住他。孙权实在没有办法，就趁刘备丧妻之机，提出以其妹孙尚香送给刘备作继室，然后又借口吴国太夫人特别疼爱这个最小的女儿，不愿意远嫁，所以请刘备去东吴完成婚礼。名为东吴与刘备连亲，实则趁刘备过江之机加以拘禁，好逼诸葛亮拿荆州换回刘备。刘备有意联吴，便遵从了东吴的婚议，建安十四年（公元210年）冬天由赵云、孙乾陪同进入吴境。

在甘露寺，刘备拜见了孙权的母亲吴国太，吴国太对刘备非常满意，就真的招他为婿。结婚时刘备已年过半百，孙尚香也就二十来岁。结婚的那一天，一百多个侍婢簇拥着一位珠围翠绕的袅娜佳人与刘备参拜天地。待到入了洞房刘备不禁吃了一惊，洞房里面刀枪剑戟杀气腾腾，侍婢都佩剑侍立在一旁，俨然是一副出兵打仗的样子。刘备吓得胆战心惊，尽管自己的新娘子孙夫人长得如花似玉，但刘备除了提心吊胆之外，内心丝毫没有新婚后的喜悦。

除了年龄的差距外，两人的心里也都很清楚：他们之间的结合无非是一场政治联姻，根本谈不上有什么共同语言，因而两人的感情非常淡漠，而且随着时间的流逝，隔膜越来越深。

刘备在江东一连被羁留了一个多月，终于靠对孙权和吴国太的软磨硬缠，被孙权放回了荆州。等到刘备携孙夫人回到了荆州以后，周瑜从江陵来见孙权，问起孙权为何放刘备回去，孙权说是防备曹操。周瑜只好无奈叹息。他给孙权分析了形势，孙权也很后悔，真是"赔了夫人又折兵"。

刘备取得益州后根本不想归还荆州，孙权便趁刘备西征入川的时候，悄悄给妹妹写信谎称吴国太病重，想将孙夫人和阿斗骗到东吴，然后用阿斗换回荆州。孙夫人一方面是不辨真伪，另一方面也确实是思乡心切，连招呼都没打就匆匆携阿斗登船回吴国，诸葛亮派赵云勒兵断江留住了阿斗，只放孙夫人一人回东吴。孙夫人到了东吴后才知吴国太根本没有病。

孙夫人日常倚仗兄长的势力，根本不把刘备放在眼里，一向说一不二，不仅左右大将都怕她三分，刘备也不敢违怫。而且孙夫人从东吴带来一批吏卒，在蜀地纵横不法，谁都无法约束，即使在闺房之中，刘备还必须时刻防备孙夫人手中的刀剑。等孙夫人回到了东吴，刘备回想起的只有那些提心吊胆的感觉，所以也不派使者去东吴迎接孙夫人。从此以后，孙夫人留在了东吴，与刘备再也没有见面，他们的夫妻生活大约就持续了三年。

刘备最后一位夫人吴氏是陈留人，少年时失去双亲，她的父亲一向与益州牧刘焉有旧交，因此举家随刘焉进入蜀地。刘焉心有异志，他听看相者说吴氏以后会大贵，便想纳吴氏为妾，但是苦于自己与吴氏的父亲是莫逆之交，与吴氏的辈分不相当，就只好让自己的儿子刘瑁娶了吴氏。刘瑁死后吴氏寡居。公元214年夏天刘备取得益州城，群臣劝刘备聘娶吴氏。刘备却顾忌自己与刘瑁同族，在礼法上有些说不过去。法正说："若论起亲疏，您与刘瑁比得上晋文公与子圉的关系么？"于是刘备决定纳吴氏为夫人。吴氏虽然寡居再嫁，但艳丽不减当年，刘备重新领略了空旷已久的温柔滋味。

建安二十四年（公元220年），刘备称汉中王，立吴夫人为汉中王后。刘备称帝立吴王后为皇后。

后来孙刘两家终于撕破了脸面。孙权派吕蒙攻打荆州。关羽大意失荆州败走麦城，以至于身首异处。刘备一心要为关羽报仇，不顾诸葛亮等大臣的劝阻，倾全蜀的二十万兵力连营七百里进攻东吴。孙权提出"归还荆州，送还夫人"的讲和条件，孙夫人也附密札，叙述夫妻之情与相思之苦，都被报仇心切的刘备一口回绝了。东吴大将陆逊用计火烧刘备的连营，刘备与剩下的不到一万士兵败溃逃回白帝城。这一仗使蜀国元气大伤，刘备也从此怏怏成病。六十三岁的刘备一病不起，将阿斗托付给诸葛亮等五个大臣后离开了人世。刘禅即位，谥刘备为汉昭烈皇帝，秋八月葬于惠陵。

晋武帝染指逾万宫娥

晋武帝司马炎（公元236~290年），字安世。晋朝的开国君主，谥号武皇帝，庙号世祖。

司马炎为司马昭长子，曾出任中抚军。史书上说司马炎"从小神武，有超世之才"。据说司马炎生来异相，双耳过肩，双手过膝。但是司马昭很不喜欢他这个长子，有意让幼子司马攸继承王位，但在重臣的反对之下，司马炎于公元265年5月被封为晋王太子。同年8月司马昭过世之后，司马炎继承晋王的爵位。同年12月，司马炎逼迫魏元帝禅让，即位为帝，国号晋，都城在洛阳，历史上根据庙号称司马炎为晋武帝。十五年后灭吴，统一全国。

晋武帝本人是继承司马懿、司马师、司马昭三代的基业而称帝的，但本身并非英明之君，在位期间，生活荒淫无度，不理政务。罢废州郡武装、大肆分封宗室与无法处理少数民族内迁问题，种下日后八王之乱与永嘉之乱的祸根。

晋武帝司马炎的特点就是好色，司马炎后宫无数，儿子也生了25个，但是，他的接班人司马衷是一个白痴，当年还没有定为接班人的时候，大臣就说"此座可惜"，但司马炎爱子心切，看不出儿子的愚钝，还是让这个白痴儿子继承了皇位。结果他死后，他的儿子以及他的兄弟侄儿们互相残杀多年，经过了长达数年的八王之乱、五胡乱华，首都洛阳和长安前后陷落，两任皇帝及其亲属被俘虏然后被杀害，除了漏网的司马睿，司马氏几乎被斩尽杀绝。这也许是司马炎强奸天下妻女、离散天下骨肉、暴敛天下资财的报应。

司马炎的皇后名叫杨艳，字琼芝，是弘农郡人。杨氏也是世家大族，她的父亲名叫杨文宗，曾在魏国做过通事郎，和司马昭同朝为官。杨艳的母亲生下她不久之后就去世了，她是在舅父舅母的抚养下长大成人的。

史载杨艳"少聪慧、善书，资质美丽"。杨艳长大后出落得更是美丽非凡，而且博览诗文典籍，女红也极为娴熟，是一个秀外慧中的好女子。后来魏国权臣司马昭听说了杨艳的美名，便为儿子司马炎娶了杨艳作儿媳，婚后杨艳很受司马炎宠幸，生下了毗陵悼王司马轨、后来的晋惠帝司马衷、秦献王司马柬，以及平阳、新丰、阳平三位公主。只可惜长子司马轨才两岁就死了，剩下两个儿子都天生愚钝，尤其是二儿子司马衷，是历史上出了名的白痴，长到七八岁还不认识一个字，虽然请了不少博学的师傅教诲开导，但都无济于事。长子司马轨死后，司马衷为实际上的嫡长子。晋武帝知道这个儿子不成材，难以担当国家的重任，就迟迟不愿立他做太子。杨艳十分着急。对后宫的嫔妃看管得也非常严厉，尽力阻止晋武帝与其他嫔妃接触。后宫的诸多姬妾怕杨艳，往往故意穿着破衣服任意糟蹋自己的容貌，免得被晋武帝看中了惹来大祸。因此晋武帝即位后八九年只选了赵粲和左棻两个嫔妃。

说起来，赵粲还是杨艳的表妹。杨艳做了皇后之后，非常感念舅父舅母的养育之恩，便请晋武帝敕封舅舅赵俊夫妇，晋武帝一向对杨艳百依百顺，甚至赵俊的哥哥赵虞也顺便授了官职。赵虞有一个女儿叫做赵粲，也长得楚楚动人。杨艳将赵粲召入宫里陪侍，每天不离左右，即使晋武帝在身边也不回避。一来二去赵粲与司马炎日久生情，杨艳正好想扩大自己的后宫势力，因此不仅毫不嫉妒，反而劝晋武帝将赵粲纳作嫔妃，并赐号为夫人。

左棻是秘书郎左思的妹妹。左思临淄人，字太冲，是一代大文学家。他的家庭时代儒学鼎盛，左思所写的《三都赋》文采飞扬，一时间曾使洛阳纸贵。左棻的文采也极为了得，惟一的缺点是长得过于丑陋。晋武帝爱慕左棻的文采，便将她娶进宫里。也正是因为她长相丑陋，杨艳才同意晋武帝纳她为妃。

泰始九年（公元273年），天性好色的晋武帝实在忍受不住了，就不顾杨艳的反对，下诏选名门淑女充入后宫。为了照顾杨艳的情绪，他让杨艳亲自主持遴选。杨艳心中愤恨异常，只是不表现出来，她将那些长相艳丽的女子统统斥责为妖冶不端庄，全部赶了出去，只选身材高大、皮肤洁白、且相貌端庄的。晋武帝不好说什么，只好由着她。当时大臣卞藩的女儿也在候选之列。卞女长得十分美艳，把晋武帝看呆了，就用扇子掩住嘴对杨艳说："这个女子不错。"谁知道杨艳却说："卞氏是魏室的姻亲，做了三代的皇后，现在如果选了她，怎么好让她屈在卑位？不如不选的好。"武帝只好将卞女舍弃。不久又进来一个叫胡芳的女子，是镇东大将军胡奋的女儿，也是天生的国色。杨艳还是不同意，晋武帝终于忍耐不住了，愤愤地说："到底是我选妃子还是你选妃子？"杨艳就不好再说什么了。又选了司徒李胤的女儿、廷尉诸葛冲的女儿、太仆臧权的女儿、侍中冯荪的女儿等几十个。

这些新进的女子果然与众不同。武帝虽名为皇帝，多年来除了杨艳、赵粲和左棻外，几乎没接触过别的女人。这天夜里晋武帝传胡芳侍寝，果然感觉别有滋味。第二天便封胡芳为贵嫔。晋武帝虽然不宠爱左棻，但因为左棻毕竟先进来的，不想让她抱怨，就顺便也封了贵嫔。改日召幸了别的女子，都是各自风味不同，令晋武帝喜不自禁，从此在新选女子中间来往穿梭，夜夜春风。

杨艳再也不能后宫专宠，因此愁恨交加，不久便卧床不起。晋武帝为她征了许多名医前来诊治。但回天乏力，杨艳的病情越来越重。泰始十年（公元274年）秋，杨艳已经奄奄一息，临死前，她对晋武帝说："妾叔父杨骏的女儿杨芷美丽动人，希望陛下以备六宫。"晋武帝含泪答应，与杨艳握手为誓，表示决不负约。杨艳就在明光殿里晋武帝的膝上奄然长逝，享年三十七岁。

杨艳临死前还要推荐堂妹做皇后其实是为儿子着想，因为司马衷过于愚蠢，虽然在杨艳的努力下被封为了太子，但地位不是很稳固。晋武帝也看破了她的心思，但因多年的恩爱夫妻，他不忍心违背杨艳的遗言，便将杨芷立为皇后。

自从杨艳死后，晋武帝虽然悲凄，但心里多少自由了许多。后宫的妃嫔终于可随意召幸而没有顾虑。不久对宫里的几个女子都腻味了，晋武帝又下诏采选美女。采选美女的时候禁天下嫁娶，这样后宫女子增加到了五千人。

西晋灭吴统一中国后的第二年，就是公元281年，晋武帝迫不及待地下命令把东吴皇帝孙皓的后宫5000女人调入他的后宫。东吴所在，是中国最为钟灵毓秀、人杰地灵之地，这里的女子娇柔美艳。司马炎从曹氏宫廷收留的，自己亲自从民间掳掠的，再加上从孙皓后宫调入的美女，人数达万人之多。

美女实在太多了，宫里住不下这么多，晋武帝便下令日夜施工加盖宫殿。这些美女让晋武帝整天看得实在眼花缭乱，连他自己都不知道最喜欢哪一个，每天该临幸谁。荒淫透顶的晋武帝就想了一个绝招，他让人为他做了一个羊拉的辇车。每天退朝后他马上坐上羊拉的车游历宫苑。兴之所至走到哪里算哪里。羊车停在哪个宫门口，他就住到哪个宫里。不管到了什么地方，只要羊车一停住，立刻有无数的美女前来迎接武帝。先摆下宴席，吃吃酒唱唱曲，前后左右的佳丽数不尽数。等到酒喝得差不多了，便随手拉几个去床上销魂。

这一万多美女能够接触的男性只有晋武帝这一个男人，都整日整夜盼着与武帝一度良宵。但武帝分身乏术，加上年纪大了精力也有限，就是不舍昼夜也只能惠顾极小的一部分。因此大多数佳丽只能暗中向隅叹泣，其中有些聪明的美女想出一个办法，将竹叶子插在门口，地上洒了许多盐汁。羊生性喜欢吃竹叶，又喜欢吃咸的东西，因此就停下来不走。这些美女就得到了晋武帝惠顾的机会。不久宫里的美女都知道了这个办法，便纷纷仿效，以至于户户门前都插上了竹，地上都洒了盐，谁知道羊比人还聪明，也变得刁滑起来，随意地走随意地停，不再被这些竹盐所诱惑。佳丽们没有办法，只好听天由命了。

武帝夜夜销魂，直弄得筋骨衰颓。公元290年，晋武帝病死，太子司马衷继位，历史上称为晋惠帝。晋武帝死后不久，西晋就陷入了长达十六年的八王之乱，全国又形成了四分五裂的割据局面。

白痴皇帝司马衷娶丑悍淫妻

晋惠帝司马衷（公元259～306年），字正度。是晋武帝的第二个儿子，公元290～306年在位。中国历史上少有的一位痴呆皇帝。

晋武帝完成统一全国，建立晋王朝大业之后，开始懈怠政事，醉心游乐。晋武帝喜好女色，后宫的美女竟多达万人。他所宠爱的女人也很多。这些美艳的女人先后替她生下了二十五个儿子，不幸的是，皇后杨艳所生的嫡长子司马轨两岁时就夭折了，次子司马衷成了事实上的长子，按照中国立嫡立长的继承人制度，要立司马衷为太子，而司马衷却是个白痴。

司马衷天生愚鲁，长到七八岁还不认识一个字，虽然请了不少博学的师傅教诲开导，但都无济于事。他九岁被立为太子，因为傻，一直让晋武帝忧虑，也起过换掉他的念头。但傻儿子的母亲，皇后杨艳却坚决不同意，她的理由也很冠冕堂皇："立嫡以长不以贤，岂可动乎。"皇帝和皇后的感情很好，于是耳朵一软，依然让傻儿子做太子。

杨皇后是司马衷的生母，她除了这个傻儿子之外，另外还有两个儿子，而且都很正常，就是坚持立嫡子，也不一定非要立这个白痴。原来，杨皇后也有自己的打算。晋武帝虽然和她感情不错，但也很花心，儿子也那么多，就不免让杨皇后感到了威胁。若是因为太子笨而废掉他，无疑是打开了一道缺口，即使能立自己的儿子作太子，以后皇帝万一又喜新厌旧地改了主意，又看上了别人的儿子，岂不糟糕。这可是关系到自己和自己家族地位的大问题，还不如现在就死守原则，让皇帝没有可乘之机的好，因此她就一定要坚持拥护这个傻儿子。后来皇后杨艳去世了，又在临死前把堂妹杨芷推荐给皇帝，立为皇后。这个杨芷也是个美人，很得晋武帝的宠爱。她秉承姐姐的遗愿，也对维护太子的地位不遗余力，这么一来，司马衷的太子地位就更加稳固了。

但是，司马衷的傻气可是大名远扬，朝中大臣无一不知。大臣们觉得这位太子将来做了皇帝，肯定无法处理政事，也想劝晋武帝废掉他。大臣和峤曾经拐弯抹角地对晋武帝说："皇太子天性'淳朴'，有上古之风。可现在早就不是上古之时了，人情险恶，恐怕太子将来掌管不了陛下的家事。"虽然表面上恭维这位太子"有淳朴古风"，其实就是在暗示他脑子不够用。但晋武帝却对此置之不理。后来有一次晋武帝对他

81

们夸耀起自己的儿子最近颇有长进，还叫他们亲自去问问。回来之后，几个马屁精就说太子果然长进不小，皇帝说的一点都不错。和峤却老老实实地说："太子还是和原来一样嘛。"弄得皇帝特别不高兴，当下拂袖而去。大臣卫瓘趁晋武帝举行宴会的时候，假装酒醉，倒在御座面前，对皇帝说："臣有事情要启奏陛下。"皇帝问他什么事，他犹豫再三，用手抚摸着御座，嘴里含含糊糊地说："这个座位太可惜了。"晋武帝马上明白他是指太子不堪为帝，但是假装听不懂，说："你在胡说些什么，准是喝醉了吧。"接着，吩咐侍从把卫瓘扶起来送走。

然而晋武帝对于傻儿子的水平，他也并不那么看好。既然立他做继承人，就得让皇位一代一代地传下去。那他是不是有生育"圣嗣"的能力，可是个大问题。晋武帝可能是觉得儿子傻，对这男女之事未必开窍，就派了谢玖前去"教导"，没想到傻儿子在这上头倒不含糊，不久谢玖就怀孕了。晋武帝十分高兴，也使他对傻儿子的信心又增加了几成，于是就张罗开为他选妃的事情。

太子选婚无论是对皇家还是全国百姓，都是一件大事，因为这选上的是未来的国母，母仪天下，坐镇后宫。皇亲贵戚、王公大臣便纷纷物色自己家族的女子，积极活动，准备促成一段美好姻缘，从而使家族荣显。

晋武帝在长年的征战中，很赏识征东大将军卫瓘，了解卫瓘的家族，对卫瓘的女儿十分满意——据说白皙、漂亮，很有风采。和卫瓘竞争的是晋开国元勋贾充。贾充生有四个女儿：前妻李氏生两个女儿，后妻郭氏也生两个女儿。长女贾荃已嫁司马师的儿子齐王司马攸。贾充官高位显，拜车骑将军，出任朝廷首辅。最为关键的是，当初司马炎被立为太子，全得力于贾充。所以，司马炎对贾充一直十分信任。

荀勖是武帝的心腹，和贾充这位工于心计的人臭味相投，交谊甚厚。他为了让贾充的女儿当上太子妃，先请贾充的妻子郭槐用重金贿赂杨皇后的心腹左右，让她们赞誉贾充的女儿品貌端庄，聪慧文静，有贤德，有美貌，可以选为太子妃。杨皇后信任左右，天长日久，自然心动，对贾氏的女儿颇有好感，认为名声这样好的女子一定是十分不错。荀勖双管齐下，在朝中联络心腹重臣荀顗、冯统等一班人员，在各种场合，盛赞贾充的女儿德才兼备，不可多得。荀勖随后干脆上书武帝，称贾充女儿姿德淑茂，可以列入候选。

武帝司马炎一直不曾表态。司马炎有自己的看法，但既然朝野闹得沸沸扬扬，都说贾充的女儿十分出色，这事得和皇后商量。武帝问杨皇后："太子的婚事，有什么想法？"杨皇后说："贾充的女儿据说才色都不错，大概真的十分出色。"武帝问卫瓘的女儿如何？杨皇后说："称赞卫瓘女儿的人极少，想必才色平平。"武帝司马炎摇头说："贾氏的家族悍妒，不大生儿子，身材矮小，皮肤微黑，貌不秀美。而和贾氏相反，卫瓘家族天性仁贤，子女白皙，身材修长，相貌秀气，尤其人丁兴旺。贾氏和卫氏的女儿完全不同。"

杨皇后对贾氏女已有好感，于是坚持己见，武帝也不想为此争执，便不再说什么。那时贾充有两个未嫁的女儿，大的就是贾南风，其相貌正如晋武帝所说的又黑又丑。小的叫贾午，长得倒很漂亮。迎娶之初，本来是要选年方 12 岁的女儿贾午入宫做太子妃的。可笑的是，贾家的姑娘果然身材矮小，连结婚的礼服也穿不起来。无奈，只得换了贾午的姐姐贾南风。这年贾南风 15 岁，比太子大两岁。就这样，贾南风阴差阳错成了皇太子妃。等到典礼完成，晋武帝一看给儿子竟娶回了这个媳妇，真是后悔不迭。但生米做成了熟饭，总不能再退回去了，想想自己的傻儿子，和这个丑媳妇也算般配，就只好认了。

贾南风，平阳襄陵（今山西襄汾东北）人。祖父贾逵，曹魏时曾任豫州刺史、阳里亭侯。贾逵晚年得子，欢天喜地，认为必有后福，当有充闾之庆，给儿子取名为充，字公闾。贾充就是贾南风的生父。在司马氏篡魏以及司马炎称帝过程中立下汗马功劳，因而在西晋建立之后，贾充因功被加爵鲁郡公，拜车骑将军、散骑常侍、尚书仆射，后又拜为侍中、尚书令之职，参与枢密机要，一时朝野侧目。

贾南风的母亲广城君郭槐，是城阳太守郭配之女，系贾充的续弦。

贾充的原配夫人李氏出身名门，端丽贤淑，嫁给贾充后生下贾荃、贾濬两个女儿，后受其父株连被流放边地，贾充才娶了郭氏。这个郭氏夫人是个醋坛子，生性妒忌，甘露元年公元（256年）生下贾南风后，更是变本加厉。她对贾充身边的所有女性都心怀戒备，若是看到谁同贾充有来往，就会醋海生波，闹得贾充人仰马翻，不可招架。

贾南风的弟弟贾黎民3岁时，乳母带他在家门口玩耍，贾充走来时，小儿子张着手，笑着让父亲抱。贾充便上前弯腰很亲热地拍抚他。这一幕正巧被郭槐碰上，她以为乳母跟贾充有私情，不问青红皂白，竟将乳母鞭打而死。贾黎民最终也因乳母被打死这件事受到惊吓，得病而死。后来，郭槐又生下一个男孩，仍找来乳母喂养。有一天，乳母抱着孩子在院里，贾充上前抚摩孩子的头，郭槐又认定乳母有意勾引贾充，不由分说又将乳母活活打死，这个儿子也因此早夭。

司马炎称帝后，贾充原配夫人李氏获大赦回到洛阳。为了成全他们夫妻团圆，司马炎特降恩诏允许贾充置左右夫人，迎归李氏。晋武帝的意思是贾充迎归前妻后，仍可给郭槐以正妻夫人的名分，也免得让贾充难堪。贾充谢恩回家，告诉了郭槐，哪知郭槐火冒三丈，根本不顾皇帝的诏命，对贾充一阵数落："这些年我跟你同甘共苦，患难与共，容易吗？你有今天，别忘了我的功劳。休想让那小妖婆在我跟前碍眼。"贾充见她不依不饶，怕她再撒泼使性，干脆谢绝了武帝的恩诏，断了要置两夫人的念想，在城中永年里为李氏另修了一处宅院安身。当时，人们在这种情况下，一般都与前妻暗中往来，私下通情，但贾充不敢造次。贾荃、贾濬多次哀求父亲去看望她们的生母，贾充也不敢答应。尽管如此，郭氏仍不放心，每到贾充外出时，都要派人暗中窥探，惟恐贾充背着她去找李氏。后来，贾荃成了武帝的弟弟齐王攸的妃子，便劝说父亲休掉郭氏而迎还其母，有一次竟叩头流血，贾充硬是不敢点头，心里只觉得有愧于李氏。贾充在母亲临终时，问她有何吩咐，贾母说："我让你把我那贤德的媳妇迎回来尚且不肯，何必再问别的。"结果，李氏一直也未能再回贾府。

贾南风的妹妹贾午在做姑娘时，就经常躲在客厅的屏风后面窥视来访的宾客，有一次，发现司空椽韩寿风流潇洒，便一见钟情，托伺婢转给韩寿情书和信物，后来贾午还叫婢女"呼寿夕入"，韩寿便"逾坦而入，家人莫知"。当时皇上曾经把西域国使者进贡的一种芬芳的香水赠给过贾充一些，而贾午又把香水偷着给了情郎韩寿，韩寿在入官府办事时，便到处留下香气，这就是"韩寿偷香"的故事的由来。《幼学故事琼林》中有这样两句话：郭女绝夫之嗣，此女中之妒者，贾午偷韩寿之香，此女中之淫者。说的就是贾充的妻子和女儿的闺中奇闻逸事。贾南风生长在这样一个家庭，由于环境熏陶，造成了她不仅善妒，而且好淫的性格，还继承了父亲善于观测宫廷斗争中政治风云变幻，擅长于权谋之争的特点。家世门风，造就了贾南风妒暴酷虐的品性，对她的一生影响至深。

贾南风长得丑还是其次，她的性格也十分泼悍嫉妒，对白痴丈夫看得特别紧。她在感情上的妒嫉到了神经质的程度，而且一旦发作，便失去控制，闹得天翻地覆。司马衷愚顽无知，哪里是贾南风的对手？司马衷很快俯首听命，贾南风控制了东宫。于是贾南风在太子宫中唯我独尊，为所欲为，如果看谁不顺眼，心中有点不痛快，便动辄杀宫人。在她做太子妃之前，晋武帝已经给儿子纳了谢才人，还怀了身孕。于是贾南风就对这位谢才人百般看不顺眼，谢才人倒也知趣，就离开了司马衷，回到了西宫。有一次贾南风发现有个宫女偷偷怀上了司马衷的孩子，又妒又怒，立即喝令将这宫女押到面前，然后亲手提着一支戟向她隆起的肚子上掷去，活活的将一个已经成形的男胎剖了出来。晋武帝闻讯大怒，就决定把她废掉，关到冷宫金墉城去。这时的皇后杨芷是杨艳的堂妹，由于贾南风是堂姐所荐，就劝武帝要考虑到贾充的功劳，又说贾妃还年轻，正是好嫉妒的年纪，总该给她一个改过的机会。看到心爱的美人出言相劝，晋武帝才打消了怒气。杨芷此后多次训诫这位儿媳，让她改过自新。但生性毒辣的贾南风对杨芷的救命之恩视若无睹，却对她的这番斥责充满怨毒之情，从此怀恨在心。

不过这位太子妃虽然黑丑泼悍，却颇有心计。她对白痴太子虽然不满意，但知道自己和这白痴是一荣俱荣，一损俱损，对维护司马衷的太子地位很是上心。由于大臣们经常和他叨叨太子笨，不能管理国家，晋武帝自己也不免有些疑心起来，就打算考考他。便开设宴会，把太子东宫里的人都召集到一起，在席上密封文件数件，派人送给太子断决，看看他实际处理政务的能力，并让使臣就在外面坐等太子的文件批复。白痴太子哪里能做得了这个，太子妃贾南风大为紧张，赶紧找了个人替他作答。那人还挺有学问，引经据典，答得头头是道。这时，宫内有个太监张泓提醒贾南风："这份卷子好是好，可是皇上明知太子平常不大懂事，现在写出这样一份卷子，反倒叫他怀疑，万一查究起来，就把事情弄糟了。还不如直接就事论事，写得粗浅一点。"贾南风大喜，就对他说："那么还是你来另写一份吧，日后定保你富贵荣华。"张泓就另外起草了一份粗浅的答卷，让太子依样抄写一遍，叫一直等候的使臣送到东宫的酒席上去。

　　晋武帝一看，卷子虽然写得不很高明，但是总算有问必答，可见太子的脑子还是清楚的，就更加坚定了立他的信心。

　　除此之外，太子的儿子司马遹，也是令晋武帝不忍废去司马衷的原因之一。这个孩子就是那位谢才人所生。当年她怀孕之后，由于太子妃十分嫉妒，就要求回到西宫，后来就生下了司马遹。司马衷虽然已经做了父亲，自己却还不知道。几年后，他进宫朝见父皇，见一个三四岁的白胖小子与数位皇子在一起玩耍，非常可爱，便走过去拉着小孩的手嘿嘿傻笑。武帝见状对司马衷说："这是你的儿子。"司马衷挺高兴，就跪在地上拜谢，这才把这个儿子认了回去。

　　司马遹的父亲虽然是个白痴，但他自己却十分聪慧。武帝也特别喜爱这个小孙子，经常把他带在身边。一次皇宫内半夜失火，晋武帝登楼观望，五岁的司马遹却牵着他的衣带把他拉入暗影。武帝觉得奇怪，问他为什么这样做。司马遹就说："暮夜仓猝，应严加提防，不应该让旁人看见皇帝在光亮中。"武帝看他小小年纪就这么懂事，不禁称奇。到了司马遹六七岁的时候，又陪晋武帝到太牢养猪的地方观玩，他对武帝说："这些猪又肥又大，为什么留在这里浪费五谷，不杀掉给臣下们吃呢？"武帝大喜，马上派人杀猪分赐众臣，还很高兴地说："这个孩子一定能兴盛我家。"在内心深处就把他认作是未来的皇位继承人了。所以，为了让心爱的小孙孙将来当皇帝，现在就得先保住这个傻儿子的地位。就这样，晋武帝虽然一直在太子的问题上犹犹豫豫，却到底也没舍得把傻儿子废掉。

公元290年，晋武帝病死了，太子司马衷登基即位，历史上称为晋惠帝。晋惠帝傻乎乎的连自己是谁都认不清楚，又怎么能管理国家呢，自然是闹出了不少笑话。

司马衷即位大典那天，当大臣们参拜跪在地上只等他说"平身"时，他却把早已背好的这句台词忘得一干二净，不知该说什么才好。只瞪着眼睛问身边的太监，他们干吗跪在地上不起来？太监这才替他说了一声"皇上叫你们平身"。

接下来就更离谱了，他见大臣们都起来了，他也从龙椅上站起来，抬腿就要走。太监忙问他，皇上要去哪里？他说，我要去撒尿！

大臣们听后，都不禁哑然失笑。心想：真是个白痴。

有一天，晋惠帝正在后花园里东游西逛，那时是初夏季节，池塘里传来阵阵蛙鸣。于是他大感兴趣，就问周围的人："你们说，这些小东西是在为官家叫呢，还是在为私家叫？"

对于晋惠帝这个问题左右随从都觉得匪夷所思，面面相觑，不知道说什么好。还好有一个经常伺候皇帝的太监对这个傻皇帝比较了解，就郑重其事地说："陛下，这些青蛙若是在官家地里叫，那就是为官家的；若是在私家地里叫，那就是为私家的。"这种完全是废话的答案，司马衷听了以后反而十分高兴，觉得困扰自己的一个大问题算是被解决了。

这件事流传出去，人人都笑话这位皇帝傻得出奇。不过接下来的另一件事，傻皇帝的言行更让人啼笑皆非。

有一年，某地闹饥荒，粮食颗粒无收，老百姓饿死无数。公文报到京城，众官员聚在一起议论对策。晋惠帝呆头呆脑地在旁边听着，感到十分奇怪，就问道："好端端的人怎么会饿死呢？"大臣们一看傻皇帝难得关心一下国家大事，就赶忙给他解释："当地在闹灾荒，百姓们没粮食吃。"晋惠帝也感到十分为难，突然，他灵机一动，很得意地想出了一个解决办法："没粮食吃也不要紧嘛，为何不吃肉粥呢？"大臣们听了皇帝如此"绝妙"的主意，都目瞪口呆，哭笑不得。晋惠帝也就凭着那句"何不食肉糜"，留名史册。

晋惠帝登基做了皇帝，贾南风成了皇后，她感到自己可以扬眉吐气了。但这时朝中的大权被杨太后的父亲杨骏所把持，虽然太后杨芷只比大她十几岁，却也是她的婆母，贾南风这个小辈只能仰人鼻息。她本来就对杨太后怀恨，现在自己的丈夫做了皇帝，就更不甘心屈居在她的下面了。于是便凭借诸侯王的力量，宣布杨骏谋反，把他除掉，还矫诏处死了太后杨芷的母亲庞氏。杨太后跪在这个儿媳妇面前，口称臣妾，割下头发向她磕头，哀求她饶过母亲的性命。左右侍从都泪流满面，但是贾南风却毫不动心，当着这位婆母的面杀掉了庞氏。庞氏死后不久，太后杨芷也被活活饿死。

太后杨芷父女被彻底消灭，贾皇后就再也没有什么顾忌。惠帝本来就是一个白痴，根本就不懂朝政，治国理政的大权实际上从这时起已从杨氏父女转到了贾南风手中。贾南风以皇后的身分坐镇后宫，把后宫变成了朝廷的指挥中枢。贾南风早就厌烦了惠帝这个白痴丈夫，排除异己大权在握之后，便恣意妄为，纵情享乐起来。

太医令程据身材修长，皮肤白皙，高大英俊。贾皇后很喜欢程据。同时，程据善解人意，精于逢迎拍马，很受贾皇后的喜爱。于是，贾皇后便想方设法把程据占为己有，随时召幸，完事后再送他出宫。光有一个程据，贾皇后还觉得不满足，就开始派手下心腹到民间广寻美貌男子寻欢作乐。为了不走漏风声，当她玩够了之后就把这些男子统统杀掉。有一次，有个洛阳城南的小吏，年轻俊美，平时家境贫寒，不知为什么突然之间失踪了一段日子，后来再出现在众人面前时，却完全像变了一个人似的，身上穿戴着光鲜华丽的衣服，所佩珠玉都是罕见的内廷之物。他周围的人察觉事情比较蹊跷，这时贾南风的一个远亲家里正好丢了东西，众人都怀疑是他偷的，就禀报上司，派人马上把他拘押审问。这个小吏辩称："我偶尔在路上遇见一个老婆子，说她家里有人得病，巫师占卜要找城南的少年来驱邪，到时必有重谢。我贪财心切，就跟她去了。中途换车，我被藏在盛放衣物的箱笼里，走了很长的路程，过了好多道大门，等到箱笼被打开的时候，忽然见到壮丽精致的楼台殿阁。我问老婆子这是哪里，她回答是天上。马上有人过来侍候我沐浴熏香，好吃好喝过后，又给我换上华美的衣服，带入室内。然后就出现了一个三十五六岁的妇人，她生得矮胖，脸面青黑，眉间还有痣。她留我住了一段日子，与我同食同宿，然后顺原路将我送出。临别时，这矮胖黑妇人就赠我这些衣物饰品。"贾家那亲戚一听，就知道这事关系到贾南风的隐私，不好再问，只好把这个小吏放了。

贾皇后呼风唤雨，控制着惠帝，大权独揽，放纵享乐，可是贾皇后始终没生儿子。这是贾皇后的一块心病，同时也将危及贾氏家族的安宁，而直接对贾氏构成威胁的便是惠帝和谢玖早在东宫时怀孕生下的儿子司马遹。司马衷即皇帝位后，司马遹便被册立为太子。贾皇后忌恨太子，但这个司马遹却是傻皇帝的惟一的儿子，贾南风若想废了他，就得再给惠帝变出一个儿子来，于是，她就想了一个馊主意。她的妹妹贾午生下一个儿子，贾南风将这个孩子弄到宫中，假称是自己怀孕所生，还给这孩子起了个名字叫慰祖。

司马遹一天天长大，不像小时那样聪明伶俐，惹人喜爱，而是嬉游无度，不好读书。这样的太子按说不会危及贾皇后，但贾皇后依旧不放过他。

元康元年十二月，就是公元 299 年，太子司马遹的长子司马虨染病，太子上书惠帝，奏请给长子封授王爵。惠帝没有答应。情急中的太子见长子病势很重，就请巫师祭天祈祷，以王爵冲灾无望以后便以此祈求长子病势好转。贾皇后得到详细奏报，知道收拾太子的日子到了。

贾皇后先后三次派人探视太子的长子，又派人送信给太子，假称惠帝召见，把太子骗进了内宫。

十二月二十九日一早，太子急匆匆地入宫，拜见惠帝。惠帝不知道是怎么回事，就让他去见皇后。太子到皇后宫中，被领到了一个房间，却不见皇后的身影。侍女摆上美酒三升、红枣一盘，让太子先尝尝，并以歌舞助兴。

太子不会喝酒，知道这三升美酒和一盘红枣是皇后所赐，不敢不遵命。三升酒下去，太子喝得酩酊大醉，辨不清东西南北。

这时，贾皇后命黄门侍郎潘岳事先写好了一份文书，让侍女拿着笔墨纸砚，到太子所在的房间，告知太子，说皇上让太子立即抄写这份文书。太子醉得迷三倒四，根本就不知道要写些什么东西，但圣旨难违，便只好照着抄写，写完后自己都不知道是些什么。两份文书是这样写的：陛下自裁，不然决不客气；皇后也自裁，不然便亲自结束你；谢妃同时行动，以绝后患。这自然是叛乱文书，字迹潦草，但却出自太子之手。结果太子先是被废为庶民，后被害死。

贾皇后的胡作非为，引起了司马氏皇族的惊惧不安。封王在外的司马氏子弟自然不肯坐以待毙，想杀死贾皇后，夺回皇权。公元 300 年，赵王司马伦和孙秀连同齐王司马同发动政变。贾氏被夷灭三族；私党也一网打尽，全部杀死。贾后囚于金墉城。几天后，赵王假传圣旨，用金屑酒毒死了贾南风。西晋王朝陷入了长达十六年的"八王之乱"，傻皇帝司马衷在动乱中像傀儡一样被人折腾来折腾去，吃尽了苦头，最后也被毒死。

第三章　南北朝时期

后赵皇帝石虎杀子淫乱

石虎（公元295～349年），字季龙。羯族人，上党武乡县（山西榆社县北）人，十六国时后赵皇帝。

石虎生于晋惠帝元康五年（公元295年）。石虎的父亲早逝，从小随母亲生活，由后赵皇帝石勒的父亲抚养，所以有人称石虎是石勒之弟。

石虎性格残暴凶狠，喜好骑马射箭，游牧打猎。尤其喜欢拿弹弓射人取乐，石勒的军队上下对他都非常惧怕。石勒想杀了他，在母亲王氏的一再劝说央求之下，才忍下来饶了石虎。后来石虎渐渐长大，慢慢才懂得收敛自己，不再那么飞扬跋扈了，多少能够与人相处。十八岁的时候，他已经长得身高七尺五寸，并且英勇矫捷，弓马娴熟，勇冠当时，石勒对他十分器重，拜为征虏将军。

石勒为他聘征北将军郭荣的妹妹为妻。但石虎好男色，对优僮（男宠）郑樱桃十分宠幸（唐朝李颀《郑樱桃歌》有"石季龙，僭天禄，擅雄豪，美人姓郑名樱桃。樱桃美颜香且泽，娥娥侍寝专宫掖。后庭卷衣三万人，翠眉清镜不得亲……"等句子，诗里误以为郑樱桃是一个女子）。郑樱桃为人又轻佻淫妒，使出种种柔媚的手段将石虎笼络住。他每夜在枕边想方设法诋毁石虎的妻子郭氏，并且时常当着石虎的面讥讽嘲笑郭氏，对郭氏根本不留一点情面。郭氏渐渐不堪忍受，一次她也反唇相讥，谁知石虎袒护郑樱桃，不让郭氏插嘴。郭氏憋了许多天的闷气，实在忍无可忍，加上石虎又这么偏心小妾，于是和石虎争吵了几句。石虎性似烈火，一顿拳打脚踢，将郭氏当场打死。

后来石虎又娶清河崔氏女为继室，相处才一年多，郑樱桃又加以诋毁。石虎大怒，取来弓箭，急召崔氏问话。崔氏光着脚来到石虎跟前，边哭边哀求："大王不要杀妾，先听妾说句话！"石虎狞笑说："你如果心里没鬼，何必这样慌张。你先坐下，我给你时间慢慢说。"于是崔氏转身入座，却听见背后弓弦声响，她急忙转身想闪避，但已经来不及了，一支箭从后背穿入前胸，血光疾射而出，崔氏立刻就倒地身亡了。

太和三年（公元330年），石勒自称大赵皇帝，史称后赵，封自己的儿子石弘为大单于，统领胡部；封石虎为中山王，尚书令。大单于是胡人的最高称谓，仅次于汉人的皇帝，是一人之下万人之上的位置，石虎一直以为大单于的位置非自己莫属，因此为自己未能成为大单于而恨得咬牙切齿。他对儿子石邃说："自从石勒占据襄国（今河北邢台）以来，我南擒刘岳，北追索头，东平齐、鲁，西定秦雍，攻克了十三个州，立下了汗马功劳。大单于之位理应属于我，却给了石弘，每想起这些就气得我吃不下饭、睡不着觉。等石勒死后，我要让他断子绝孙！"三年之后石勒死去，大权在握的石虎立即行动，先将右光禄大夫程遐、中书令徐光逮捕下狱，然后逼迫太子石弘继位。石弘害怕石虎，痛哭流涕地以软弱无能为借口，一再要求把帝位让给石虎，石虎训斥他说："我也知道你不能胜任，不过你先当着，过些日子自然有人换你，再不要吵嚷了！"石弘即位，改元延熙。

后赵延熙三年（334年）十月，石弘捧着印绶颤抖着走到石虎身边，请求禅位给石虎。不料石虎板起面孔对他说：

"谁来当帝王，大家心里都很明白，何必由你来说！"石弘流着眼泪回宫后，对母亲说："父亲的亲生骨肉不会再留在世上了。"这时，有一个尚书揣摸着石虎想自己当皇帝，便上奏石虎请求石弘禅位，石虎没好气地说："石弘应当废掉，还讲什么禅位！"于是自称赵天王，改元建武，立儿子石邃为太子，把石弘废为海阳王。不久，石虎就把石弘、石弘之母程氏、秦王石宏、南阳王石恢等石勒的子孙全部杀掉，总算发泄了心头之恨。

石虎做了皇帝之后，开始大兴土木，在襄国造太武殿，在邺城造东西宫。太武殿的地基高二丈八尺，以彩色的碎石头做成，下面有密室，里边安置五百卫士。漆瓦、金铛、银楹、金柱、珠帘、玉壁，穷极技巧。太武殿基高二丈八尺，东西七十五步，所用柱、帘、壁全用金银玉珠。又在显阳殿后造了灵风台九殿，选数万美女充斥其间。石虎造猎车千乘，车辕长三丈，高一丈八尺，同时造格兽车四十乘，车上加建二层楼，令犯人在车里和猛兽格斗。滥增女官二十四等，东宫设官十二等。民间二十岁以下，十三岁以上的三万多女子被征，分为三等之第配给官吏按第分派。石虎糟蹋民妇，日夜不休。

石虎的长子是天王太子石邃，小名叫阿铁。石邃秉性阴鸷，膂力过人，类似石虎。石虎立石邃为天王太子，命他参决尚书奏事。

太子石邃恃宠生骄，性情极为残暴，比石虎有过之而无不及。他酗酒好色，纵欲无度。

石虎最宠爱的儿子是河间公石宣、乐安公石韬，都是石邃的弟弟，石邃因此对这两个弟弟怀恨在心，一直想把这两个弟弟除掉。为了巩固自己的太子地位，石邃竭力讨石虎的欢心，暴躁的石虎对他却始终不太满意。石邃以太子身份总理一应政务，将大小事一律上奏石虎，石虎怒喝："这些小事也要进呈？"石邃于是不进奏小事，石虎又喝斥："朝中小事如何不进奏？"石虎还动不动就杖责石邃，一个月起码有两三次。

受尽了石虎虐待的石邃自然对这个残暴的父亲恨之入骨，他恨恨地对侍从无穷、长生和中庶子李颜说："皇上实在太难侍候，我要杀了他，你们敢跟我一起造反吗？"言下之意是要弑父自立，随从、侍臣除了立刻跪拜，谁敢言语，众人吓得浑身打颤。石邃见无人响应，也不敢贸然行事，于是称病不上朝。暗中却带领宫僚，共计五百余骑，去李颜家饮酒。酒至半酣，回头对李颜说："我去杀河间公。"李颜说："今天先喝酒，这些事情以后再慢慢做打算把。"石邃又狂饮数杯，仗着酒劲壮胆，气哼哼地离座上马，对众人说："快随我杀河间公，不听号令的立即斩首！"众人一听都吓跑了。李颜叩头苦谏，石邃醉得实在支持不住自己了，才踉踉跄跄地被手下扶回宫里。石邃的母亲郑氏听说这件事，悄悄地派官责问石邃，石邃却一怒之下杀了那个宦官。

石虎听说石邃有病，打算亲自去探视，刚命人驾车，忽然见一人跪在马前谏阻说："陛下不宜前往东宫。"石虎见是僧人佛图澄，就请他入座，停车不再去石邃那里。原来佛图澄有未卜先知的本领，所说的话非常灵验，为石虎所敬信。不一会儿佛图澄告辞而去，石虎又不禁怀疑，瞪着眼睛大声说："我是天下之主，石邃又是我的亲生儿子，难道亲生父子之间，反而不值得信任吗？"于是派了一个最信任的女尚书，以慰问为借口前去探察真伪。石邃心中正没好气，他微笑着把女尚书叫到面前说话，乘其不备，一剑砍下头来。石虎正在宫中饮酒作乐等候回音，结果，等回来的不是花枝招展的女尚书，而是一颗血淋淋的人头。石虎勃然大怒，马上派人把石邃监禁起来。

不久，石虎怒气渐消，赦免了石邃，父子重归于好。他下了一道赦令，并召石邃到太武东堂进见。但石邃心中仍充满怨毒之气，见到石虎一言不发，照了一下面扭头就走。石虎按捺住性子，还想缓和局面，派人追上去问石邃：还没有朝见皇后，怎么就匆忙走了？石邃毫不理会，扬长而去。石虎顿时大怒，暴戾的性格不可遏制地发作，马上下旨将石邃废为庶人，当天晚上又派人诛杀了石邃及其妻妾子女 26 人，同埋在一口棺材里。并杀东宫僚属二百余人。然后，又杀掉宫中石邃党羽二百多人，并废石邃的母亲郑皇后为东海王妃，另立儿子石宣为天王皇太子，石宣母亲杜氏为天王皇后。

石虎派太子石宣与石宣弟石韬轮流审阅尚书奏事、审决生杀之事和任免官吏事项，不必启奏。司徒申钟劝谏石虎，认为任免官吏、决定刑罚是国家的重大决策，不该委托他人，太子虽为国家皇储，也不应干涉政治，而且二政分权，必生祸殃。石虎对这些忠言却置之不理，仍用石

94

宣、石韬轮流视政。石宣出入建天子旌旗，前呼后拥，好不气派。建武十三年（347年）九月，石虎让太子石宣到名山大川为他祈福。石宣率领18万大军浩浩荡荡走出金明门时，石虎笑着说："看我儿子的架势，不是天崩地裂，没有任何值得忧虑的事情。我只是抱子弄孙欢度晚年就行了。"不久，石虎又命儿子石韬到秦、雍一带祈福。石韬出行的规模丝毫不亚于石宣，这令石宣极为恼怒。

石宣也同样是个暴虐成性的人。有一次，侍中崔豹嘲笑他的属官孙珍眼窝深可以存尿，却不料犯了石宣的大忌，马上派人杀了崔豹父子。原来，石宣有胡人相貌的遗传特征，鼻子高，眼窝深，连鬓大胡子，所以他最忌讳有关此类的言谈。

石宣性情暴戾，即使在石虎面前，也有倨傲之色，石虎后悔不立石韬。石宣与石韬虽是同母兄弟，但因为石虎偏爱石韬，石宣对此嫉恨在心，石宣手下有个宦官，平时对石韬不满，经常向石宣散布石韬有野心之类的坏话。恰巧，石韬要在府中建一座大殿，准备用九丈长的殿梁，这超过了亲王宫殿礼制，在那个时代是大逆不道的罪行。石宣知道后大怒，派人杀了工匠，并把梁截去一段。石韬很生气，又换了新梁，而且增长到十丈。石宣听说后怒不可遏，对他的心腹杨抒、牟成说："石韬太不像话了，胆敢这样对抗我，你们如果能杀掉石韬，我即位后马上把石韬的国土分封给你们。你们杀了石韬，不要露出马脚，主上听说他死了，必然去临丧，那时我们乘机行事，何愁不马上得到天下？"杨抒等看到有利可图，就答应了。

当天晚上，石韬喝醉了酒，在佛精舍中过夜。杨桎、牟皮、牟成、赵生等几个石宣的心腹偷偷爬进院去，杀死了石韬，并把他的眼睛戳烂、肚子戳破，弄得血肉模糊，惨不忍睹。第二天早晨上朝时石宣第一个去报告。石虎听说自己最心爱的儿子惨死，惊得昏倒在地，半天才缓过气来。他想亲自临丧，被别人劝住了，于是便派石宣去临丧。石宣带领一千多名东宫兵，去看石韬收殓，他让人揭开盖在石韬身上的被衾，慢慢欣赏石韬血肉模糊的尸体，看完后呵呵大笑，掉头而去。

石虎这才知道爱子是被太子石宣杀死的，恨得咬牙切齿，立刻派人从皇后宫中把石宣捉来软禁了起来，等到进一步得知石宣待机谋杀自己密谋夺权的事后，更加怒不可遏，命人剥了石宣的衣服，反绑起来，用铁环穿透他的下巴，像牲口一样锁在铁柱上。又命人抬来一个大木槽，把残汤剩饭全倒进槽里，让石宣像猪一样去舔食。他命手下不分白天黑夜用鞭子抽打石宣，抽得他像狼一样地哀号，石虎甚至亲自指挥手下折磨石宣。又取来杀石韬的刀箭，让石宣伸舌吮舐上面的血痕。

接着石虎命人拔光石宣的头发，割断他的舌头，砍去他的手脚，挖去他的眼睛，剖开肚腹，弄得像石韬死时一样血肉模糊。最后，命人用绳拴住石宣的下巴，用辘轳吊到柱子顶端，四面放火，活活烧死了石宣。石虎看到石宣被残酷地烧死后，仍不解心头之恨，又命令把尸体烧成的灰分撒在各十字路口，让万人践踏，任随风扬散。随后，石虎派人把石宣的妻子、随从、亲信、宦官三百多人，全部车裂肢解后丢到漳河里，又命人把东宫拆毁，改成养猪养牛的场所。

石宣的小儿子年幼可爱，石虎不忍杀，抱在膝上说："小儿无罪。"秦府的属吏定要斩草除根，向石虎膝上牵夺。小孩儿拉住石虎的衣服，狂叫痛哭，石虎咬牙将他猛掷出去，摔死了事。

石虎又立小儿石世为太子，他对群臣说："朕欲以纯灰三斛洗腹，此腹秽恶，何故履生凶子，年二十余便欲杀父。今石世方十岁，当他二十岁时，朕已老了。"环顾子孙死亡迨尽，石虎悲悔交并，以致饮食无味，渐渐形销骨立。晋永和六年因愁恐而死，终年五十四岁，在位十五年。这时离后赵灭亡也不远了。

孝文帝被戴绿帽子

北魏孝文帝拓跋宏（后改姓元）（公元 467～499 年），是北魏献文帝拓跋弘的长子，北魏的第六位国君。拓跋宏是皇兴元年（公元 467

年）八月，出生于平城紫宫，是北魏献文帝的长子，3 岁时被立为皇太子，5 岁时，献文帝退位自称太上皇，让皇帝位给他。承明元年（公元 476 年）六月，冯太后毒死献文帝，临朝称制，拓跋宏年方 10 岁。

拓跋宏秉性孝谨，政事无论大小，都先禀明太后。拓跋宏本后宫李夫人所生，由冯太后抚养成人。冯太后坚守子贵母死之制，除赐死储君拓跋宏的亲母李氏以外，甚至诛戮了李氏全族。拓跋宏终生都不知自己为谁所生，但他自幼在冯太后身边长大，视冯太后如生母一般。

孝文帝胸怀大志，不拘泥于僵化的制度，对不合情理的风俗也绝不接受。孝文帝的长子拓跋恂长大了，冯太后要立拓跋恂为太子，孝文帝自然没有意见。但是，冯太后立了拓跋恂，又要按宫中惯例，决意要杀死太子的母亲林氏。林氏温柔贤慧，长得十分秀丽。孝文帝很宠爱林氏，因此不同意杀死林氏，坚持要立林氏为皇后。然而，冯太后不能容忍林氏立为皇后，因为林氏做了皇后，新的后族势力崛起，对太后冯氏家族就构成了新的威胁，深谙权力谋术的冯太后自然不会放手权力，不会容忍出现这种局面。冯太后出于政局和权力的考虑，在立了太子之后赐死了林氏。林氏的死，让孝文帝心灰意冷，至于让谁当皇后，他再也不管不问，一切全凭冯太后作主。冯太后自然有自己的考虑。

冯太后有位哥哥，名叫冯熙。冯熙的正室夫人是博陵长公主，是文成帝拓跋浚的姐姐，是孝文帝的祖姑，生下了两个儿子、一个女儿。长子名冯诞，次子名冯修，女儿名冯媛。冯熙除了正室博陵长公主以外，还有侧室，就是妾。侧室常氏极得冯熙的宠爱，长得美艳惊人，先后替冯熙生下了两个女儿：长女冯润，小名妙莲，次女冯姗。冯太后一直考虑从哥哥冯熙的女儿中挑选一个做孝文帝皇后。按照礼制，正室博陵长公主的女儿冯媛为皇后最合适，只是她才 13 岁，年纪还小了一点。冯太后就先将冯妙莲、冯姗送入了后宫。

孝文非常喜欢这一对姊妹花，尤其是姐姐冯润冯妙莲。冯妙莲丰满迷人，风情万种。冯妙莲喜欢南朝贵族女子的发式、衣着，更有南方女子的一种超凡脱俗的风韵。冯妙莲长于风月，懂得卖弄风情，吸引情窦初开的年轻皇帝。冯妙莲还非常有心计，年纪轻轻的她，就深深懂得，要想使皇帝离不开自己，除了身体之外，还在于风度、气质、修养。她得知孝文帝喜欢吃鹅掌，喜欢音乐，喜欢文学，她便在这方面狠下功夫，并获得了母亲常氏的大力帮助。常氏在冯妙莲的建议下选了四个妙龄女子，请江南的师傅，教授丝竹音乐和歌舞技艺，调教得歌喉、舞技出神入化。冯妙莲将这四个女子留在身边，以备入宫时助兴。与此同时，冯妙莲还认真钻研烹饪技术，尤其精研鹅掌的制作方法，能做一手美味绝伦的鹅掌。工于心计的冯妙莲花样百出，用各种方式吸引着孝文帝，孝文帝陶醉其中。孝文帝拥有了这两姐妹，宠着她们，一入宫便封她们为贵人。孝文帝每日出入这两姐妹的宫室，看她们弹琴、画画、读书、写字，一同饮食，一同起卧，十分惬意。

可惜好景不长，到冯氏姐妹入宫第三年，灾难不期而至。先是妹妹冯姗怀孕，本来是大喜事，可到最后，文弱多病的冯姗生不下孩子，终至难产而死！冯姗去世了，接着灾难降临到了冯妙莲身上：冯妙莲身染咯血重症，一病不起。冯氏姐妹选为皇后的美梦破灭了，孝文帝十分伤心，冯太后和冯熙兄妹伤痛之余，失望至极。眼看冯妙莲的病越来越沉重，冯太后只好将冯妙莲送出宫外，到冯府的家庙里做了尼姑，安心静养。孝文帝也别无它法，便只好同意。

冯妙莲出宫不久，冯太后又把哥哥冯熙正室所生的女儿冯媛接进内宫做了孝文帝的妃子。太和十四年（公元 490 年）九月，冯太后离开了人世。孝文帝肝肠寸断，十分悲痛。冯太后生前对孝文帝很严厉，一直手握皇权，不肯下放权力。因为拓跋宏英敏过人，冯太后恐怕于自己大权独揽不利，曾在严寒的冬季，将拓跋宏幽禁在空房子里，三天不给饭吃，并一度打算把他废去。多亏朝中大臣激烈反对，才将他救出来。后来因权阉暗中谗构，使拓跋宏无故受杖刑，拓跋宏却毫不介意。孝文帝对冯太后的过于严厉和所作所为虽然时有不满，但孝文帝生性仁孝，对冯太后依旧怀有极深的感情，因而对冯太后年方四十九岁便溘然离世，有着切肤的悲痛，认为这是操劳国事，是为拓跋氏的江山社稷劳累所致。冯太后的丧期虽然已经过去，但拓跋宏还是整日哭泣不止，群臣在私下都议论纷纷，不赞同他的这种举动。司空穆亮进谏说："天子以父为天以地为母，儿子过度悲哀，父母必定不悦，今年冬天极寒，想必是陛下过哀所致，希望陛下穿平常的衣服，吃平常的食物，以使天人和谐。"拓跋宏却下诏辩驳说："孝悌至行，无所不通。现在天气反常，是因为诚心不够，你所说的话我不理解。"

仁孝的孝文帝这年二十三岁。他决定坚持三年守孝。守孝期间，按照丧礼，不食荤腥，禁绝酒色。大臣们自然反对，觉得政务如此纷繁，一国之君如何能如此的谨守古礼！孝文帝结庐守孝六个月后，终于在大臣们的再三恳请下，离开了草庐，移住偏殿，在皇信东室听政。三年在不知不觉中流走。孝文帝按丧礼行事，不曾苟且。文武百官和后宫女子真是无人不深为敬佩。

太和十七年（公元493年），孝文帝服丧期满以后，一个首要的大事便是册立皇后。他遵从冯太后生前遗愿，册立冯熙的女儿、已经入宫的冯媛为皇后。仁孝宽厚的孝文帝对身为皇后的冯媛由衷敬重，两人彬彬有礼，相处得很是客气。

冯妙莲在家庙养病期间，冯府为他请了一个名叫高菩萨的医生为她治病。高菩萨名叫高罗汉，是河北人，精通医道，专治疑难杂症，一直行医在代北一带，药到病除，遐迩闻名，冯妙莲的母亲常氏听说以后，立即以重金礼聘，请他替冯妙莲治病。一来二去，两人勾搭在了一起。等到冯妙莲的病完全好了之后，高菩萨照旧以看病为借口，与冯妙莲经常私通。从高菩萨那里，冯妙莲还学会了配春香春药，本来就水性杨花的她，从此越发淫荡起来。

孝文帝自从冯妙莲出宫之后，无时无刻不在思念冯妙莲，当他得知冯妙莲的病已经完全好了之后，迫不及待地把她迎回洛阳，重新团聚之后，两人变得更加恩爱，整天如胶似漆。冯妙莲风情万种，长于风月，又学会了春香春药，每次临幸，冯妙莲的媚功加上春药都让孝文帝如神仙般销魂。冯妙莲还善于打扮，本来就一头秀发，肌肤如玉，她能将发式千变万化，做出无穷花样，新鲜刺激，把孝文帝迷得神魂颠倒。冯妙莲更有一绝手的媚术，就是将麝香细末放入肚脐眼中，隐入眼中，根本看不见，而香味飘逸，令人心醉，称为肌香丸。孝文帝奇怪这通体奇香，多次询问香气从何而来，冯妙莲答得玄乎其玄，说她大病之后，脱了一层皮，就像脱胎换骨一般，从那以后，便身有奇香。单纯的孝文帝真的就相信了她骗人的鬼话，纵情求欢，两人难舍难分。孝文帝再也摆脱不了这诱人的肌香，很快便拜倒在冯妙莲的裙下，不能自拔。孝文帝日夜沉醉在冯妙莲寝宫，寻欢作乐，宠冠后宫。不久，冯妙莲便进封左昭仪，地位仅次于皇后冯媛。

冯妙莲仰仗有孝文帝的宠爱，便在宫中一天天地骄横起来，连皇后也不放在眼里。尽管皇后是自己的妹妹，冯妙莲也绝不放过，时常在和孝文帝兴致高昂时，说皇后的坏话。

孝文帝是一个具有雄才大略的帝王，他亲政之后，开始全面推行汉化改革。一是迁都洛阳，二是禁止胡服，改穿汉人服装，三是让胡人学说汉话。改革遭到了大多数朝臣贵族的一致反对。孝文帝一边力排众议，一边身体力行。他率先改姓为元（以纪念元郁）。又带头穿汉服。然后，颁令天下"三十岁以上的听其自便，三十岁以下的，一律改习汉语和中原正音，官民改穿汉人衣冠，概莫能外。否则一律重罚，朝官违禁罚其俸。"可皇后冯媛是一个比较保守的人，拒不穿汉服、不说汉语。孝文帝对此深为不满。冯妙莲便以此为借口，对妹妹冯媛大加攻击，孝文帝便对冯媛大为恼恨。不久之后就下旨废皇后为庶人，派使收回皇后玺绶。冯媛迁居宫中瑶光寺为尼，青灯孤影度过了余生。

太和二十一年，也就是公元497年，孝文帝领兵南征。离京前，立心爱的冯妙莲为皇后，统率后宫。冯妙莲又一次如愿以偿。

孝文帝领兵征战，一去就是一年多。冯妙莲水性杨花，如何守得住深宫寂寞？于是冯妙莲让心腹中常侍双蒙去召请以前的情人高菩萨，假冒太监引入后宫，任宫中执事。两人最后竟公然同榻而卧。宦官刘腾从洛阳宫中匆匆来到前线军中，称有机要秘事求见。惊诧万分的孝文帝随即召见。刘腾就把皇后冯妙莲与中官高菩萨淫乱中宫的丑行密报给了孝文帝，孝文帝听了仍是半信半疑。

孝文帝南征与齐兵交战两年，最后病倒在汝南。冯妙莲得知孝文帝病重，就公然和高菩萨淫乱，不顾死活。皇后的丑行后宫人人皆知，但谁也不敢进言。

直到皇妹彭城公主从洛阳城冒雨前来求见，向孝文帝如实报告了皇后在宫中所发生的事，孝文帝才真正相信了皇后失德的事。

彭城公主是北魏宫中有名的美人，原来嫁给了南阳王刘昶之子，丈夫早亡，彭城公主年纪轻轻就守了寡。冯妙莲有个同母弟冯夙，看上了彭城公主，想娶公主为妻。冯夙向冯皇后求情，冯妙莲便奏请孝文帝，让彭城公主改嫁冯夙。彭城公主很厌恶冯妙莲，更是讨厌冯府家人，知道了冯皇后私通的秽行，更不愿嫁给冯夙。冯妙莲皇后就趁孝文帝远征生病之际，逼嫁彭城公主，并自己选定婚期，一定要为冯夙操办此事。彭城公主走投无路，只好带几个心腹随从，冒雨乘车飞奔汝南，到前线军中向孝文帝求救，同时告发了冯氏淫乱后宫丑事。孝文帝听了忧愤交加。两相印证后孝文帝相信了刘腾的密报，于是提拔刘腾为冗从仆射，但皇帝因急怒攻心病情更加沉重了。

冯妙莲得知刘腾与彭城公主到前线告状的事情，大惊失色，她知道孝文帝是不会原谅她的，赶紧把高菩萨偷偷送出了宫外，并向母亲常氏求救。俩人求托女巫，诅咒孝文帝速死，并希图援引文明太后故例，另立少主临朝称制。此事又被小黄门苏兴寿暗中禀报皇帝。同时皇后为了侦探孝文帝的情况，多次派心腹双蒙到军中探望孝文帝，孝文帝为免打草惊蛇，对宫中之事佯作不知。等到病情稍微好转，经过一番周密安排，孝文帝突然回到洛阳，一入宫即捕拿高菩萨、双蒙等人，严刑之下两人供出皇后淫乱宫闱、找女巫咒皇帝死等事。这一切，把大病初愈的皇帝当即气得发昏，令将高菩萨拘到室外，召冯妙莲问讯。冯妙莲一见拓跋宏就变了脸色。拓跋宏令宫女搜检冯妙莲的衣服，搜到了一柄小匕首。拓跋宏大怒，喝令将冯妙莲立即斩首。冯妙莲泪流满面，叩头无数。拓跋宏命她先坐在离他两丈远的东窗下，然后叫人把高菩萨一干人押了进来，当面陈述与皇后通奸的情况，皇后面如死灰。

待高菩萨说完，孝文帝冷笑道："现在你没话说了吧？你和你的母亲是如何使用妖术诅咒我的，你给我老实交代"。冯妙莲要求屏退左右，才能据实以告，孝文帝依言而行，内廷总管长秋卿白整从安危考虑，请求留下。冯妙莲还是不愿意开口，孝文帝只好用棉花把白整的耳朵塞紧，在他身边连叫三声"白整"，白整完全听不见，冯妙莲这才开口说话，"事隐，人莫知之"。冯妙莲呜咽着说了与高菩萨的不伦之事。拓跋宏无比愤怒，直唾在冯妙莲的脸上。

等冯妙莲说完之后，孝文帝走出含温室，让彭城王、北海王进屋。彭城王、北海王颇为犹豫，孝文帝说道，"过去她是你们的嫂嫂，现在与路人没有什么区别，尽管进去，不用难为情"。二王刚刚坐下，孝文帝就指着冯妙莲怒气冲冲地说，"这女人想把刀插到我的软肋上，现在你们好好拷问她，不要以为我还对她有什么情谊，如果这贱人还有羞耻心，应该马上自己了断"。彭城王、北海王虽然是孝文帝的亲人，却不便干涉这种事情，两人附和了一会儿，就托辞离开了含温室。二王走后，孝文帝余怒未息，要赐冯妙莲自尽，冯妙莲不住地向他磕头，哭得肝肠寸断，孝文帝的心被哭软了，顾念其以往的旧情，不忍将冯妙莲废掉处死，只诛杀了高菩萨了事。废后的敕书，迟迟不下，仍然让她留居宫中。冯妙莲虽然失宠了，但在宫中依然飞扬跋扈，当孝文帝命令宦官向她传话时，她大骂道，"我是皇后，有话应该当面说，怎能让你们这些阉人转达"，孝文帝听到之后，气得几乎倒仰，他叫来了冯妙莲的母亲常氏，要她好好管教自己的女儿，常氏在皇帝的威逼之下，用拐杖痛打女儿，一直打了百余下，直打得冯妙莲哭天抢地、鲜血淋漓。

公元 499 年三月，孝文帝再次南征，在汉水大败齐军以后，病倒军中，四月病重北返，到河南鲁山时驾崩。临死前，孝文帝召弟彭城王说："皇后自绝于天理人伦，荒淫无耻，不守妇德，我死后恐怕她会干预朝政；我死后，立即传我遗诏，赐令自尽，另择地以皇后礼安葬。"

孝文帝在位二十八年，终年三十三岁。北海王奉遗诏和长秋卿白整来到冯妙莲的住所，宣读遗诏，奉上药酒，令冯妙莲自尽。冯妙莲贪生，拒绝自尽，还大喊大叫："皇上不会让我死，是你们要害我，我不饮这毒酒！"北海王强行执行，强迫冯妙莲喝下了毒酒。

冯妙莲陪葬在孝文帝的长陵（今河南临汝）中，谥号幽皇后。当咸阳王元禧听到她的死讯，如释重负，"即使没有皇帝的遗诏，我们兄弟也要杀死这个可恶的女人，岂能让失德妇人宰制天下，谋害我辈？"由此看来，冯妙莲如此遭人痛恨，就算孝文帝不杀她，恐怕以后也没什么好日子过。

南朝宋孝武帝封堂妹为嫔妃

宋孝武帝（公元430～464年），即刘骏，字休龙，小字道民。文帝第三子。南朝宋皇帝。公元453～464年在位。

宋文帝刘义隆算是一位有为的君主，但他在册立太子问题上犯了一个难以挽回的错误。嫡长子刘劭早年被立为太子，但他品行恶劣，为了能早当皇帝，竟私下求助于巫术，诅咒父亲文帝早死。事发后，文帝准备废黜他，但因为走漏了消息，刘劭先发制人发动政变，于公元453年2月派人弑杀文帝，并大杀政敌，于同月自行篡位称帝。

刘劭这样有悖天理的行为当然会遭到宗室和大臣的反抗，刘劭在位仅三个月就被人杀死，刘劭的三弟、武陵王刘骏被部下推举为帝，史称孝武帝。刘骏当上皇帝的时候，只有二十四岁，实际上他并不比哥哥好多少，也是个荒淫腐朽的昏君。他一坐上皇位，立即原形毕露，做出了令世人和史家都瞠目结舌的事情来。

刘骏担心手握大权的兄弟藩王会对自己不利，于是抢先下手，大开杀戒，先后将宗室南郡王刘义宣、南平王刘铄、竟陵王刘诞、武昌王刘浑、海陵王刘休茂等杀害，刘氏宗室惨遭大劫，刘宋王朝的势力更加削弱。

刘骏在生活上奢侈无度。他大修宫室，极尽奢华之能事；任意赏赐，把国库淘光了也在所不惜。他拆毁了祖父刘裕简朴的宫殿，在原址上修建了豪华的"玉烛"新宫。新宫未盖之前，刘骏和群臣一起去观看刘裕生前住的房屋，只见床头土砌屏障，墙上挂着纸糊的灯笼和麻绳搓的拂尘。于是大臣在他面前盛赞刘裕的俭素和美德，他却认为祖父本来就是个"田舍公"，能混到这步，就算不错了，住那样的房屋已是过分。至于他自己，这个"田舍公"的孙子，可不打算再那么寒碜下去了。

刘骏除了奢侈无度，还有一个最大的毛病，那就是"闺门无礼"。

刘骏是史上首屈一指的好色皇帝，略有几分姿色的女人他都不肯放过，而且老少通吃。尤其出奇的是此人有吃"窝边草"的特殊爱好。

刘骏的母亲名叫路惠男，丹阳建康人，以色貌出众选入后宫，被文帝册封为淑媛。一开始宋文帝对她还是非常宠爱的，随着年岁的增长，生下儿子刘骏不久，文帝对路淑媛渐渐失去了兴趣。刘骏五岁时，循例被封为武陵王。路淑媛不忍心儿子小小年纪一个人在外面，就请求文帝让她陪儿子一起去。因为路惠男已经失宠，在不在宫廷里也没有多大的意义，于是文帝同意了她的请求。这一年她二十四岁，刘骏母子在封地相依为命。直到刘骏当了皇帝之后，路惠男才再一次回到了皇宫，被刘骏封为皇太后。《宋书·后妃列传》说："上于闺房之内，礼敬甚寡，有所御幸，或留止太后房内，故民间喧然，咸有丑声。宫掖事秘，莫能辨也。"似乎刘骏与自己的母亲路太后有染，所谓"民间喧然"的不是皇帝临幸什么妃子，而是有时在太后的房内做那种事。至于到底实情如何？《宋史》语言模糊。但是《魏书》上提供了十分明确的评论："骏淫乱无度，蒸其母路氏，秽污之声，布于欧越。"以及"四年，猎于乌江之傍口，又游湖县之满山，并与母同行，宣淫肆意。"话说得再也明白不过了。

路太后住在显阳殿中，朝廷内外的命妇以及宗室的女儿，免不了时

104

常进去朝谒太后。刘骏往往在这个时候闯进去，只要看见哪个女子有几分姿色，无论亲疏贵贱，凡是自己看上的就引她入宫侍寝。有时竟在太后的房内一番云雨。路太后过于溺爱自己的儿子，也不加禁止劝阻。好事不出门，坏事传千里。因此宫闱里的丑事不久传遍了都城。

刘骏的叔父荆州刺史刘义宣的四个女儿自小养在宫里，她们个个生得花容月貌，刘骏就看上了叔父的这几个女儿，趁她们入宫朝见太后的机会，把她们强留在宫中，那时他自己的爹才死了几个月，丧服还不曾除去。

刘义宣十分痛恨，以清君侧的名义起兵十万反对刘骏。刘骏害怕刘义宣兵力强盛自己不能抵挡，打算让位给他。竟陵王刘诞劝阻了刘骏，刘骏这才派兵遣将去攻打刘义宣。不料刘义宣只是徒有声势，几次交锋后便溃不成军，刘义宣和他的十六个儿子全部被杀。

灭了刘义宣后，刘骏觉得自己不可一世，他每天在后宫宴饮狎亵。以前与刘义宣的几个女儿还偷偷摸摸，此时干脆将她们册封为嫔妃。这四个姊妹中的第二个楚江郡主姿色超出了众人，丽色巧笑，看一眼就让人失魂丧魄，因此宠倾后宫。后来怀孕生下一个男婴，取名叫刘子鸾，在刘骏的众多儿子中排行第八。刘骏非常喜欢这个孩子，等刘子鸾刚刚六岁的时候，就封他为新安王，领南徐州刺史。刘骏对刘氏更加宠爱，册封她为淑仪。但毕竟是自己的堂妹，说出去不好听，于是冒充是殷琰家的女儿，封号殷淑仪。

殷淑仪宠擅专房，只可惜红颜命薄，大明六年四月得病身亡。刘骏好像丧了双亲一样悲痛得吃不下饭，他追册殷淑妃为贵妃，并在皇都立庙。出葬时特别用辒辌车载奉灵柩，周围陈列着銮辂、九旒、黄屋、左纛、羽葆、鼓吹、班剑、虎贲等各种仪仗，前后部羽葆鼓吹比皇后的葬礼还要煊赫。送丧的人数多达几千人，公卿百官与嫔御六宫都穿着白衣服排队跟在灵柩后面。

刘骏多次领着后妃及群臣到殷淑妃的坟墓前痛哭，并以哭的悲痛与否作为朝臣忠不忠心的表现。秦郡太守刘德愿哭得撕心裂肺，全身的衣

105

服都被泪水湿透了，甚至差点昏死过去。刘骏十分高兴，立刻封刘德愿为豫州刺史。还有个叫羊志的御医滑稽谐谑。刘骏让他哭殷淑妃，并说："只要你哭得悲痛，会有重赏。"羊志就泪如雨下，悲不自胜地痛哭起来，有几次还几乎哭得背过气去。刘骏便赏赐给羊志许多金银珍宝。事后有人问羊志："你哪得此副急泪?"当时羊志的爱妾刚刚死去，他说："那天我自哭亡妾罢了。"

刘骏悲不自胜，让执事中谢庄作一篇哀悼文。谢庄一向富于文采，他援笔立就千言，辞赋的内容哀艳可泣。刘骏躺在深宫里看了不到两行泪水便潸潸而下。等看完全篇坐起来长叹说："天底下还有这样的人才!"说着自己也效仿汉武帝给李夫人写悼赋，写了一篇悼念殷贵妃的文章《伤宣贵妃拟汉武帝李夫人赋》，其中有"流律有终，心情无歇。徙倚云日，徘徊风月"等句子，可以说字字悱恻缠绵抑扬尽致，但自己觉得好像还比不上谢庄的哀文。当下他命令将谢庄的辞赋刻在墓石上。京城里的人都私下传抄，一时纸墨的价格飞涨。其中最得意的莫过于谢庄，他的才名因此飞扬遐迩了。

后宫的佳丽虽多，但自殷贵妃死后，刘骏找不到一个合心意的。渐渐地因愁生病，不能再亲理政事，大明八年夏天，三十五岁的刘骏在玉烛殿去世。十六岁的太子刘子业嗣位，这就是刘宋最昏庸残暴的宋废帝。

宋前废帝大肆乱伦

宋前废帝（公元 449～465 年），即刘子业，小字法师。孝武帝长子。

公元464年（大明八年）5月，南朝宋孝武帝刘骏因病去世，17岁的太子刘子业登基即位。

刘子业小时候聪明伶俐，本来很受孝武帝刘骏的喜爱，但随着年岁长大，顽劣的本性越来越引起刘骏和王皇后的不满。后来刘骏最宠爱的殷淑仪的儿子刘子鸾出世后，对刘子业更增厌恶之情。

一次，刘骏西巡，刘子业写信问候时字迹潦草，刘骏便狠狠责骂刘子业，刘子业伏地请罪，刘骏训斥他："你不大长进，这实在让人失望。听说你平常懒散懈怠，脾气暴躁无常，怎么这样顽固不化！"刘子业吓得浑身哆嗦，心里却恨死了父亲。孝武帝刘骏想废掉刘子业，立小儿子刘子鸾为太子，侍中袁觊坚决反对，说轻易易储，于江山社稷十分不利。刘骏心中犹豫，便搁下此事，但一颗戾狠和仇恨的种子，早已经在刘子业心中生根、发芽。

等刘骏死后，刘子业高兴地说："这下好了，不会再死于非命了！"刘骏的灵柩还停放在宫中，刘子业便迫不及待地奔进武帝的后宫，任意临幸武帝后宫中的妃嫔美人，从此就泡在美人充栋的后宫，终日饮酒嬉乐，追逐声色之娱，和年轻的侍从玩闹鬼混，什么禁酒肉、禁房事、禁娱乐等等礼制根本不放在心上。吏部尚书蔡兴宗亲自奉上皇帝的玺绶，刘子业就懒洋洋地接在手中，毫无庄重之态。于是蔡兴宗忧心忡忡，私下对人说："看今日的情景，国家之祸不远了。"

王皇后在儿子刘子业即皇帝位的同时，被尊为皇太后。王太后对武帝刘骏很有感情，刘骏去世对她打击很大，终日神思恍惚，因忧伤过度，卧病不起。几天后，王太后病势趋重，奄奄一息。虚弱不堪的王太后让心腹侍从立即传召刘子业，刘子业此时玩兴正浓，哪里管得上这些，于是他就对太后的侍从说："病人的房间里有很多鬼，太可怕了，哪能说去就去！"病重的太后听到这句话，悲愤交集，一下就给气死了，临死前捶床喊道："快给我取刀来！待我剖了肚子看看，看看我怎么会生下这样的好儿子！"

刘子业刚一登基，就立刻派人去赐死了年仅七岁的新安王刘子鸾。可怜的孩子临死前对左右说："愿后身不再生帝王家！"除去了刘子鸾，刘子业又迁怒于他的母亲殷淑仪，下令把她的坟挖了。他还觉得不解恨，又想把自己父亲的景宁陵也一起挖了，只是太史说掘景宁陵对他不利，他才罢休。但这口恶气还是要出，于是指使手下到景宁陵倾倒粪便，自己也亲临现场，肆意辱骂。

刘子业当上皇帝后仅仅一年时间，便收拾了权臣收回皇权，亲理政务。无人约束、无法无天的刘子业纵乐宫中，无人敢谏阻。深宫纵酒、纵欲没有刺激了，刘子业便带着侍从出宫寻乐，见有姿色的女人就占有，凡高门大户就闯入，闹得京师和近郊乌烟瘴气。刘子业的父亲刘骏曾荒淫无耻地把他的几个堂姐妹统统占为己有。刘子业却比他的父亲更为荒淫无耻，居然和自己同父同母的亲姐姐山阴公主大肆淫乱。

山阴公主名刘楚玉，与刘子业一母所生，长得眉清目秀，美貌绝伦。山阴公主没有出嫁时，就和弟弟刘子业关系暧昧。她看到刘子业后宫美女如云，忽然有一天就对刘子业说："我和陛下，虽然有男女的区别，但都是先帝生的，陛下有后宫美女上万，供陛下享受，而我只有驸马一人，这样不公平，真有天壤之别！"刘子业听了姐姐这番委屈的话，不禁开怀大笑，说这好办。刘子业立即吩咐选30名美貌魁伟的少年送给刘楚玉，随侍左右，称为面首。公主得到这些"面首"，果然芳心大悦，天天和他们朝欢暮乐，云雨无时，倒把皇帝弟弟忘到一边去了。刘子业十分不满，却也管不了自己的姐姐，只好由她去了。

吏部侍郎褚渊，伟岸英俊，风仪高雅，不但是个美男子，还有上佳的风度。不管在什么场合，只要他一出场，就成为众人视线的焦点。每次退朝的时候，朝廷百官甚至于那些外国的使节，都伸着脖子目送他远去，一副百看不厌的样子，直到他越走越远，看不见了，众人才心满意足地散了。山阴公主听说之后，就对那个褚渊产生了兴趣，觉得他一定俊美得举世无双，不禁对褚渊动了淫念，居然向皇帝要求，要褚渊到自己府上去"陪伴"。这个褚渊此时已经娶了一位南郡公主，论辈分应该是山阴公主的姑父。

褚渊是个正人君子，到了公主府之后，任凭公主打扮得花枝招展，在他面前逞娇献媚，使尽招数，百般挑逗，褚渊依旧无动于衷。公主生起气来，却也无可奈何，留了他十几天后只好把他放了回去。

刘子业后宫妾媵虽多，却少千娇百媚的美人。山阴公主便向弟弟推荐了宁朔将军何迈的妻子新蔡公主。

新蔡公主名叫刘英媚，是刘子业的亲姑姑，宋太祖第十女，生得杏脸桃腮，千娇百媚，这位长公主刘英媚当时在宫中所有公主中，是最美最迷人的一个。刘子业从很小的时候就垂涎姑母刘英媚，刘英媚本已嫁给了宁朔将军何迈，早已成为他人之妻了。新蔡公主和刘子业的妃子路氏是远亲，不时到宫中探望。刘子业见她虽然年近三十，却华色未衰，风韵犹存，十分怡人，就动了觊觎之心。一次他借路妃的名义，又把新蔡公主召进宫来。何迈听说刘子业要召公主入宫，心中暗暗吃惊。新蔡公主想要整装进宫，何迈说："皇上整天做些失德的事情，现在又要单独召你入宫，恐怕他不怀好意，还是装病不去为好。"

公主听了何迈的话，很不高兴的说："你也太多疑了！皇上与我是亲姑侄关系，他虽然荒淫，总不致于对我无礼吧。就是他真有此心，难道我也会忘了廉耻，和他苟且不成！"何迈见娇妻发怒，慌得不敢多言，只说那你就快去快回，不要在宫中久留，新蔡公主这才回嗔作喜，应召入宫。

新蔡公主进得宫来，却不见路妃的踪影，只有皇帝刘子业坐在那里，不禁起了疑心。刘子业留宴后宫，亲自陪饮，对新蔡公主说："你是我的姑姑，今天你一来，足令六宫无色，怎么办？"新蔡公主羞愧地低下头。刘子业此时也顾不得姑侄名分了，顺手牵扯，拥入床帏。新蔡公主开始不从，但后来缠不过他，也就只好认了。刘子业得到新蔡公主，对她十分迷恋，想把这位姑母长期据为己有，不肯轻易放她回去，这时，新蔡公主的小儿子生了急病，驸马何迈爱子心切，连连催促公主回府。刘子业担心何迈将军来找麻烦，索性一不做，二不休，使用了李代桃僵之计，吩咐将一位宫女赐死，把宫女的尸体装入棺材，收殓好后抬到将军何迈家中，假说长公主突然暴病身亡，猝死皇宫，在宫中装殓好了，要立即下葬。又派人劝说何迈人死不能复生，要他节哀顺变。何迈见抬回一口棺材来，肝肠寸断，又心存疑惑。还以为是刘子业调戏公主，公主却不从其愿，才被刘子业所害，因此越发悲伤。等太监们都走了，他才开棺验尸。棺材里有一具女尸，衣服仿佛是新蔡公主穿过的，可是面目已经划乱。无法辨认了。但这时皇家已经预备好了葬礼，何迈只好先把那身份不明的女尸按公主礼仪葬了。后来他多方打听，知道刘子业把妻子扣在宫中，何迈大怒，便暗中蓄养家奴武士，准备待刘子业不备时，趁机除掉这个昏君，然后夺回妻子，另立新君。不料何迈做事不密，被一个家奴出卖了，暗中报告了刘子业。刘子业就派兵抄了将军府，将将军何迈和全府上下捕杀干净。

杀了何迈之后，刘子业更心安理得地让新蔡公主常住宫中了。他封新蔡公主为贵嫔，为了掩人耳目，还让她改姓谢，后来又要封她做皇后。但这位谢贵嫔到底没他脸皮那么厚，总觉得心存羞愧，便苦苦拒绝。刘子业只好立了路妃做皇后，但一直宠爱谢贵嫔。

刘子业的荒淫无耻还不止于此。他对他的几个叔叔十分猜忌，总想找个借口把他们杀掉，于是，他想出了一个令人瞠目结舌的法子来。建安王刘休仁的母亲陈太妃，年近不惑，而容颜却显得十分年轻。刘子业就命令右卫将军刘道隆逼淫陈太妃，还让她的儿子刘休仁在一边看，并告诉左右侍卫，如果刘休仁有什么惊恐愤怒的表情，就立刻把他杀掉。陈太妃为了儿子的性命，只得含恨受辱。刘道隆为了迎合皇帝，也十分尽力，气喘吁吁地"操劳"了半天。刘子业十分高兴，下令赏他酒喝。而那个刘休仁竟是定力非常，整个过程一直目不斜视，脸上的表情也平静如水。刘子业见他这个样子，也只好放了他。

这还不算，刘子业还有更加令人瞠目结舌的表演。

一天，他下令召集诸王的妃嫔公主入宫，大摆筵席。酒酣耳热之际，刘子业突然下令关上宫门，让左右侍卫幸臣一起脱去衣服，选一个自己可意的王妃、公主，就地淫乐，结成夫妻。这些女子都吓得花容失色，四散奔逃，却哪里能跑得过那些如狼似虎的侍卫，顿时响起一片惨呼之声，有些虚弱不堪的王妃、公主昏死了过去。刘子业早就看上了美艳绝伦的南平王刘铄的王妃江氏。江氏丰满美丽，迷人的程度不亚于刘英媚。刘子业馋涎三尺，扑过去就要逼淫江氏，但江氏绝不从命。刘子业软硬兼施，江氏说什么也不肯做这样淫乱的事情，斥责刘子业说，这些女眷都是陛下的亲戚，怎么能如此凌辱。刘子业大怒，就威胁她要是再不从，就把她的三个儿子杀掉。江氏仍然不依，于是刘子业就打了她一百鞭子，当即派人到江氏家中，把她的三个儿子抓来，当着她的面全部杀死了。这么一来，那些女子谁还敢违抗刘子业的命令，只好含恨受辱，让那些侍卫为所欲为。刘子业对着这一派荒淫惨烈的场面，却洋洋得意，细细地欣赏起来，还不时地在一旁拍手大笑。

意犹未尽的刘子业花样百出，又想出了一个刺激的主意。刘子业命侍从选出宫中婢妾几十人，编成一队，带入后苑华林园中。刘子业又将自己的亲信编为一队，把他们带进华林园，让他们在华林园竹林堂和宫女追逐寻乐，凡是有宫女不堪这种公然被辱，至死不从的，最后都被杀死。

到了晚上，他一边回忆着白天的精彩场面，一边心满意足地上床睡觉。一会儿，却作了一个梦。梦见有一个女子披发大叫："皇帝这么荒淫无道，马上就该死了！"醒来之后，刘子业很不高兴，就在宫女中搜寻，找到一个看上去和他梦中女子相貌相似的杀掉了。可没想到晚上又作了一个梦，梦见这个被他杀掉的女子骂他："你枉杀了我，我已经上告了上帝，你逃不掉的！"刘子业这回感到有点害怕，就找了几个巫师来给看看，巫师们看了以后，说："陛下的后花园里有鬼啊。"皇帝一听，就率领姐姐山阴公主，六宫的嫔妃宫女，再加上那些巫师们，浩浩荡荡地进驻竹林堂捉起鬼来。但转悠了半天依然一无所获。皇帝很不高兴，可觉得又不能这么白来，就命令那些巫师们用稻草扎成人形，高高地挂起来，然后皇帝向这个稻草人连放数箭，就算是把鬼射死了。

射死了鬼，皇帝很有成就感，当然要好好庆祝，于是在竹林堂大摆宴席，左拥右抱，饮酒听歌，玩得不亦乐乎。这时，突然有一群人持刀闯入，为首的他最亲信的近侍寿寂之。小皇帝觉察来势有些不对，便拿出弓箭来打算射他。也不知道是他过于慌乱，还是真有鬼在作祟，他一连放了好几箭都没有射中。此时他的一群宫女早就吓得四散奔逃，于是小皇帝也开始逃跑。皇帝一跑，寿寂之就开始追，皇帝没想到自己的亲信会来杀他，一边跑，一边惊恐地叫着："寂！寂！"但寿寂之却不管那么多，追来追去，终于追上了皇帝，于是手起刀落，十七岁的小皇帝就"驾崩"了。此时距他即位，还不到一年。

萧昭业与皇后同宠书童

萧昭业（公元 473～494 年），字元尚。南朝齐皇帝。公元 493～494 年在位。死后被废为郁林王。

齐武帝即位之初，就把长子萧长懋立为太子，作为自己的继承人。太子忠厚仁孝，处事练达，很受朝野爱戴。当太子十多年来，从未出过差错。不幸的是，太子萧长懋因病早逝了。本来，武帝尚有次子萧子良可立为太子，但他痛惜长子早死，加之长懋的长子萧昭业深为他喜爱，所以他不立儿子，而立了孙子。太子去世后三个月，齐武帝立太子的长子萧昭业为皇长孙，作为王储居住在东宫。命太子属官改隶皇太孙。

萧昭业身材颀长，容貌俊美，自幼便性情聪慧，举止得体，又写得一手好字，待人接物也颇知礼节。萧昭业谈吐风雅，在朝廷的名声很好。当时诸王侯每五天去向皇帝问安一次，武帝经常单独留下萧昭业抚问，对他十分钟爱。有意以他为皇位继承人。然而，他的种种良好表现都是假象，都是为了骗取齐武帝和他父亲的信任而假装出来的。萧昭业骨子里异常奸刁阴险，为了骗取祖父的好感与信任，他表面装作恭谨有德，暗地里却淫乐好色，胡作非为。他父亲萧长懋在世时，对萧昭业管束比较严格，经常派人去他的封地西州考察他的起居及开支情况，不许他胡乱花钱，不许他奢靡浪费，萧昭业背地里就对豫章王妃庾氏抱怨说："阿婆，佛法说有福德的人才出生在帝王家。现在我觉得纯粹是受罪，街上的屠酤富儿也比我强百倍。"

他表面上装得很规矩，但却私配钥匙，每天夜晚，便打开后门，偷偷带了僮仆出王府，混迹于酒楼妓院。秘密往还许久，竟无人知晓。对受其宠爱的左右侍从，他都封官拜爵，将官号书于黄纸之上，让他们自行携带，许诺将来当了皇帝，再实授官职。没有钱用，就向当地富户借，从不偿还，这些富户也不敢上门讨债。

后来，萧长懋得了重病，召他入建康侍奉。他在东宫见到父亲时，装出满面愁容，哀声戚戚，并且不离左右，亲奉医药。人们见了，无不感动。但一回到私宅，他便照样寻欢作乐。过不多久，萧长懋病逝，他扑在棺材上面呼天抢地，号啕大哭，齐武帝亲往东宫吊唁。萧昭业跪拜迎接，放声痛哭，几度昏厥。齐武帝见状，分外怜爱，搂着他，劝他节哀。可等他哭罢回到府内，又是纵酒酣饮，嬉笑如常。祖父齐武帝被他哄得一无所知，还真以为长孙德性过人，便决意立他为皇太孙。

为了使自己早登大宝，萧昭业请了一个姓杨的女巫为他日夜祈祷。父亲的病死，他认为这是杨姓女巫祈祷之力，对其倍加敬信，呼为"杨婆"。后来，齐武帝也染上重病，他又请杨姓女巫用法术诅咒祖父早死，以便自己能提前当上皇帝。齐武帝病重，命在旦夕，萧昭业闻讯，喜不自胜，暗中修书一封，送到住在西州的王妃何婧英那里，信中不写别的事，只在中央画了一个特大"喜"字，周围又写了三十六个小喜字，表明大庆的意思。但在奄奄一息的祖父面前，他却愁容满面，未曾开口，先流下眼泪。齐武帝深为感动，以为后继有人。临死前，他拉着爱孙的手，叮咛道："你若是想念朕的话，就好自为之，当一个英明的皇帝，以慰朕在天之灵。"可是，齐武帝的葬礼刚举行完，萧昭业就喜气洋洋地穿上黄龙袍，登殿接受群臣朝拜，尊母亲王氏为皇太后，册王妃何婧英为皇后。还把他的乐师全部找来，命令他们演奏乐器，为自己助兴。乐师们虽迫于淫威，不得不进行表演，但无不哽咽流涕。

萧昭业即位以后，一点正经事也不干。他经常与左右侍从微服出游，躲在他父亲的陵墓中，玩些荒唐的游戏。他又常在宫殿内赤身裸体地与阉竖嬉戏，斗鸡走狗，无所不为。他挥霍无度，每次赏赐亲信，都在百万以上。他常指着钱狠狠地说："我从前想你的时候，连十个都得不到，今天要你还有什么用！"齐武帝在位时，社会安定，生产发展，皇室用度也很节省，国库积蓄的钱达五亿万之多，金银布帛也不可胜计。萧昭业即位后，只一年多的时间就把国库积蓄糟踏得一干二净。他还经常同何皇后及众姬妾一起，以击碎珍宝玉器为乐事；有时高兴起来，打开库藏，令群阉宵小任意搬取，看着他们一个个手提怀揣、狼狈不堪的样子，开怀大笑。

萧昭业宠幸中书舍人綦母珍之、朱隆之、直阁将军曹道刚、周奉叔，宦官徐龙驹等人。其中，尤以綦母珍之最受宠幸。他所提的建议，萧昭业没有不采纳的。他公开卖官鬻爵，内外要职，都定好了价钱，谁给的价钱高，他就给谁肥缺。他担任中书舍人一个多月，搜刮来的财富就达千金之多。他甚至不通过皇帝，擅自将宫内财物据为己有。由于他权势熏天，所以一些官吏私下互相告诫："宁拒至尊（皇帝）敕，不可违舍人命！"萧昭业又以宦官徐龙驹为后阁舍人，让他日夜陪伴自己。有时，徐龙驹头戴黄纶帽，身披貂裘，南面而坐，代萧昭业批阅奏章，左右侍从恭恭敬敬地侍候着。看他那得意洋洋的样子，简直和皇帝没有什么两样。

萧昭业的皇后叫何婧英，是庐江郡潜水县人，抚军将军何戢的女儿，母亲就是以淫荡乱伦著称的山阴公主。当初萧昭业要将婧英聘为王妃时，父亲萧长懋嫌何戢没有儿子，门孤势单，不愿与他结亲。后来在别人的劝说下才同意了这门婚事。

何婧英虽然出身名门大族，非常喜欢书童马澄，便借口说马澄有巧思，让他随意出入后宫。马澄穿着轻丝履、紫绨裘，与皇后睡在一张床上。二人渐渐没有了顾忌，何婧英经常同马澄扳手腕斗力气，萧昭业看到后竟抚掌以为笑乐。萧昭业去建康伺候父亲疾病的时候，何婧英公然与马澄搬到了一起，俨然一对伉俪。

当年为萧昭业诅咒齐武帝早死有功的杨姓女巫，有一个儿子名叫杨珉之，年纪只有十五岁，很得萧昭业欢心。何婧英见杨珉之年轻标致，便百般挑逗，很快，两人勾搭成奸，公然和杨珉之同寝一室。有一天萧昭业去了后宫，何婧英正与杨珉之折腾了一夜还没有起来，宫女急忙叩门说皇帝来了，何婧英连忙将杨珉之藏到了床底下，然后起来接驾。

何婧英既淫乱，但又与萧昭业相爱恋，很会讨萧昭业的欢心，因此萧昭业任凭她恣意妄为。萧昭业还将何皇后的亲戚迎进皇宫，对每人的赏赐都不下百数十万，还让他们住在齐武帝原来所住的曜灵殿。

萧昭业的父亲萧长懋有一宠姬霍氏，生得很美，萧昭业垂涎已久，做了皇帝后，便想占为己有，但是霍氏毕竟是先帝的妃子，传出去不好听，阉宦徐龙驹出了一个主意，先派心腹内侍禀告太后，说霍氏愿削发为尼，得到太后的批准，然后"暗渡陈仓"，将霍氏从庵中接入自己宫内，充为姬妾，改姓徐氏。从此萧昭业与霍氏深相宠爱，日夜不离。

萧昭业留恋霍氏，何婧英正好与杨珉之昼夜无间地任意取乐。一时间秽声狼藉，朝野上下，对此事沸沸扬扬。萧鸾见他们闹得太不像话，就与几个大臣联名上书，请求诛杀杨珉之。见萧昭业不理，萧鸾便派萧谌、萧坦之二人到宫中坚持请求。何婧英听说他们要求除掉自己的心上人，顿时泪流满面。她对萧坦之说："杨郎是个好人，并没有什么罪过，为什么非要杀掉他不可呢？"萧坦之不理睬她，上前附在萧昭业的耳边轻声说："此时还有别的一层关节，不可让他人知道。"萧昭业回过身子，轻轻地叫着何婧英的昵称，对她摆摆手说："阿奴暂且回避一下。"看到何婧英的背影消失后，萧坦之方才说道："外面到处都在传说杨珉之与皇后有私情，丑声四布，彰闻遐迩。再不诛杀杨珉之，恐怕对陛下不利。"萧昭业不得已，只好下令诛杀杨珉之。萧坦之领旨，丝毫不敢怠慢，飞马报与萧鸾，立即命建康府行刑。后来，萧昭业又下诏赦免杨珉之，但为时已晚，杨珉之早已身首异处了。

之后萧昭业的宠臣周奉叔、綦母珍之、徐龙驹也先后被萧鸾杀死。何婧英因为杨珉之的死日夜切齿涕泣，劝萧昭业杀了萧鸾。话传到了萧鸾的耳朵里，他十分恐惧，便决心废掉萧昭业。萧鸾亲自率兵攻入内宫，萧昭业在寿昌殿裸身与霍氏相对而坐，听到外面有变，赶紧关闭内殿的房门。萧昭业跑到爱姬徐氏房里，拔剑自刺没有死，用帛缠住颈上的伤口出了延德殿，刚走出来就被乱军一刀杀死。时年萧昭业只有二十一岁。霍氏及其他宠妾都被斩杀。萧鸾废萧昭业为郁林王，用王礼安葬。废皇后何婧英为王妃，不久将她杀死。

齐少帝独爱潘玉儿

齐少帝（公元483～501年），即萧宝卷，字智藏。南朝齐皇帝。公元498～501年在位。

齐朝皇帝自高祖、武帝之后，就一代不如一代。帝位传到了萧宝卷这里，就更是有过之而无不及。萧宝卷在位时间只有三年零五个月。但在这短短的三年多时间里，他却做尽了一个皇帝所能做的坏事，其荒诞残暴达到了无以复加的地步，使他成为魏晋南北朝时期最坏的小皇帝之一。他的倒行逆施，更加激化了本已十分尖锐的社会矛盾，也为萧梁代齐带来了可乘之机。

萧宝卷本是齐明帝萧鸾的第二个儿子，按照古代的嫡长子继承制，次子本没有当皇帝的资格，但由于萧宝卷的哥哥萧宝义从小残疾，所以萧鸾刚当上皇帝时就册立萧宝卷为太子。等萧鸾死后，他也就名正言顺的当上了皇帝。

萧宝卷自幼口吃，又不爱学习，整天只知道玩闹，他喜欢在宫中捕鼠，命令宦官和他一起，在宫中大挖洞穴，一玩就是一夜，以这种奇特的娱乐方式来充实他枯燥的宫中生活。齐明帝萧鸾是靠篡位才当上皇帝的，他对高祖、武帝的子孙大肆诛戮，对自己的儿子却非常溺爱。萧宝卷不学无术和贪玩胡闹他不仅不严加管束，反而还教萧宝卷如何作假。有一次他让萧宝卷上表要求一日两次入朝，自己故意下诏不许。萧宝卷有父亲的纵容，结果连一日一入朝的礼节都不遵守了，两三天才上朝一次。萧鸾临死前，担心萧宝卷心机不够，将来驾驭不了那些宗室叔伯兄弟们，于是给他留下了这样的遗言："作事不可在人后"，要他果于诛杀，不能先被别人算计废杀掉。萧宝卷果然禀承父训，登基之后，宰辅大臣，只要稍不如意，他就立即加以诛杀，登基不到一年，父亲为他安排的六个顾命大臣就全部被他杀戮殆尽。逼得文官告退，武将造反，京城几度岌岌可危。

萧宝卷登基时才十六岁。按照当时的礼法，天子死后要在太极殿中停尸三个月才能下葬。萧宝卷觉得时间太长了，影响他玩乐，齐明帝断气不久就要将其埋掉。大臣们以为这样做不合礼法，纷纷入朝谏诤，萧宝卷才勉强让停尸一个月。按照礼法，在守丧期间，他应该每天哭丧。但他借口喉痛，总是设法躲过去，或者在一旁站立装装样子。有一次，太中大夫羊阐到灵堂吊唁，哭得十分悲痛，叩首时把帽子都碰掉了。萧宝卷见羊阐是个秃顶，觉得他的样子十分可笑，就在灵堂上大笑不止，并对身旁的官员说："这只大秃鹜也来嚎丧！"

周围大臣听了都不禁连连摇头叹气。

萧宝卷因为口吃的毛病，性格就比较内向，很少说话。他不喜欢和大臣们接触，只愿意和亲信宦官及左右侍从们在一起胡闹。他非常喜欢骑马，整天没日没夜的和左右侍从在宫中骑马为乐。他经常晚上玩耍，白天则用来睡觉。每天傍晚，他便命令太监们和一些戏子在宫中击鼓大叫，尽情的发泄，把庄严肃穆皇宫搞得乌烟瘴气，鸡飞狗跳。等玩累了后就蒙头大睡，一直睡到次日天昏时分，醒后再闹，而且越玩越上瘾。王公大臣们早起入朝奏事，常常要到天黑时才能见到他的面。有时等上一整天，也见不到他的影子。即使是被召入问事，也常常是说不上几句话便被赶了出来。朝臣和地方官送来的公文奏折，常常被搁置一个多月也不处理。萧宝卷根本不把这些公文奏折当作一回事。有时高兴了拿起来随便翻翻，看完便信手扔在一边，到用的时候又找不到放在哪里。当时宫中侍从经常从御膳房拿一些鱼肉回家，用的包装纸全是公文奏折。

萧宝卷又爱玩"担幢"的游戏，做白虎幢高七丈五尺，左臂右臂来回担玩还嫌不过瘾，又把几十斤重的白虎幢移到牙上担玩，折掉了好几颗牙齿，仍旧担玩不已。

萧宝卷在宫中玩腻了，就开始骑马到宫外出游。萧宝卷出游时头戴金薄帽，着锦绣衣裤，手执七宝繁，随从数百，呼啸飞奔，不避雨雪。驰骋间感觉口渴，就下马解取腰边水舀，从水洼里舀出些脏水喝下，解渴后又上马驰去，过后也从未得痢疾什么的，有副真正的好身体。他所用的马鞍全都要用缀有珍宝，用锦缎缝制，穷工极巧。他还怕用珍宝做的马鞍子被雨淋湿，便用绸缎给套在马身上。萧宝卷每个月都要这样出游二十多次，而且方向不定，忽南忽北，忽东忽西。萧宝卷出游，又不允许任何人看到他。他每次出宫，都先行戒严。清街的时候，以打鼓为号，人们听到鼓声必须马上回避，如有违抗和惊驾者一律格杀勿论。所以，皇家卫队前驱的鼓声一响，平民就向四方逃命。当时从皇宫经东宫到郊外的一段路长达几十里，由于萧宝卷经常在这条路上行走，结果路旁百姓全被赶走。然后再在路的两边立起用锦缎做成的幔帐。幔帐里陈设部伍羽仪，并有好几班乐队演奏外族音乐助兴。萧宝卷特别喜欢夜游。每次夜游，萧宝卷都是三四更天出宫。霎时间，鼓声动地。烛光冲天，卫士手执戟矛，清除道路。百姓从梦中惊醒，出奔躲避。偏又处处戒严，不能通行。男女老幼，左奔右跑，人心惶惶，哭号相应。那些家有孕妇或者婚丧大事的人家，如果被萧宝卷出游时撞上，遭遇可就太悲惨了。有一次，几个人抬着一个病人在路上走，正碰到皇帝出巡，于是那几个人吓得扔下病人就一哄而散。负责给皇帝清道的官吏看到那个病人躺在那里走不了路，怕给皇帝看到，竟把他推入水中，活活淹死了，后来更是连骸骨都没有找到。

又一次，萧宝卷游走至沈公城，有一个妇人正临产没来得及跑掉，他就和左右剖开妇人肚子，下刀前打赌婴儿是男是女；还有一次到定林寺，一个老和尚生病未及走避，躺在草丛中想躲过一劫，他下令左右侍卫发箭，把老和尚射得像刺猬一样遍体是箭。

萧宝卷不仅对普通百姓残暴无比，连为其效力的官吏也不放过。魏兴太守王敬宾因病死在家中，正办丧事时，遇萧宝卷出游，家人全被赶

118

走。等到家人返回，尸体早已被老鼠咬得残破不全。长秋卿王儇病危，因其家正处在萧宝卷出游经过的街道上，也不许在家中停留。有病的人经不起折腾，结果死在路上。丹阳尹王志被驱逐出户，无处可去，在建康城外的一个酒店里孤坐了半宿，身感风寒，几天后不治而死。可怜这些人为萧家天下奔劳半生，到头来却落得如此下场。

萧宝卷自小爱玩，身体强壮无比，弯弓能至三斛五斗。萧宝卷特别喜欢打猎，仅建康周边就有射雉场二百九十六处（南朝都城建康附近多雉，故君主多以射雉为猎）。而且把场地装饰得华丽无比，用红绿锦缎做成帷帐及步障。所用的弓箭也十分华贵，都用金银玳瑁之类的珍宝加以装饰。萧宝卷在其间奔走往来，很少休息。每次打猎，都动用大批军队，封锁道路，驱散行人，更不许百姓擅入猎场一步，违者格杀勿论。因此，他每次出猎，对老百姓都是一场灾难。

小皇帝登基任意胡闹，自然也少不了广选美人，大肆宣淫。他的两个宠臣茹法珍和梅虫儿给他在境内大选美人，搅得民间鸡犬不宁。后来选中了一个美女让他一见钟情，立刻封她为贵妃，这个女子就是潘玉儿。

潘玉儿本姓俞，艺妓出身，以一双状似春笋般的美足而名传千古。她美艳动人，妖冶风流，乌发如缎，有着雪一样洁白和婴儿般柔嫩的肌肤。最让人销魂的妙处，便是裙下一双美足，柔弱无骨，不盈一握。萧宝卷荒淫无度，到民间广选美女，往往始乱终弃。但自从碰上潘玉儿，萧宝卷相见恨晚，宠爱有加，时刻都离不了她。当年，宋文帝在位三十年，有一个潘姓妃子很受宠爱。为了讨个吉利，萧宝卷也把自己的宠妃也改姓潘。为了讨好潘玉儿，这位游戏人间的皇帝做下了很多荒唐之事，痴情得一塌糊涂。

萧宝卷非常喜欢潘玉儿的一双美足，得空便握住她的足踝，连连把弄，有时更毫不避忌地咬上几口。偶尔咬痛了潘玉儿的足趾，潘玉儿就不客气地用杖怒击其背，萧宝卷反而愈加觉得刺激。不仅不发火，还总是一副顺从样儿，乖乖地受罚。

萧宝卷为了讨好潘玉儿，在内廷之中，时常以奴仆自居，小心翼翼地侍候他的"太上皇妃"，端茶送水，捏脚捶背都做得心甘情愿。

潘玉儿所有的服御，极选珍宝，无论价值多少，只要得到潘玉儿的欢心，千万亿也在所不惜。相传潘玉儿的一个琥珀钏，就价值一百七十万。潘玉儿宫中的器皿，皆纯用金银。内库所贮的金银不够取用，就向民间收买。一时间金银宝物，价昂数倍。萧宝卷令京邑的酒租，折钱为金。潘玉儿也任情挥霍，不知节省，今天要这宝，明天要那珍，驿道上供使络绎不绝。

每逢出游，潘贵妃喜欢路旁绿树成荫，青草盖地。萧宝卷便命令百姓于出游前在路旁植树栽草。尽管过后必死，也不厌其烦，在所不惜。有时树木不够，便向老百姓强行征取。看到树便拔，甚至毁墙拆屋，运送树木。他们出外游玩时，他总是让潘玉儿坐在可以躺下睡觉的舒适的轿子上，自己却骑着马，像个随从式地跟在后头，即使众人议论纷纷，他也毫不在意。

潘贵妃恃宠而骄。萧宝卷每有过失，她便加以杖打。对此，萧宝卷竟甘心忍受。为使自己不致被打得太重，他下令将宫中竹杖全部藏起，只留一些荆条供潘贵妃使用。

潘妃的父亲俞宝庆本是个市井小人，此时一步登天，成为皇上的岳丈。他得意之余，竟然把自己的姓氏也改了，从此便唤作潘宝庆。萧宝卷平素称呼潘宝庆和茹法珍为阿丈，呼梅虫儿为阿兄，这些人常在小皇帝左右捉刀应敕，时人谓之"刀敕"。萧宝卷常戎服骑马前往诸刀敕家中游宴，婚丧嫁娶无不参加。每次到潘宝庆家里，小皇帝自己跑到井边打水，给厨子做饭打杂，一群人嘻笑互骂，倒没有一点儿帝王架子，与奴同乐。饭菜做好之后，萧宝卷便与潘玉儿并肩坐在一起，茹法珍、梅虫儿等依次列席，不分男女上下，恣为欢谑。还有一个小宦官王宝孙，年龄只有十多岁，生得眉目清秀，好像处女一般，萧宝卷给他起了个绰号叫伥子，非常宠爱。潘玉儿也对他另眼相看。王宝孙巧小玲珑，常坐在潘玉儿膝上，一同饮酒。到了夜深回到宫里，王宝孙在御榻旁留寝，因此恃宠生骄，渐得干预政事。甚至矫诏控制大臣，如梅虫儿、王咺之等幸臣，对他也有惧意。王宝孙有时甚至直接骑马进入宫殿，对萧宝卷动不动就大声呵斥，百官在一旁都屏息低头，不敢仰视。萧宝卷也不以为意，依旧日夕留侍。

潘玉儿原本是商贩的女儿，对于市集买卖之事很觉得有趣，时常心向往之。为了使她重温旧梦，萧宝卷就特地命人在御花园中搭建了一条小型街道，仿照民间市集模样，由宫人分别设置日用杂货及酒肉等店铺，所有六宫的日常用品都在此处购买。潘玉儿则担任"市令"，萧宝卷自任"市魁"。如果发现市场里有人不守规矩，或发生争执，就由"市魁"派人拘束听候"市令"发落，具体再由"市魁"执行。萧宝卷若有小过错，潘玉儿也照样上座审讯，罚萧宝卷长跪，甚至加杖。萧宝卷甘心受罚，只是暗中吩咐从人不能在潘妃发怒时用大荆棍对他施刑。

这件事传出宫去以后，大臣们群情哗然；老百姓听到后也大为不满，简直成了天下人的笑柄。百姓为此编了个民间小调："阅武堂，种杨柳，至尊屠肉，潘妃酤酒。"

后来，潘玉儿给皇帝生了个女儿，可只过了一百天，孩子就死了。当年皇帝的爹死了，他照样喝酒吃肉，穿锦着绣，一点都不伤心。而这回潘玉儿给他生的女儿死了，他却伤心大哭，身着粗布衣服，只肯吃素菜，过了一个多月都没有听歌观舞。还是他那帮亲信善解人意，看他这般难过，就一起做出好吃的来劝他吃，还号称"为天子解菜"。

从前世祖萧赜筑兴光楼，上施青漆，萧宝卷讥笑武帝太笨，便在楼上覆用琉璃，不料永光二年八月，萧宝卷带着潘玉儿等夜游，还没有还宫，宫禁起火，毁去房屋三千多间。因为宫门夜里关上之后，如果没有皇上的旨意，外人不敢擅自打开，等萧宝卷闻火驰归，传谕开门，宫内已付诸一炬。宫女太监烧死无数，萧宝卷也不禁叹息。当时宫中嬖幸，皆号为鬼，有个叫赵鬼的能读西京赋，向萧宝卷进言说："柏梁既灾，建章是营"。于是，皇帝大兴土木，建起芳乐、芳德、仙华、大兴、含德、清曜、安寿等宫殿，又特别为潘玉儿修建了神仙、永寿、玉寿三殿。每座宫殿都极尽奢华之能事，拿黄金白玉之类装点的十分绚烂，穷工极巧，富丽堂皇。其中，给潘玉儿住的玉寿殿，还特地做了一顶飞仙帐，四面织锦铺绣，窗间画满了神仙飞舞飘荡的图样，其中描绘的灵兽神禽，风云华炬之类的都是用金银制成。在宫殿的檐角还悬挂着各式各样的铃佩。为了让潘玉儿的宫殿更为华丽，皇帝可谓搜尽一切宝藏，他命人把宫内外古代文物中上的玉饰凿剥下来作装饰之用。甚至连佛寺也不肯放过，庄严寺的玉九子铃，外国寺的佛面光相，禅灵寺塔上的各种宝珥，都被他弄来，重新剖剔一新，装点潘玉儿的宫殿。皇帝还很着急，恨不得新宫殿一夜之间就能建好。执役的工匠从早到晚，忙个不停，他还嫌太慢，仍是催促不已。南朝佛寺本多，情急之下，督建官员就大拆各个佛寺殿堂的藻井、仙人、骑兽等物，涂饰一新后直接安装上去。萧宝卷凿金做莲花，遍贴在地面上，命潘玉儿裸足徐行而过，花随步动，弓弯纤小，腰肢轻盈。萧宝卷从旁称羡说："这真是步步生莲花啊！"

萧宝卷自从得到潘玉儿后，就专心宠爱潘玉儿，凡是能让潘玉儿高兴的事全都做尽了。结果，把一个好好的宫廷闹得昏天黑地，乌烟瘴气。国家也因此被搞得衰弱不堪，大难眼看就要来临。

齐少帝永无二年，大将崔慧景最先发动叛乱，废萧宝卷的帝位。幸亏豫州刺史萧懿闻讯率军入援，崔慧景兵败被杀，萧宝卷这才没丢掉帝位。萧懿因功出任尚书令，但为嬖臣茹清珍所忌，终于糊里糊涂地被萧宝卷毒死。萧懿的弟弟、任雍州刺史的萧衍立即拥戴萧宝卷的弟弟萧宝融为齐和帝在江陵称帝，接着统率大军，直逼都城建康。萧宝卷拥兵10万，却不敢出击，只是固守建康。等到萧衍的大军到来，将建康团团围住，最后城中粮尽，人心惶惶。萧宝卷这时候还想杀大臣立威，将军王珍国恐怕大祸临头，密遣心腹送明镜给萧衍，以明心迹。萧衍以断金回赠，意思是"二人同心，其利断金"。于是王珍国打开城门，萧衍大军直入建康，萧宝卷被废为东昏侯。不久萧衍正式称帝，改国号为梁，即梁武帝，也就是历史上有名的"和尚皇帝"。

萧宝卷只当了两年皇帝，便把大好江山断送，自己也落得个死无葬身之地的下场。南齐亡后，梁武帝将潘玉儿赐给了有功的将军田安启。最终潘玉儿自缢而死，结束了她荒唐无比的一生。

北齐后主的红颜祸水

北齐后主，名高纬（公元 557～578 年），字仁纲。北齐武成帝长子。武成帝在世时就禅位给他。在位 13 年，后禅位于太子。在南逃途中被北周追俘，后被杀，终年 23 岁，葬于洪渎川（今陕西省咸阳市渭河北岸洪渎原）。

北齐帝王姓高，是鲜卑化的汉人出身。北齐的皇帝一个比一个残暴荒淫。北齐第四个皇帝高湛二十七岁时，慧星出现。史官说是除旧布新之象，应该有新皇帝出现。为了"应天象"，于公元 565 年（河清四年），高湛把皇位传给了年仅 10 岁的高纬，是为北齐后主，自称太上皇。高湛死时，高纬已当了 5 年皇帝。此后，他又做了 7 年皇帝。年头虽不长，却干尽了荒唐的坏事，成为历史上最荒淫无耻的昏君之一。

史书上记载高纬年少的时候是个有上进心、爱读书的人。高纬十五六岁时高湛暴死。高纬真正当了皇帝，一下子失去了管束，就变得荒唐暴虐起来。

说起来，高纬的荒淫绝伦要跟家族的遗传因素有关。高纬之前的几代皇帝几乎个个好色凶残，肆行奸伦。高纬的爷爷神武帝高欢出身微贱，掌权后，他先后纳北魏孝庄帝皇后（尔朱荣女）、建明帝皇后（尔朱兆女）、魏广平王妃郑大车、任城王妃冯氏、城阳王妃李氏等北魏宗室之后妃；高纬的叔父文襄帝高澄十四岁就和高欢妃郑大车私通，差点被父亲废掉，又想强奸功臣高慎的妻子，最后害得高慎叛逃到西魏，高欢另一个老婆柔然公主也被高澄霸占，还生下一个孩子。高纬另外一个叔父文宣帝高洋更过分，他称帝后就强奸了高澄的妻子元氏，说："从

123

前我哥哥奸污我老婆，现在我要报仇了。"又纳大臣崔修的老婆为嫔，娼女薛氏也被他弄入宫内为嫔，后来思起旧恶又砍头杀掉姐妹两人，后期他酗酒无度，常常把高氏宗族妇女无论亲疏，一起弄到宫里，脱光衣服，让左右卫士轮奸这些妇人，其荒唐残暴简直超出常人的想像。

高纬的母亲胡皇后则更加荒淫。高湛作了皇帝，日日沉迷于酒色，胡皇后深宫寂寞，就看上了高湛的一个亲信和士开。和士开擅长一种"握槊"游戏，胡皇后说她也想学，高湛便命和士开教她。有了这样的便利条件，胡皇后经常与和士开眉来眼去，两人慢慢地就勾搭在一起。后来高湛死了，胡太后与和士开就更加肆无忌惮。等到和士开被杀，胡太后伤心不已，百无聊赖，就又看上了一个叫昙献的和尚，二人经常在禅房私会，国库里的金银珠宝尽情搬入，甚至连高湛的龙床都搬了进去。除了昙献和尚，胡太后还勾搭了不少少年僧人，为了掩人耳目，就把他们都扮成尼姑。一次高纬入宫向母亲请安，看到有两个年轻貌美的女尼，不觉垂涎万分，便逼她们侍寝。可是两名女尼抵死不从，高纬大怒，命宫人强行脱下两人的衣服，一看，原来是两名男扮女装的少年僧人。他又惊又怒，一下子明白了母亲的秽行。便杀掉那些和尚，把胡太后迁居北宫，幽闭起来。后来北齐灭亡，胡太后流落到北周的都城长安，无以为生，竟操起皮肉生涯，做起妓女来。还不以为苦，乐在其中，声称做皇后不如做妓女来得有乐趣。如此淫荡，也真是叹为观止了。

高纬亲政不久，为了巩固自己的皇位，就开始大肆屠杀朝臣，排除异己。朝廷的重臣和有能力的亲族被他杀的杀，关的关，流放的流放，总之是消灭殆尽。朝政大权全落到了他一帮只会溜须拍马而又贪婪狡诈的奸邪小人手里。高纬的宠臣有穆提婆、韩长鸾、高阿那肱等人，这三个人当时号称"三贵"。这帮人后来都上了《北齐书》的"恩幸列传"，可以想见他们大概都起了什么作用。他们陪着高纬日以继夜地酣饮歌舞，带刀走马，从没安生过，可一见朝臣就瞋目张拳，大有吃人之势。尤其是鲜卑贵族出身的韩长鸾，特别憎恨读书人，常常大骂朝臣："我对这些汉狗不可忍耐，应该都杀掉才对！"

高纬小时候有个乳母,叫陆令萱,也是鲜卑族人。她的丈夫因犯谋叛罪被判死刑,陆令萱也被没入皇宫做了奴仆,她巧黠多智,善于奉迎,很快就得到了齐武成帝高湛和胡皇后的信任,特意命令她做太子高纬的乳母。陆令萱看准身为太子的高纬终有一天会黄袍加身,自然抚养高纬尽心尽力,高纬也和她十分亲近,叫她"干阿妈",对她言听计从,高纬即位后,封陆令萱为女侍中,把宫中的事情都交给她掌管。她的儿子穆提婆,也因此而由一个宫奴变成了深受皇帝宠信的朝廷大臣。陆令萱等佞幸小人把持了朝政,勾引亲党、贿赂公行、狱讼不公、官爵滥施,一时之间,奴婢、太监、倡优等人都被封官晋爵。天下开府一职的官员达到1000多人,仅同官职难以计数。仅领军就增加到20人,由于人员庞杂、职权不明,结果中央下达的诏令、文书,20个领军都互相推诿,最后都只在文书照葫芦画瓢写个"依"字便扔到一边,没人执行。

有这一帮奸佞之徒整天围在身边拍马逢迎,再加上自身的荒淫本性,高纬就根本没有心思管理朝政,而是要想方设法大玩特玩。那些阿谀奉承的佞臣都被封了高官,侍奉他的宫婢都获封为郡君。他喜欢养马,亲自给马配制饲料,有十几种之多,还给公母马交配特地建造"青庐",甚至给这些马郡守一样的名号,还得食禄。他还大肆挥霍,动辄赏赐巨万。宫女锦衣玉食者五百多人,一件裙子的花费价值万匹布,而且只穿一天就扔掉了;一个镜台也能用上千两黄金。他为宠爱的穆皇后造七宝车,载满金银到北周买珍珠。北周恰逢太后丧礼,不肯卖给他,他就更花费巨亿从别的地方买来制造宝车和裙祷。他大兴土木,而且好恶反复无常,尽管各处宫苑修得富丽堂皇,却屡毁屡修,从事建筑的工匠没有一时的休息,夜里点起火把照明施工,天冷时得用热汤和泥。又在晋阳做十二院,开凿晋阳西山塑造巨大佛像,一夜间要点燃万盆油灯,灯光可以照到宫中,劳费数亿计。如此胡闹,不久就府库积蓄匮乏,民不聊生,于是皇帝也觉得自己穷了,要做乞丐。就专门在华林园旁,设立一个贫儿村,自己穿上破衣烂衫,向人行乞,还觉得好玩得不行。他又仿照民间开设市场，自己一会儿装卖主一会儿装买主，忙得不亦乐乎。他还喜欢玩打仗游戏，画下西境一些城池的图样，依样仿造，让卫士身穿黑衣模仿北周兵攻城，他却用真正的弓箭在城上射杀这些"敌兵"。皇帝玩得高兴，真不知道天下还会有什么让人忧愁的事，便亲自创作了一支曲子，名曰《无愁》，还亲自弹奏琵琶演唱，让左右数百人唱歌跳舞来应和。于是，民间就把这皇帝叫做"无愁天子"。

陆令萱在朝廷大事上独断专行，在后宫自然就更加说一不二，就连高纬后妃的废立，都掌握在她手中。高纬的皇后斛律氏，是功臣斛律光的女儿。斛律光被诬谋反而被处死，斛律氏也就被废掉。高纬又立了胡太后的侄女为皇后，但他喜欢的却是前皇后斛律氏的侍女穆黄花。穆黄花也是个聪明的女子，知道自己出身卑贱，就拜陆令萱为母，在宫中找到了一个坚实的靠山。于是陆令萱为了提高她的地位不遗余力。让她的儿子高恒成了太子，接着又在胡太后面前进谗，让太后大怒，把胡皇后废掉。这样，穆黄花就被立为皇后，陆令萱也因为是皇后之母，被封为"太姬"，相当于一品官，班列在长公主之上。

穆皇后在后宫正春风得意，却没想到天意弄人，侍女出身的她，最后竟也栽在了自己的侍女身上，这个侍女就是冯小怜。

天性好色的高纬对穆黄花迷恋了一阵之后很快就喜新厌旧，又宠爱上了弹得一手好琵琶的曹昭仪。穆皇后深宫寂寞，哀怨不已。为了重新赢回高纬的宠爱，她竟然想出来一个馊主意，把自己的一个侍女冯小怜推荐给了高纬。她的本意是想以冯小怜为诱饵，来离间高纬和诸嫔妃的关系，把皇帝重新夺回到自己身边来。但不久她就明白，她的如意算盘彻底打错了。

冯小怜生得姿容出众，性格乖巧，因从小一直生活在后宫，对那些嫔妃争宠之事耳濡目染，早就练就了一套狐媚惑主的本事。而且她不但天生冰肌玉骨，聪慧伶俐，还精通音律，能歌善舞，尤其擅长演奏琵琶。她还无师自通地学得一手按摩的本领，当年在穆皇后那里就使得女主人夸赞不已，现在又用来侍奉皇帝。美人的一双玉手在高纬身上揉揉捏捏，已是叫他的骨头酥了一半，再加上冯小怜的按摩技术还颇为精妙，弄得高纬通体舒泰，飘飘欲仙。高纬本是酒色之徒，一见这般尤物，立刻神魂颠倒，和她夜夜春宵，从此把后宫嫔妃视作粪土一般。高纬封冯小怜为淑妃，让她住在隆基堂，本是雕梁画栋，极尽绮丽了。冯小怜却嫌那是曹昭仪的旧居，太不吉利，就命令拆梁重建，并把所有的地板换了过来，挥霍了许多金银。高纬毫无异言，任她所为。两个人坐则同席，出则并马，还经常祈愿生死一处，做个永远夫妻。就连在朝堂议事，高纬都和冯小怜腻在一起，前来奏事的大臣见状都羞得满脸通红，只好唯唯而退。

公元575年，北周武帝率军进攻北齐。虽然边境告急，但高纬还晕晕乎乎，不以为意。他这时正忙着和他的淑妃冯小怜打猎。警报从早晨到中午已传来了三次，高纬也置之不理，他的宠臣还在一边帮腔，斥责士兵道："皇帝正在游猎，边境有一点小磨擦，是很正常的事，何必急急奏闻。"后来警报越来越多，高纬也有点不安起来。可冯小怜兴致未尽，又要他再猎一围才肯罢休。高纬从不肯拂逆了美人的意思，就答应了她，又猎了好长时间，获得几头野兽，方才尽兴而回。此时，北周军队已经攻破平阳城（今山西临汾）了。

于是，皇帝御驾亲征，大军直奔平阳而来。但是，他舍不得心爱的美人，就带上冯小怜，一路上形影不离。而且御驾亲征的高纬此时关注的不是如何击退北周军队收复失地，而是要让冯小怜开心，居然还有闲情陪着她游览附近的名胜古迹。按照传统的观点，行军打仗是不能带着女子的，因为"妇人在军中，兵气恐不扬"。北齐兵士一看他们的皇帝居然到处带着宠妃，在气势上就觉得要打败仗了，士气十分低落。而且，这个冯小怜还不安分，恃宠生骄，什么都不懂还偏偏喜欢乱出主意。当围攻平阳的北齐军队挖掘地道，陷塌了几丈的城墙，平阳城眼看就收复在望的时候，高纬却因为要等待正在梳妆的冯小怜出来观看攻城的壮观场面，而命令全军将士等候，从而让北周军队有足够的时间又修好了城墙，重新掌握了这座军事重镇。等到北齐北周两军相交之时，高纬和冯小怜并马观战。忽然之间东翼阵脚略有退却，冯小怜吓得花容失色，大叫"我们败了！"齐主手下将领劝高纬不可轻举妄动，免得惑乱军心，但高纬哪里肯听，立刻带着冯小怜奔逃而去。于是北齐兵败如山倒，被杀万余人，百里之间，军资器械丢弃无数。高纬在一路奔逃中忽发奇想，又命人回晋阳去取皇后的朝服绶节，准备封冯小怜为左皇后。冯小怜穿上皇后礼服，他左瞧右看，欣赏不已。这时，又报周军来追，他才继续奔逃。就这样，本来在战场上有很多次转机，但在冯小怜不负责任的胡乱干预之下，高纬终于率领着十万北齐大军，愣是把一场胜仗打成了大败仗。对此，高纬毫不在意，还说："只要小怜无恙，战败又有何妨。"

高纬逃后，高延宗在晋阳自立为帝，率众拒守，一度战胜周军，终因麻痹轻敌，城破被俘。周军移师攻邺，此时高纬正在邺城苟延残喘。他事先曾把家小送到北朔州（今山西朔县）。后来他的母亲胡太后回到邺城，他理也不理。可一听说淑妃冯小怜回邺城，高纬就凿开邺城北边的城墙，出外十里迎接。听说周军攻城，高纬在城内坐立不安，问大臣们该如何是好。大家说应该重赏将士，振奋士气。高纬马上下了一道赏赐诏令，但根本不赏赐什么东西。大臣斛律孝卿请高纬亲自去安抚士兵，并且为他撰写好了发言稿，告诉高纬发言时要慷慨悲壮，声泪俱下，这样才能激励士气。高纬从皇宫中走出，正要说话，一下子记不清该讲什么了，只是傻乎乎地笑，左右侍从也跟着笑。将士们见高纬如此昏庸、轻薄，心已凉了一半："国难当头，皇上都不急，我们还急什么！"北齐士气到此完全涣散。

不久高纬和他的儿子都被周武帝抓了起来，北齐灭亡。不过亡国对于他来说并不是太大的痛苦，他真正在意的是他的一帮姬妾成了北周的俘虏，其中就包括那个令他无比爱怜的冯小怜。于是，他一见到周武帝，就跪下来叩首请求，希望他把冯小怜赐还给自己。

周武帝看这个皇帝居然没有一点家国之念，也不禁觉得好笑。就说："朕连天下都不在乎，哪里会吝惜一个妇人。"就把冯小怜还给了高纬。高纬大喜过望，一会竟趁着酒劲跳起舞来。

不久，有人诬告高纬谋反，周武帝把他和儿子高恒，包括三十多个直系王爷以及宗室百口全部赐死，只有高纬两个有残疾的弟弟高仁英、高仁雅活了下来，被迁到西蜀偏僻之地，任其自生自灭。高纬的母亲胡太后和他的妻子穆皇后，流落长安，成为了妓女。高氏的其余亲属都被流放到西部沙漠一带，没有一个人回来。冯小怜也被赐给了代王宇文达。代王宇文达本来是个颇为严正的人物，节俭廉洁，不好声色。周武帝恐怕也正是觉得他是个坐怀不乱的君子，才肯把冯小怜赐给他。可万万没有想到，这位王爷一见到冯小怜这般尤物，立刻被冯小怜迷得神魂颠倒，把多年的正经都抛到一边，把冯小怜宠爱得不得了，连自己的正妃李氏都差点让冯小怜挤兑得活不下去。而冯小怜虽然受到宇文达的百般宠爱，却也难以忘怀高纬对她的一段恩情，有一次，她弹琵琶断了一根弦，便作诗一首：

虽蒙今日宠，犹忆昔时怜。欲知心断绝，应看膝上弦。

可见她内心深处依然对高纬眷眷不已。

本来，冯小怜在宇文达这里享有专房之宠，也算是有个好归宿。可没想到几年以后，隋文帝篡周自立，大杀宇文氏宗室，宇文达也难逃此劫，被他腰斩处死。于是，冯小怜又一次被转手。真是造化弄人，她这回竟落到了宇文达正妃李氏的哥哥李询手里。于是李询的母亲正好得报当年女儿备受冷落的一箭之仇。她把冯小怜贬为仆役，令她身穿粗布衣服，每天舂米，使她受尽磨难，又对她百般凌辱虐待。于是冯小怜不堪忍受，最终自杀身亡。

陈后主只留玉树后庭花

陈叔宝（公元553～604年），是南北朝时期南陈后主，也是陈朝最后一个皇帝。字元秀，小字黄奴，陈宣帝长子，生于江陵（今湖北省江陵县），宣帝病死，他击败二弟的皇位争夺而继位。在位七年，国亡被俘。

陈是南朝的最后一个王朝，由武帝陈霸先于公元 557 年（武定元年）建立。公元 569 年（太建元年）正月，陈宣帝陈顼刚登基时，就立长子陈叔宝为太子。此后陈叔宝一直做了十三年太子，本来登基是应该顺理成章的事，但陈宣帝又特别宠爱三子陈叔陵。于是陈叔陵越来越肆无忌惮，开始对太子之位产生了觊觎之心。宣帝死时，陈叔陵乘陈叔宝正伏在灵柩前恸哭之际刺杀陈叔宝，结果只是刺伤了陈叔宝的脖子，并没有把陈叔宝杀死。两天之后，陈叔宝养了养脖子上的伤，正式登基为帝，就是陈后主。

陈叔宝刚登基时，也曾摆出点励精图治的模样。他多次下诏书，表明自己不敢贪图安逸，不敢忘怀国事，最讨厌奢侈腐化，绝对不会做劳民伤财的事情，还摆出一幅虚心纳谏的姿态，让群臣积极进言。当政之初，也曾有很短的一段的时间政治比较清明。但过了不长时间，他就露出了荒淫的本性，纵情酒色，放荡形骸，变成一个昏庸的君主。

陈叔宝“生于深宫之中，长于妇人之手”，在当东宫太子的时候，就贪酒好色，只因宣帝陈顼管教得非常严格，还不敢太放肆。随着宣帝去世，他坐稳皇位之后，就无所顾忌了。他认为陈朝的统治固若金汤，无须居安思危。他的脖子被切药刀砍了刚好，就在后殿摆酒设宴，召集近臣们一边欣赏轻歌妙舞，一边饮酒赋诗。那时他父亲陈宣帝死了还不到一年，按礼制作儿子的人是不应该饮酒作乐的。有个大臣看不惯，就装作生病昏过去了，搅了陈叔宝的兴致。陈叔宝很不高兴，甚至想找个茬杀了他，幸好有人劝阻才作罢。

陈叔宝的皇后沈氏为人贤淑温良，但却得不到后主宠爱。他宠爱的是龚贵嫔和孔贵嫔这两个妃子，尤其是宠爱美艳风骚的孔妃，后主经常和她们一起饮宴欢乐，后主曾对孔妃说：“古代都称赞王昭君、西施长得美丽，以我看，爱妃你比她们漂亮。”

张丽华出身贫民之家，父兄都以织席为生，入宫时，年龄只有十岁，被分配为东宫侍婢，是孔妃的侍女。虽然小小年纪，却已经出落得轻盈婀娜，举止闲雅，姿容艳丽，不同凡响了。她发长七尺，黑亮如漆，光可鉴人。并且脸若朝霞，肤如白雪，目似秋水，眉比远山，一双眼睛在顾盼斜视之际，竟是神采熠熠，光彩夺目，照映左右。有一天，被还是太子陈叔宝偶然遇见，陈叔宝大惊，盯着她看了半天，对孔妃说："这个美人真是天生的国色天香呀。爱妃你怎么把这样的美人藏起来这么久，却不让我见到呢？"孔妃说："臣妾认为殿下现在召见她，有些过早了。"陈叔宝问她什么原因，她说："她年纪还小，恐微葩嫩蕊，不足以受殿下采折。"

张丽华年虽幼小，但天性聪明，吹弹歌舞，一见便会，诗词歌赋，过目不忘。随着年龄的增长，越发出落得轻盈婀娜，进止闲雅，姿容艳丽。

不久陈叔宝临幸了张丽华，从此与她形影不离，如胶似漆，恩爱非常。张丽华后来又给他生了个儿子，后主就对她更为宠爱了。陈叔宝被陈叔陵砍伤，卧床休养期间，也只肯让张丽华一个人前来服侍。即位之后，就封她为贵妃，宠冠六宫。

从武帝开国以来，宫内的陈设很简朴。后主嫌他居住的皇宫太简陋，不能作为金屋藏娇的地方，于是在临光殿的前面，又建了临春、结绮、望仙三座楼阁。每一座楼阁都高达数丈，带有数十间精巧的房间。其中的梁柱窗牖，悬楣栏槛之类，都是用沉香木雕刻而成的，有的时候有微风吹过，便会传来一阵沁人心脾的幽香，数里之外都能闻到。并且还用金玉珠翠加以装饰，被阳光一照，更是异彩纷呈，光华夺目。每间房屋外面都悬挂着珠帘，房中陈设的床帐铺设，以及用来点缀的玩器，无不是瑰奇珍丽，前所未有。在庭院之中还用精致的奇石垒成假山，引来活水蓄为池塘。并种植了很多奇花异木杂错其间，装点得好像人间仙境一般。他自己住在临春阁，让张丽华住在结绮阁，孔贵嫔和龚贵嫔住在望仙阁。三座阁楼之间，还各以复道相连接。后主便可以自如地往来其间，和他的美人们嬉戏玩闹。又有王、季二美人，张、薛二淑媛，袁昭仪、何婕妤、江修容等七人，都以才色出众而受宠爱，轮流召幸，陪后主在阁楼中游玩嬉戏。张丽华经常在阁楼上梳妆，有时临轩独坐，有时倚栏遥望，看见的人都以为是仙女下凡，飘飘渺渺的停留在半天空，令人可望不可即。

宫殿修好之后，陈后主就开始与一班臣下整天在此听歌观舞，吟诗作赋，天天乐此不疲了。陈叔宝热衷于诗文，因此在他周围聚集了一批文人骚客，以官拜尚书令的"好学，能属文，于七言、五言尤善"的江总为首。还有一个叫孔范的，更是一个趋炎附势之徒，他因为也姓孔，就和后主宠爱的孔贵嫔结为兄妹，以此大得后主的信任。他们这些朝廷命官，不理政治，天天与陈叔宝一起饮酒做诗听曲。这帮人和后主在一块玩得兴起，又是"以文会友"，便嬉皮笑脸，插科打诨，不再有尊卑上下之序，号称"狎客"。除了这帮狎客，文采风流的陈后主当然少不了美人的陪伴。他有宠爱的张贵妃、龚贵嫔、孔贵嫔，还有从民间"采集"的王美人、李美人、张淑媛、薛淑媛，又有袁昭仪、何婕妤、江修容。陈叔宝将十几个才色兼备、通翰墨会诗歌的宫女命为"女学士"。才有余而色不及的，命为"女校书"，供笔墨之职。每次宴会，妃嫔群集，诸妃嫔及女学士、狎客杂坐联吟，互相赠答，飞觞醉月，大多是靡靡的曼词艳语。文思迟缓者则被罚酒，最后选那些写诗写得特别艳丽的，谱上新曲子，令聪慧的宫女们学习新声，按歌度曲。陈后主曾做的《玉树后庭花》如下："丽宇芳林对高阁，新装艳质本倾城；映户凝娇乍不进，出帷含态笑相迎。妖姬脸似花含露，玉树流光照后庭；花开花落不长久，落红满地归寂中！""玉树后庭花，花开不复久"成为有名的亡国之音。陈叔宝君臣整天通宵达旦的酣歌豪饮，醉生梦死，所有军国政事，都不去过问。随着生活的穷奢极欲，国力逐渐衰弱下来。

再说美人张丽华，她不光长得貌若天仙，而且非常聪明。她虽然受到后主百般宠爱，却能宽宏大量，毫无嫉妒之心，对于后主宠爱的其他美人都能搞好关系。每逢后主带贵妃和宾客游玩饮宴，她便推荐诸位宫女同去。她还经常把相识的美貌女子推荐给后主，后宫家属犯法，只要向她乞求，无不代为开脱。这么一来，后宫中的人都感激她，争着说贵妃娘娘的好话，后主就对她更为宠爱了。

但张丽华的聪明不只用在这里。她本出身于民间，做了贵妃之后，依然喜欢打探宫外的事，社会上的一句话一件事，她必然会先知道，然后告诉后主，于是后主更敬重她。于是，张丽华凭借着自己的聪明开始干预朝政。她能言善辩，鉴貌辨色，记忆力特别好。那时，陈后主倦于政事，百官奏书都由两个太监进呈御阅，两个太监奏事之时，唠唠叨叨地说了半天，陈后主还不得要领。这时，坐在旁边的张丽华却逐条裁答，说得清清楚楚，毫无遗漏。后主一看她有这般才情，大喜过望，从此之后就把政事统统交给她处理，到了国家大事也"置张贵妃于膝上共决之"的地步。张丽华起初只执掌内事，后来由于后主的信任，也开始干预外政。王公大臣如不听从内旨，只由她一句话，就被免官罢黜。此后江东小朝廷，不知有陈叔宝，只知有张丽华。

不过，张丽华虽然得到陈后主的专宠，又大权在握，说一不二，却仍然有一件事情不能随心所愿，那就是她给陈后主生的儿子陈深的地位。张丽华虽然是贵妃，宠冠六宫，实际上成为了后宫的主人，可她毕竟不是皇后。虽然后主对她专宠，爱屋及乌，对于她的儿子也备加宠爱，封他为始安王，还兼着扬州刺史和军师将军这两个职务。不过，无论官职做到多大，总不及备位储君的太子更加稳固。但陈后主那时已经立了皇后沈氏的养子陈胤为太子了。这位沈皇后出自高门，是望蔡侯沈君理的女儿，也是陈朝开国皇帝陈武帝的外孙女。虽然皇帝一直冷落她，打发她独自住在求贤殿。但沈皇后性格温良贤德，深得内外敬重，所以她国母的位置却依旧无人敢于轻侮。后主很少去看望她，往往是一年半载才来一次。而且，这种拜访也多是礼节性的，暂入即还，从不留宿。沈皇后虽然黯然神伤，却也无可奈何。后主却还有兴致写诗打趣她："留人不留人，不留人也去。此处不留人，自有留人处。"沈皇后见他这般嘲讽，也不禁心酸，赋诗答道："谁言不相忆，见罢倒成羞。情知不肯住，教妾若为留。"对后主的无情暗暗抱怨。于是皇帝当下翻脸，大怒而归。不过，那句"此处不留人，自有留人处"却成了后世极为流行的俗语，恐怕也是陈后主始料未及的吧。

皇帝对沈皇后越来越不满，自然被张丽华看在眼中。于是在她的暗中授意之下，立刻有以孔范为首的数十近臣开始在皇帝面前谗害太子。张丽华又联络同样对皇后怀有不满的孔贵嫔一起给后主吹枕头风，使得耳软心活的陈后主对太子渐渐产生了疑虑。最终，在祯明二年（588年）五月，陈后主做出了决定：废掉太子陈胤，改封吴王，立张丽华所生的始安王陈深为太子。

按照陈后主的意思，下一步就是废掉沈后，立他心爱的张丽华为皇后。但是，他的愿望来不及实现了，同年三月，隋文帝已经发兵五十一万八千人，由晋王杨广节度，分进合击，直指陈朝都城建康。此时长江防线纷纷告急，亡国之祸，迫在眉睫。

就在这种情况下，陈后主还自恃金陵的"王气"，不以为然，依然深居高阁，整日里花天酒地，对外面发生的事情不闻不问。他下令建大皇寺，内造七级浮图，工程还没竣工，就被一场大火烧毁了。沿边州郡将隋兵入侵的消息飞报入朝。朝廷上下却不以为意，只有仆射袁宪，请出兵抵御，后主却不听。等到隋军深入，州郡相继告急，后主叔宝依旧饮酒作乐，赋诗奏曲，而且还笑着对侍从说："齐兵来了三次，周兵来了两次，无不大败而归，这回隋兵再来，也不过是重蹈覆辙罢了。"孔范说："长江天堑自古就限隔南北，今天虏军哪能飞渡过来。这些军情紧急的报奏，不过是沿江诸将想要邀功求赏而已。"并且他还吹牛说："臣经常嫌我自己的官位太低，这次要是虏军能渡江，我就能凭军功做太尉了。"有人妄传北军的马在路上死去很多。孔范说："可惜，这都是我的战马啊，怎么就死了呢？"后主被孔范的大话哄得很开心，听了之后大笑不已，君臣上下和一帮歌妓照样跟往常一样纵酒、赋诗。

公元589年（祯明三年）正月十五，隋军从广陵渡江。接着又攻拔京口，继而进据钟山，屯军新林，对建康形成合围之势。孔范吹牛："请陛下下令，我率军与敌一决，定能成功，像窦宪燕然勒石那样名垂千古。"结果弄得诸军分散，首尾不能相顾。后主这才惊慌失措，忙召集群臣商议退兵之计。后主连问："众卿，谁肯为朕出战？"连问数声，无人应答。正在焦急之时，老将萧摩诃答道："臣愿领三军前往御敌！"当时，建康城中有兵十万人，后主听从臣下建议，命大将萧摩诃、任忠率军出城迎战。

萧摩诃原配夫人去世后，续娶夫人任氏。任氏正值妙龄年华，长得也非常漂亮，天生一副倾国倾城的美貌。她和张丽华非常投机，结为姊妹。任氏不光容貌美丽，还能吟诗做赋，经常以才色自恃。她觉得丈夫摩诃是一介武夫，一点也不懂闺房中惜玉怜香之事，所以心里常怀不满。在宫里看见后主与张丽华，好似并蒂莲恩爱绸缪的样子，非常羡慕。因此见了后主，往往眉目送情。慢慢的就勾搭在了一起，经常在宫中留宿过夜，与后主调情纵乐，长夜欢聚。任氏每次入宫，在萧摩诃面前，只说是被张丽华留住，不肯让她回来。萧摩诃是直性人，开始还信以为真，也不用心查问。后来事情还是败露了出来，萧摩诃才知道妻子与后主之间的奸情，不禁勃然大怒，叹道："我为国家拼死苦战，立下无数功劳，才得打成天下。现在昏君不顾纲常名分，奸污我妻子，玷辱我门风，教我有何脸面立于朝廷！"不由火冒三丈，当时晕倒在地，将士见主帅昏倒，顿时慌作一团。

隋军杀来，两军还未交手，那个善于吹牛拍马的孔范纵马便逃，主将一跑，剩下的兵士也就跟着溃散，一时间兵败如山倒，连大将萧摩诃也被活捉，建康城马上就守不住了。

陈后主慌了手脚，拖出两大箱笼黄金给老将任忠，让他出外募人出战。任忠拿到黄金，出得城来，就投降了隋将韩擒虎，还作为向导带领隋军进城。守城的兵士准备战斗，任忠挥挥手，大声斥责："老夫就已经投降了，你们又何必多事。"守城将士听了任忠的话就弃城逃跑了，隋军兵不血刃地进了建康城。

这时，陈后主已经是众叛亲离。他召集百官，却没有一个人再来，只有尚书仆射袁宪守在身边。陈后主悲从心起，对他说："我从来待你不如其他人，现在只有你还在这里相陪，真令我不胜追愧。今日之事，不仅是因我无德，也是江东衣冠道尽了。"说着，魂不守舍地找地方躲藏。

隋军攻入宫里，四处搜寻，却找不到陈后主的踪影。于是又搜到后面的景阳殿来。那有一口井，隋军隐隐约约地看到井里似乎有人影，就高声呼喊。井里没人答应，兵士们便威吓说再不回答就要扔石头了。还真找了一块石头放在井口，装出要扔的样子。于是井里的人吓得叫了起来，兵士把绳索丢到井里，把他往上拉，却发现十分沉重，等拉上来才发现原来是三个人，就是陈后主，贵妃张丽华和孔贵嫔。据说张丽华在慌张之际，把唇上的胭脂抹到了井口上，所以，这景阳宫井，也就以胭脂井而出名了。

陈朝灭亡之后的第二个月，陈后主被押解到长安。胜利后的隋文帝在阳广门召见了他，陈后主此时不得不面对这个他当年宣称"吾不欲见此人"的皇帝了。他伏在地上，大气都不敢喘。隋文帝先是指责陈朝君昏臣佞，陈后主吓得战战兢兢。之后隋文帝又宣诏抚慰，陈后主就高兴得手舞足蹈起来，连忙山呼万岁，叩拜再三。隋文帝对他还不错，给他三品官的待遇，还经常召他进宫宴饮，为了怕他伤心，特地嘱咐乐队不要演奏江南的音乐。但是，隋文帝实在低估了这位陈后主的脸皮厚度。他虽然从九五之尊变成了阶下囚，却依然喝得开心，乐得开怀。居然会觉得每天参加宫廷的宴会，自己没有官职，坐在其中不自在，要求隋文帝能封他个一官半职。隋文帝听了不由大笑，说："陈叔宝真是全无心肝。"

给了他这么个鉴定，隋文帝就对他更放心了，东巡的时候还把他带上。陈后主也尽忠竭力，给隋文帝献诗一首："日月光天德，山川壮帝居。太平无以报，愿上东封书。"歌功颂德，请隋文帝封禅泰山。陈后主喜欢喝酒，天天喝得大醉，隋文帝开始为他身体着想，让监守的官员控制他的供应。后来又说，还是让他喝吧，他若不能随意饮酒，日子也不会过得舒服。于是陈后主天天沉浸于醉乡之中，最终于公元604年（隋文帝仁寿四年）喝酒喝死了，时年五十二岁，比隋文帝还多活了大半年。

第四章　隋唐时期

隋文帝畏惧妻子独孤氏

隋文帝，即杨坚（公元 541～604 年），弘农华阴（今鸳西华阴）人。隋朝开国皇帝，庙号高祖，谥号文皇帝。在中国历朝历代中，他被公认为是才智最高的皇帝，也是最为仁慈的圣皇天子。

杨坚的父亲是弘农华阴人杨忠，是北周的开国功臣，官拜大将军，是北周的八柱国之一。据说杨坚生具异相，降世时紫气满庭，生就一副龙额，额上玉柱入顶，眼中精光四射，相貌堂堂。手上有纹似一个"王"字。上身奇长而下身短，比例严重失调，而且面相深沉威严，很小的时候就有一种让亲戚朋友们不敢接近的气质。王侯们见了他，常不由自主地感到手足无措，北周太祖曾预言："此儿风骨，不似世间人。"杨坚十五岁时就因父亲的功勋，被封为成纪县公、散骑常侍、车骑将军；十六岁时又成为骠骑大将军，开府仪同三司，又进而封为大兴郡公。

云中人独孤信是北周的另一位开国功臣，也是八柱国之一，官拜大都督、大司马，爵封卫国公。独孤信有七个女儿，长女又是当今皇帝宇文毓的皇后。他对 14 岁的幼女独孤伽罗最为钟爱。独孤信见杨坚生有奇相，气度不凡，少年英武，韬略过人。经过细心考察，便将幼女独孤伽罗嫁给了杨坚。

杨坚娶了独孤氏后，两人感情很好，婚后的生活非常美满。独孤氏虽然生长于权贵之家，但谦卑自守，柔和恭孝，家教、修养均属上乘。她不仅是一个漂亮女子，身材修长，肌肤雪白，凤眼桃腮，眼波如水，柔情无限，更重要的是，她还通晓书史，对古今兴亡之事颇有些独到的见地，因而深得杨坚的宠爱与敬重。

杨坚虽然受到先辈荫庇而少年出仕，却因自己生有异相常常遭皇室猜忌，为避嫌疑，他处处收藏锋芒，韬光养晦，轻易不与人争斗。

当时朝中有个大臣叫赵昭，非常善于替人看相。他在仔细察看杨坚的面相后，不由大惊，当即就决心投靠杨坚以谋求将来的富贵腾达。他告诉杨坚道："你这面相，五百年也难得一见，额广，中央突起，直贯入顶，相法上称为'玉柱贯顶'，此相当为天下之君"。还嘱咐杨坚，执掌朝权的大冢宰（丞相的代称）宇文护忌贤害能，要深自韬晦，等待时机。杨坚当时装出害怕极了的样子，极力掩饰了过去，但回去后还是高兴地把赵昭的话告诉了妻子。独孤氏听后十分高兴，凭着她对时势的了解，她相信丈夫有可能取代北周而君临天下，何况丈夫还有天子之相呢。但出于女人的本心，她又担心起来，做皇帝的人，哪个不是三宫六院，佳丽成群，到那时，丈夫对自己还能保持像现在这样的恩爱吗？她把这层心事说了出来，杨坚向她作了保证，"将来无论大富大贵，我都担保不会背弃于你！"独孤氏还是不放心，她说：夫妻之间只有真诚相爱，始终如一，才有幸福可言。但是古往今来那一个男人都把娶妻休妻看作穿一件衣服那样随便，总是三妻四妾，朝秦暮楚，更不要说帝王之家了。"我希望你能始终只爱我一个人，不纳妾，不乱爱。"她充满希望和深情地对杨坚提出了要求。杨坚答应了下来，为表示他对妻子的忠心，还立下了誓言："不和第二个女人生孩子！"

在杨坚日后的政治活动中，独孤氏始终是个积极的支持者和谋划者。她谙熟朝政和时局，表现得很有头脑，很有识见，因而深得杨坚的信任和器重。

后来，静帝迫于形势，封杨坚为隋王，并为他破了不少朝廷礼节，允许他带剑上殿，入朝不趋，备九锡之礼，待遇均在其他侯王之上；后来，在杨坚的要求下，又赐给他原本只有皇帝才能戴的十二旒王冕和天子旌旗，超过了臣子所能享受的最高礼节极限；公元581年二月甲子日，周静帝以杨坚众望有归下诏宣布禅让。杨坚三让而受天命，自相府常服入宫，备礼即皇帝位于临光殿，定国号为大隋，改元开皇，宣布大赦天下。王妃独孤氏成了皇后，长子杨勇立为太子。尽杀了宇文氏诸王，以绝后患。

杨坚当皇帝时四十岁，母仪天下的独孤皇后也已三十七岁。建立隋朝后，隋文帝认清了前朝没落的原因在于浮夸不实，卓具远见的他力图改革官仪，整顿朝纲，一心建立一个圣明朝代。独孤氏也不是一个目光短浅、囿于家事的女性，当上皇后之后一如既往地支持丈夫，隋文帝杨坚也对妻子的政治直觉非常信服，达到言听计从的程度。每当文帝临朝听政，独孤皇后便与文帝一起坐辇去朝堂，到了门阁才止步。杨坚在前殿会见大臣，独孤伽罗就在后殿倾听，下朝后两人又一起返回后宫。独孤皇后还暗中派遣宦官监察朝政，若有不妥的地方，等文帝退朝后，她必然婉言进谏，文帝常常采纳她的意见。杨坚凡有决策，都要与独孤伽罗商议，夫妇两人被并称为"二圣"。

独孤氏很早就失去了双亲，对于亲情常怀感慕。她尊礼长辈，官员的父母都得到她的礼遇。有司奏以《周礼》百官之妻命于王礼。独孤皇后不同意，说："以妇人与政，或从此渐，不可开其源。"独孤皇后不仅自己以身作则，严格要求，还经常告诫各位公主，遵守妇德，不要傲慢，在公婆面前失礼。

独孤皇后对外戚要求尤为严格。她表弟崔长仁，奸淫妇女，文帝看在皇后面上，本要免去其罪，而皇后却不徇私情，把崔长仁处以死刑。独孤皇后的异母弟独孤陀，以猫鬼巫蛊，咒诅皇后，坐罪当死。皇后三天不进饮食，替独孤陀请命说："陀若蠹政害民，我不敢言；如今却因我而坐罪，请免他一死。"独孤陀因此减死罪一等，免于一死。

杨坚建隋以后，突厥依旧与中国交市。市易中，突厥有一箧明珠，价值八百万，幽州总管阴寿想买下送给独孤皇后。独孤皇后却回绝说：
"这不是我所需要的，如今敌寇犯边，将士疲劳，不如将这八百万赏给
有功将士。"百僚无不进表称贺，朝野称善，文帝杨坚在宠爱之余，不
禁由衷敬佩。

独孤皇后不仅聪明敏锐，而且颇为仁爱。每次听到大理寺秋决死
囚，未尝不伤感落泪。

独孤皇后别的什么都好，只是生性绝妒，在夫妇问题上很敏感，主
张一夫一妻。不容杨坚接近女色。独孤皇后当初嫁给文帝时，曾让丈夫
发誓："一生之中不能与除了她之外的任何女人生孩子。"杨坚严格遵
守誓言，他的孩子全都是由独孤皇后一人所生，文帝也曾得意地对群臣
说："前代皇帝内宠太多，往往由于嬖爱而废嫡立幼，我没有姬妾，五
个儿子都是皇后所生，必然会和睦相处，不会像前朝那样发生争夺。"
皇帝的私生活如此纯真，这在世界史上也是罕见的。因此隋朝后宫佳丽
三千，然而形同虚设，终日难得见到皇上一面，即便见到也难得承幸。
文帝"唯皇后当室，旁无私宠"。宫中诸嫔妃宫女，也在独孤皇后严厉
的目光下噤若寒蝉，春心冻结，无人敢冒生命之虞去与皇上调情。

可是，杨坚立誓是做皇帝以前的事，做了皇帝以后，天下女子都为
他所有，情况就有所不同。后宫的殿前廊下，到处都是如花似玉、楚楚
动人的妙龄女子，在这种情形下让皇帝目不斜视，恐怕做不到，而且也
会憋得受不了。随着承平日久，皇后芳容渐去，文帝越雷池的念头日渐
强烈，待见到了尉迟氏，便再也按捺不住。

尉迟氏是尉迟迥的孙女。尉迟迥兵败以后，眷属没入官府为奴。尉
迟氏年轻美貌，娇弱动人，比起中年的独孤皇后，尉迟氏自然迷人妩媚
得多。

文帝是在仁寿宫中见到美艳照人风情万种的尉迟氏的。这天独孤皇
后受了些风寒小病卧床，在宫中调养。杨坚得了这个空隙，便独自在后
宫散步。他走到一处别苑中，见一妙龄女子，轻卷珠帘，正好打个照
面。这个女子见皇帝驾临，慌忙出来迎驾，上前叩头。杨坚仔细一看，

见这女子美丽非凡，顿时心旌摇荡，竟一下子耽搁了几天，杨坚才还朝听政。

不久，独孤皇后知道了此事，醋性大发。独孤皇后不能处置文帝，只有把满腔愤怒发泄在尉迟氏身上。独孤皇后趁文帝上朝，派人杀了尉迟氏，并命人在文帝退朝以后，送上个盒子。文帝问盒子里是什么？皇后命人打开，文帝一见之下，脸色陡变，盒内竟是尉迟氏的血淋淋人头！

文帝怒不可遏，可是又不能对皇后如何。文帝一气之下，快步跑出了宫殿，从厩中拉出一匹马，纵马奔出皇宫，一下子奔跑了二十多里，闯入了一座山谷。大臣高颍、杨素得报以后，怕出意外，急忙紧追其后，在山谷停下来，两人拦在马前苦谏，劝慰皇上。

文帝长叹道："吾贵为天子，却连一点自由都没有！"高颍劝慰说："陛下怎么能够因为一个女人而置天下于不顾呢！"文帝怒意这才慢慢消了下去，在山谷里徘徊了很久，直到半夜才回到皇宫。皇后伺候在阁内，见皇上回来，流涕拜谢。从此以后，独孤皇后的行为方才有所收敛。有时任凭杨坚与宫人沾染，只装作不知，但也不容许杨坚过分。

第二年的八月中秋晚上，独孤皇后因病去世，年龄还不到五十岁。独孤皇后死了之后，文帝更没有了顾忌，开始纵情女色，宠幸宣华夫人陈氏、容华夫人蔡氏。由于过度沉溺，文帝渐渐身体不支。文帝病重时，想到了独孤皇后的好处，便对侍者说："如果皇后在世，我哪里会这样！"文帝怀念起了独孤皇后在世时清心寡欲的日子，但为时已晚了。

独孤皇后不仅不愿文帝宠嫔妃，而且讨厌群臣及诸子宠姬妾。大臣中凡有姬妾生子者，皇后都会令皇帝斥责贬官。独孤皇后为太子杨勇选定了元氏之女为太子妃，按照仪制另立云氏之女为昭训。元妃生性温婉贤淑，端庄有礼，独孤皇后认为她十分适合将来母仪天下，因而对她颇为器重；云昭训却是一个活泼乖巧的女子，相貌俏丽，楚楚动人，相比之下，独孤皇后嫌她失于轻佻，立她为昭训本有些勉强，按她的意思是让太子尽量少接近云氏。然而，太子的情感与母亲的心意不同，他对元妃更多的是敬重，而对云昭训却十分宠爱，因此，平时多半是与云氏缠绵一处。对此，独孤皇后听到风声后，心中大为不悦。

这里，杨勇的弟弟晋王杨广正好乘虚而入，他故意装出一副节俭仁孝、不好声色的样子，广泛结交大臣，处处讨好母后。独孤皇后见杨广努力按自己的要求行事，心中自然十分喜欢，她对隋文帝说："广儿大孝，每听到我们派遣的使节到他的守地，他必定出城恭迎；每次谈到远离朝廷、父母，他都悲泣伤感；他的新婚王妃也可怜得很，广儿忙于政务根本无暇顾及她，我派使婢前在探视。王妃萧氏常常只能和她们同寝共食，哪里像勇儿与云氏，终日设宴取乐。勇儿真是亲近了小人啊！"由于杨广的有意图谋和独孤皇后的评价，杨勇的太子地位变得岌岌可危了。

事情不凑巧，由于太子处境困窘，心存大志的元妃为他担心焦虑，偏偏太子自己却不把这事放在心上，终于导致元氏悒郁成疾，抱憾离开了人世。昭训云氏是一个不太关心政事的女子，她醉心于儿女之情，这种性格很讨杨勇的欢心，两人卿卿我我，形影不离，就在元妃死后不久，云昭训生下了儿子。本来元妃的死就让独孤皇后耿耿于怀，认为是太子害死了元妃，如今太子又违反了她所订下的规矩。因此，偏妃生子成了太子杨勇的罪孽，使皇后对他大为不满。

这时，正好晋王杨广由他的守地扬州入京晋见母后。心怀叵测的他在独孤皇后面前暗暗挑拨道："太子对儿存有异心，多次派人刺杀孩儿，让孩儿十分惊恐。"独孤皇后本是一个非常精明的人，稍微理智些就不可能轻信杨广的话，但因为她已对杨勇产生了很深的成见，所以连想都没想就听信了杨广的一面之辞。怜爱和气愤的情绪一齐涌上她的心头，于是坦白地对杨广说明了她的心意："勇儿已不成器，抛开正室，专宠云氏，有我在他尚且敢欺负你们兄弟，假如他将来当了皇帝，太子竟是庶出，你们兄弟还得向云氏俯首称臣，讨得生路啊！"

事情到了这种田地，废除太子一事已毋庸置疑了，因此，在开皇二十年十月，隋文帝在独孤皇后主张下，以太子"情溺宠爱，失于至理，仁孝无闻，昵近小人"的罪名而将他废为庶人。一个月后，在独孤皇后的授意下，晋王杨广被立为太子。

独孤迦罗不会想到，正是这个她心爱的次子杨广，还在父亲活着的时候就调戏庶母，继位后造迷楼广选天下美女，滥用民力穷奢极欲，杀害宗室重臣，虐待同胞手足，做尽了她深恶痛绝的所有事情。

杨广在位十年，独孤迦罗辛苦一生和丈夫创下的隋朝基业便被消耗殆尽，流着她血脉的杨氏儿孙，也都因此再无遗种。如果独孤氏地下有知，不知要做何感想？

隋炀帝强占庶母

隋炀帝杨广是隋文帝杨坚的第二个儿子，又名杨英，小名是阿㦍。隋朝的第二个皇帝，是历史上有名的暴君、淫君。纵观杨广的一生，他能文能武，有勇有谋，聪明绝顶，但他性格中却有许多作为一个帝王最致命的缺点。他虚荣心强，奢侈淫靡，好色荒淫，同时他好大喜功，骄横残暴，滥用民力，实行一系列暴政，搞得内外交困，民不聊生，结果惹得民怨沸腾，最终导致各地农民起义，隋朝统治土崩瓦解，隋炀帝杨广自己最后也被部下杀死，落了个身败名裂、遗臭万年的下场。

据说杨广的母亲独孤皇后当初怀上杨广时，夜里梦见一条龙从身中钻出来，在天空中飞了十多里，然后坠落于地，尾部折断了。隋炀帝出生的时候，红光漫天，乡间牛马都大声鸣叫。

杨广生一副好面相，天庭饱满、浓眉大眼，眼闪星辉。极受其父文帝的宠爱。并且生性聪明好学、才智过人，博闻强记，过目不忘；到了十岁左右，已经博览群书，对天文、地理、方药、伎艺、术数，无不通晓。然而他性子偏急，阴贼刻忌，好猜测别人的心理。

杨广三岁时，一天在文帝身边玩。文帝抱着他观察了很久，然后叹气说："这孩子是极贵之相，然而破灭杨家的恐怕也是他。"

父亲杨坚建立隋朝后，当时只有 13 岁的杨广被封为晋王，担任并州（治所在今山西太原市）总管。在以后杨坚统一全国、平定叛乱、抵御突厥、巩固疆土的过程中，杨广凭借自己的智谋和英勇善战而多次立下汗马功劳。在隋文帝的几个皇子中，杨广是功劳最大、威望最高、才能杰出，也最为隋文帝和独孤皇后宠爱和器重的。然而隋文帝杨坚称帝后，按惯例将长子杨勇立为了太子。

作为一个邪恶的天才，杨广的野心和权术都使他对帝位产生了觊觎之心，为了实现做太子、以后做皇帝的梦想，杨广费尽心机地将自己伪装起来。杨广并非不好美色奢侈，但是为了实现自己的野心，他极为狡猾地将自己伪装成十分谦虚自抑之人，史书上称："晋王（杨）广美姿仪，性敏慧，沉深严重；好学，善属文，敬接朝士，礼极卑屈；由是声名籍甚，冠于诸王。"杨广的伪装果然获得了众人的赞誉和父母的好感。

一次，杨广与军队观猎遇上大雨，左右给他披上雨衣，杨广说："士兵们都淋得透湿，我干吗要穿雨衣呢？"随命左右拿走雨衣，仍冒大雨立马观览，将士们见了都非常感动。杨广知道父母都很节俭，他也装得很简朴。有一次听说父母要去他家看看，早有准备的杨广就让美丽的姬妾都躲藏起来，自己和正妻萧氏一同到门口亲自迎接，还让年老、面貌一般的妇人穿着破旧衣服侍奉父母亲。文帝夫妇四处查看，只见殿内乐器灰尘满布，琴弦断绝，一看就知很长时间不用了，文帝和独孤氏就此认定杨广不好声妓歌舞，这和那位连铠甲都以金玉装饰的太子杨勇形成鲜明对比。他还常给父母身边的侍从们一些好处，送些礼物，这些人回去都说杨广的好话。两方面的作用使得杨坚夫妻越来越喜欢次子杨广了。

而太子杨勇却缺少杨广那样的心机。明明知道父亲杨坚喜欢节俭，他偏偏要奢侈浪费；明明知道母亲独孤皇后痛恨男子宠幸众多姬妾，他还要很张扬地寻欢作乐。不但如此，还冷落了母亲精心为他挑选的妻子元氏。元氏突发心脏病而死，独孤氏怀疑是杨勇故意毒死太子妃，并且，他和自己的几个爱妃云妃、高妃和成妃等生下好几个孩子。可以想象，连自己的皇帝丈夫都不准纳妃的独孤皇后看到这种情景是多么愤怒。这使得父母都对他有怨气，加上后来杨勇还过分地接受百官的朝贺，使杨坚更为不满。这就为杨广的夺位提供了好机会。

杨广又暗中派遣和他关系亲密的大臣宇文述、杨素等人在杨坚夫妇面前百般诋毁太子杨勇。太子本性直率，不知矫饰，每每喜怒形于色，于是隋文帝逐渐有了废掉杨勇的想法。

杨广当上扬州总管后，借入朝还镇的机会与母后独孤氏道别，装出一副依依不舍、可怜巴巴的样子，突然跪在地上，很伤心地哭起来。独孤皇后也泫然涕下。杨广趁此机会大倒"苦水"："儿臣非常看重兄弟情谊，不知哪里得罪太子，他一直想杀掉我。每想到自己不知哪天被害死，真是惶恐万分。"

独孤皇后闻言大怒："杨勇太过分了，我给他娶的元妃他一点也不爱念，专宠云妃，还下毒毒死元妃（其实是心脏病发而亡）。我现在活着他还这样对待你，哪天我死了还不知怎样加害你们兄弟呢。等你父皇驾崩以后，想到你们兄弟得向云妃那个小妖精跪拜称臣，为娘我真是心如刀绞！"杨广闻言频频再拜，呜咽不止。独孤皇后也抱着儿子大哭。

至此，独孤皇后已经下了废掉杨勇的决心，她日夜不停地在杨坚面前说杨勇坏话，杨素等大臣也推波助澜。已到垂暮之年的隋文帝本来就对权力旁落十分敏感，在独孤皇后和杨素等人的蛊惑下，废掉太子杨勇，立晋王杨广为太子。

当上太子之后，杨广深知自己大意不得，如果在父母面前露出马脚，太子之位难免会产生变数，因此还要继续发挥自己的演技。

公元602年八月，皇后独孤氏病逝。太子杨广进宫拜见父皇时哀恸气绝，装出万分悲痛的样子，但一回太子宫里就像平常一样饮食欢笑。为了表示思母过哀，饮食不思，杨广对外声称每天只吃两勺米，在灵前号哭跪伏，私下却派人精制猪鱼肉脯，装在竹管里以蜡封口藏于袖中，瞧见没人时就吃上几口，继续演戏。

公元604年，杨坚病重，卧床不起，杨广终于撕下了他虚伪的面纱，露出了他荒淫好色的真实面目，竟在文帝的病榻前非礼文帝的宠妃宣华夫人。

杨广早就垂涎宣华夫人的美貌。宣华夫人陈氏是陈宣帝的女儿，天性聪慧，容貌无双。陈灭以后被选入掖庭，在后宫为嫔。独孤皇后悍妒，后宫佳丽唯独容许陈氏偶尔见宠。杨广为晋王时，为了争夺太子地位，也想拉拢陈氏作为父皇身边的内应，因此时时拿一些金蛇、金驼等奇珍异宝进贡给陈氏来取悦讨好她。在皇太子杨勇被废这件事上，陈氏也确实出了不少力。

文帝病重躺在仁寿宫，令宠妃宣华夫人、荣华夫人和太子杨广前来侍应。一天，杨广入宫，到杨坚病榻前问疾，见到父亲的宠妃二人秀色动人，虽面带凄苦之情，仍不失妖媚，于是淫念顿生，趁宣华夫人出室更衣之际，尾随其后，强抱求欢。宣华夫人强行挣脱跑了出来，匆匆奔回宫室。躺在病榻的文帝看见宣华夫人神色慌乱，问她缘故。宣华夫人在逼问之下，垂泪回答："太子……太子无礼!"文帝气得捶床大叫："这种畜生!我怎么能够把国家大事交付给他呀!独孤氏差点坏了我的大事!"文帝这才醒悟，独孤皇后所力主选定的太子杨广原来是个孽子，然而，一切都为时已晚了。文帝驾崩，杨广秘不发丧，随即入主大位。

杨广当了皇帝，就是隋炀帝。宣华夫人早已吓得魂不附体，坐立不安，深恐杨广记起前仇。这时，来了一个内侍，称奉了圣上旨意，赐与宣华夫人金盒一只。宣华夫人想到老皇帝猝然驾崩，自己又得罪了新皇帝，现在这个金盒里一定是赐死的毒药，就和周围的宫女一起痛哭流涕起来。没想到等她战战兢兢地揭开了盒盖一看：盒里并不是毒药，竟是几个扎得十分精巧的同心结。宣华夫人有些恚怒，不管怎么说，她在名分上还是杨广的庶母啊。偏偏炀帝对她并不忌恨，反倒临幸宣华夫人宫中。宣华夫人见新主春风满面，急忙出迎。杨广见她黛眉半锁，穿一身淡素衣裳，不施粉黛，另有一番风味，竟抬起手来拉宣华。宣华明知其意，也不知如何挣扎，即同杨广同入寝宫，不免一宵欢娱。

此后，宣华夫人也就随遇而安，一心想博得新皇恩宠。于是重施粉泽，再画眉山，打扮得娇娇滴滴，以讨炀帝欢心。隋炀帝对她也一直宠幸无比，后来宣华夫人去世，隋炀帝还很深情地作了一篇《神伤赋》来怀念她。

不久，杨广又想起先父杨坚的另一宠妃容华夫人蔡氏。蔡氏奉召，来到炀帝面前，自称愿出家为尼。炀帝仔细一瞧，这容华夫人颦眉泪眼，仿佛带雨海棠，虽比宣华夫人略逊一筹，也算得上世间少有，姿色超群。炀帝一时强忍情怀，好言劝慰，仍叫她安居后宫，一再表示绝不亏待。容华夫人见新君如此相待，也只好退回后宫。可是炀帝心中却暗想："既已污了宣华，何不再污容华?"到了晚上，炀帝果然蹑入容华宫中。容华夫人早知宣华夫人与少帝之事，现在见炀帝来到自己宫中，也乐得步宣华后尘，暂图眼前快乐。

炀帝对两位庶母左拥右抱，乐不可支，哪里还管这两个美人原来是父亲的宠妃？不过他光有这两个美人相伴他还觉得不满足，他觉得天下富安，外内无事，正该是行乐之时。于是又广选美女，另辟苑园，穷奢极欲，荒淫终日。

《礼记·昏义》曾设想天子有三夫人、九嫔、二十七世妇、八十一御妻，共一百二十人。隋炀帝就把它付诸实践，因此后宫美人无数。为了安置这么多美人，他大兴土木，在东都洛阳营造西苑。西苑方圆二百里，苑内分十六院，聚石成山，凿池做海，汇集了天下所有珍异的鸟兽草木。每院有二十位美女，以炀帝最宠爱者为首。除了西苑，隋炀帝从长安到扬州，还设置了四十多所离宫。各离宫也都安置了大量宫女。这样，他即使出去巡游，也不乏大量美人的陪伴。

隋炀帝的皇后萧氏也是一个貌若天仙的美人。杨广如此荒唐淫乐，萧皇后无能为力，顶多从旁劝劝。但杨广根本不听，依然我行我素。萧皇后见杨广日益失德，无可挽回，又不敢直言，于是写了一篇《述志赋》来排遣忧闷。目的是为了规谏杨广居安思危、劝导杨广有所收敛。谁知杨广读过赋后，一笑了之，大不以为然。萧后感到绝望了，杨广根本不会改变。萧后干脆就不再说什么，做一个旁观者。

不过隋炀帝虽然美女如云，对于萧皇后一直是很敬重的。每次游幸，杨广总要萧皇后侍驾随行。有一次他做了一个梦，居然梦到了陈后主。陈后主还俨然一副皇帝的派头，呼隋炀帝为殿下。这两位都是文采风流之人，见了面就开始比试诗词，几局下来，不分高下。陈后主身边站着一个绝色美女，隋炀帝不禁频频注视。陈后主就说："殿下不认识这个人吗，这就是张丽华贵妃呀。"隋炀帝一听这是他久闻其名而最终未能一见的张丽华，十分高兴，就请她舞一曲《玉树后庭花》。一曲终了，陈后主很得意地问隋炀帝："你的萧妃比此人如何呢。"隋炀帝虽然惊叹于张丽华的美色，但在这种场合下怎肯承认自家老婆不如，便很聪明地说："春兰秋菊，各有千秋。"

这时，隋炀帝忽然意识到陈后主已经死了很久，便大声呵斥："你怎么现在还叫我为殿下，还拿那些往事来问我。"于是陈后主一下不见了，皇帝半天才回醒了过来，过了好久，还是心惊胆战的。有道是"国之将亡，必有妖孽"，隋炀帝这般白日见鬼，说明他的统治也长不了了。

隋炀帝还有一个古怪的癖好，虽然宫中美女众多，千姿百态，他却偏偏喜欢"御幸"十几岁的童女。可那些刚刚十几岁女孩子，哪里能领略得了皇帝大人的"雨露圣恩"，不免都有些扭手扭脚的，让皇帝不能尽兴。这时，隋炀帝身边的一个马屁精大臣何稠投其所好，给他献上了一个新奇的玩意。

那是一辆精巧的小车。四围都是锦围绣幕，下面配着玉毂金轮。内外共有两层，内设精巧机关。乃是专供隋炀帝"御幸"童女所用。只要放得一个女子进去，将车身推动，上下两旁立刻就有暗机缚住手足，让那女子丝毫抵抗不得。这车又有自动功能，让皇帝纵横驰骋，不费一点力气。隋炀帝一见大喜，马上拖来一个童女试验。颠鸾倒凤一番，果然是与往常不同，格外畅快。于是龙心大悦，立刻给了何稠千金的赏赐。这精巧小车能让他任意取乐，就被他赐名为"任意车"。

何稠尝到了甜头，再接再厉，又给皇帝献上了"转关车"。这车设计了巧妙的平衡减震机构，不仅可以爬坡，甚至还能登上楼阁，并使车内的人丝毫不觉得震动，感觉就像在平地上一样。但它的妙处并不在此，而是在皇帝"御女"的时候，这个机关可以恰到好处地配合男女摇动，双方丝毫不需要花力气。皇帝这回更加高兴，就立刻赏了何稠一个大大的官做。

隋炀帝得到了这么绝妙的"车"，就有人给他进献了一个"御车女"袁宝儿。这袁宝儿生得袅娜纤巧，娇憨可爱。隋炀帝十分宠爱她。那时洛阳进贡了一种奇花，双枝并蒂，异香扑鼻。因为献花之时正好御驾刚至，就叫做"迎辇花"。隋炀帝让袁宝儿手持此花，号称"司花女"。虞世南受命在宫中草诏，袁宝儿持花在一边侍立。也不知道是因为虞世南长得太帅，还是他写字太好，袁宝儿一直呆呆地看着他。皇帝见了倒也没恼，还觉得她这般憨态十分可人，让虞世南作诗一首来逗逗她。虞世南应诏，便写了一首绝句：学画鸦黄半未成，垂肩禅袖太憨生。缘憨却得君王惜，长把花枝傍辇行。

隋炀帝美女太多，也有顾不过来的时候。有一个侯夫人，姿容出众，却一直不能见到皇帝的面。她十分伤心绝望，就以白绫自尽于梁柱下，臂上缠着一枚锦囊。侍从把那枚锦囊献给皇帝，皇帝打开，只见里面有好几篇她的诗作，写尽了"长门七八载，无复见君王"的无限幽怨。其中有一首道："秘洞遍仙卉，雕房锁玉人。毛君真可戮，不肯写昭君。"隋炀帝见此不禁伤感，他前去探看侯夫人的尸体，见她面色如生，不禁慨叹："人虽死而颜色犹美如桃花。"便立刻找来中使，责问他："朕要你择后宫女子，你为何把这个美人给落下了。"令那个倒霉鬼自尽。可他却不想想，这"雕房锁玉人"的结果，正是他自己的淫欲造成的，现在却扮出一副多情种子的模样，不免令人好笑。

隋炀帝在南征陈朝的时候，就对江南风物十分欣赏。接下来他又做了九年扬州总管。扬州在隋唐两代十分繁华，号称"人生只合扬州死"。后来更有"腰缠十万贯，骑鹤下扬州"的说法，把到扬州与当大富翁和做神仙相提并论，可见扬州城的魅力之大。隋炀帝在这样的锦绣风流之地，自然是十分沉迷。后来，他当了皇帝，依然很怀念在扬州的日子，连看到宫中挂着描绘扬州的图画，都注目很久，流连不已。于是，皇帝决定，要再去扬州一趟。

但他现在是皇帝了，想去扬州就不可能像当王爷那样轻车简从。而且隋炀帝还很喜欢摆排场，要带上百官、嫔妃、随行伺候的宫奴侍女……浩浩荡荡的一大队人马。这么多人一起随他南下，绝对是一桩浩大工程，远远超出了当时社会的承载能力。但隋炀帝一心认为天下大定，繁荣富庶，怎么会被这点小小的难处挡住，就从公元605年（大业元年）开始，下令开掘前所未有的巨大工程——大运河。

公元605年（大业元年）八月，他不等运河全部完工，就从洛阳出发，坐龙舟前往扬州。船队规模浩大。隋炀帝的龙舟高四十五尺，宽五十尺，长二百尺。分为四重，上重为正殿、内殿和东西朝堂，中间二重共计一百六十房，都饰以金玉，雕刻花纹，下重居住宦官和内侍。他所乘坐的龙舟，也不用纤夫，而是征召美貌少女一千零八十人用青丝大绦绳牵引前进，都穿着锦彩衣袍，号称"殿脚"。皇后坐的船叫翔螭舟，比龙舟稍小但装饰相同，用殿脚九百人引进。嫔妃乘坐的是浮景舟，共有九艘，每艘用殿脚二百人。贵人、美人和十六院妃子所乘的船叫漾彩舟，共有三十六艘，每艘殿脚一百人。此外，还有各式各样的华丽大船上千艘，上面坐着宫人，诸王公主，僧尼道士，各国使者，宫廷卫士，总计用殿脚八百多人。其中有一个叫吴绛仙的，生得秀媚鲜妍，在那一群美女中也显得光彩夺目，特别受到隋炀帝的宠爱，想封她作婕妤，却由于萧皇后的妒忌，不得不作罢。于是把她提升为龙舟首楫，号称"崆峒夫人"。吴绛仙善画长蛾眉，号为蛾绿，那些殿脚女就纷纷效仿她。司官吏每天供给螺子黛五斛。螺子黛出波斯国，每颗值十金，过于昂贵，所以后来就夹杂了铜黛。只有吴绛仙能一直得到螺子黛。隋炀帝经常倚帘观赏吴绛仙的娇姿美态，一看就是好半天，并对近臣说："古人语秀色若可餐，像绛仙这样美色真可以疗饥了。"

这支浩浩荡荡的船队，在运河中航行的时候首尾相接，前后长达二百多里。两岸又有二十万骑兵护送，马蹄杂沓，旌旗蔽空。隋炀帝的龙舟已出发五十多天，随从的船只才刚刚离开洛阳。一路上，所过州县，五百里内都要供奉食物，称为"献食"。当地官吏自然不会放弃这个拍马屁的好机会，就争相进献，多的甚至达到一州数百车，都是水陆珍奇，美味佳肴。这么多东西，隋炀帝一行哪里吃得完，就把剩下的统统倒掉。这般靡费，最后却都要转嫁到老百姓头上，虽然隋炀帝假惺惺地免除了扬州五年的赋税，但他这一番巡游给当地百姓带来的困扰，可比那区区几年赋税大多了。

到了扬州，皇帝自然要大肆玩乐。他嫌当地的宫室太过轩敞，缺乏逶迤曲折之趣，就在观音山上建了一座新楼，把国库里的银子花了个精光。此楼布局别致，精巧无比。从外面远望，楼阁参差，轩窗玲珑，或是斜露出几曲朱栏，或是掩映着一帘绣幕，装饰着金银珠玉，光华夺目，与日影相映生辉。等进入门内，只见当中一座正殿，画栋雕梁，奢靡富丽。巧妙之处还在楼上，其中幽房密室，错杂相间，令人接应不暇。而且万折千回，前遮后映，重门复户，巧合回环，明明是在前轩，几个转弯，竟在后院；明明是在外廊，约加环绕，已在内房。步步引入胜境，处处匪夷所思。就连皇帝自己，也差点不知身在何处，东探西望，左顾右盼，累得目眩神迷，不禁赞叹道："此楼曲折迷离，就是仙人游在其中，也会迷路。就叫做'迷楼'吧。"

有了绝妙的"迷楼"，隋炀帝就可以安享扬州的美景和美人了。他在迷楼上设了四副宝帐，分别称为：散春愁、醉忘归、夜酣香、延秋月。接着诏选良家女子数千，住在迷楼中。不过皇帝日日与诸女周旋，身体慢慢地就有些吃不消了。他对近侍说："朕还记得登基的时候，十分辛苦却不瞌睡，只有枕在妇人腿上，才能合目。如今却一睡下就醒不来，一近女色就疲倦，这是为什么？"近侍劝他少近声色，保养身体。

说得皇帝连连点头，第二天在后宫选了一间静室养身，宫女皆不得进入。可才过了一天，隋炀帝就怏然出来，还说："像这样活一千万岁又有什么意思呢？"又进迷楼纵情享乐去了。

公元617年（大业十三年），杨广一年都守在江都，这是他当皇帝以来第一次一年之久停留一个地方，并不是他变老实了，而是遍地"盗匪"，无处可去。此时，李渊攻占都城长安，迎立隋炀帝的孙子代王杨侑为帝，改元义宁，遥尊隋炀帝为"太上皇"。隋炀帝内心深处已经明白天下纷乱是无法收拾的了，因此无心北归，留在扬州成日与宠幸妃嫔千余人饮酒作乐，一天比一天变得荒淫起来。但他心中的烦闷是这种淫乐的生活所消解不了的，每天要由好几个嫔妃轻轻摇晃着他才能睡着。尽管如此，他还强作达观，萧皇后劝他外边群盗蜂起，要以社稷为重。他就说："人生能几何，想也无用，别说那些烦心事了。"又宽慰萧皇后："那么多的人想把我赶下去，代替我来做皇帝。我就是被赶下去了，也能做个长城公，你也能做第二个沈后，咱们还是喝酒吧，何必自寻烦恼。"长城公是陈后主降隋之后的封号，沈后则是他的皇后。隋炀帝已经很清楚，自己要遭到像陈后主那样的亡国命运了。为了以防万一，他甚至将毒药带在身上，免得被人折磨，不得好死。

在千万人血染刀锋和饿死山野之际，杨广以一种世界末日来临的颓废心情，更变本加厉的享乐。全国供杨广一人享乐的美女，总数在十五万人以上，他每天酒不离口，总是喝得酩酊大醉。杨广还常对着镜子说："好头颅，由谁来砍！"萧皇后大惊，问他怎么说出这么不吉利的话。他说："贵贱苦乐，互相交换，没有什么可伤心的！"虽然表面上这么说，其实他内心却肯定自己绝不会死，至少也会像陈叔宝一样被封为一个公爵。他不敢面对现实，当他的禁卫军密谋叛变，一个宫女得到消息，向他报告时，他因无法处理而大怒，竟把宫女处斩。而后再有人告变，连萧皇后也劝说宫人不要再冒死进言："天下事既然到了这个地步，情势已经无可救药了。不用上奏了，让皇上知道也只能白白增加他的烦恼而已。"

153

但这一天还是要到来的。天下大乱，扬州周围也是摇荡不已，粮食渐渐吃完，从行的禁卫军多是关中人，人心思归，不时有兵将逃亡，斩诛多人也止不住。

618 年，杨广最亲信的大将宇文化及率领禁卫军入宫。杨广逃到一个小房间躲藏，被一位恨透了他的美女指出所在。禁卫军把他拖出来，杨广还恬不知耻说："我有什么罪，对我如此？"禁卫军当面把他最心爱的幼子，十二岁的杨杲杀掉。杨广这时才发现公爵已没有希望，他要求服毒自杀，禁卫军不愿浪费时间，于是把他绞死。杨广死时才五十岁，当了十五年皇帝。同年五月，李渊逼杨侑退位，自行称帝，是为唐高祖。隋朝灭亡。

他死后，萧后叫宫女拆去床做成棺材以装殓尸体，宇文化及将他葬在扬州西边的吴公台下。后来江都太守陈核又于 631 年（贞观五年），把他改葬在江都城西的吴公台下，以后又移葬雷塘。

民间传说，因隋炀帝作恶多端，他葬在哪里，雷就轰到哪里。隋炀帝墓后来渐渐荒芜。直到清朝嘉庆年间，才被住在雷塘附近的扬州学者阮元发现，现陵前有阮元重修时所立的碑，碑上刻有当时的书法家、扬州知府伊秉授所书"隋炀帝陵"四个大字。

唐太宗李世民迷爱弟媳

李世民（598～649），唐朝第二位君王，汉族。祖籍陇西成纪人（今甘肃静宁成纪乡人），中国历史上最伟大的皇帝之一。堪称"千古一帝"。

也许唐朝皇帝是胡人血统的缘故，唐代不仅民风比较"开化"，皇室之内在历史上也是淫乱成风，什么子占父姜，父夺子妻，后宫养奸，兄占弟妻等，无所不有。而"一代明君"李世民杀弟占妻，开唐代放荡轻佻之风。

大唐王朝的开国皇帝李渊共有二十二个儿子，其中正妻窦氏所生嫡子四人，即长子李建成、次子李世民、三子李元霸、四子李元吉。李元霸早夭，其余三人在李渊建唐过程中都立有功劳。当李渊在太原起兵时，李建成是左军统帅，李世民是右军统帅，李元吉是中军统帅，留守太原。

李渊称帝时便册立长子李建成为太子，又封李世民为秦王、李元吉为齐王。这里面本来就有早定名分，以免兄弟相争的意思。但是，李渊称帝时，天下还处于纷乱状态。不仅群雄逐鹿，连年厮杀，而且皇帝就有好几个，李渊只是其中之一。尽管他占据长安，有居高临下的优势，但实力也不见得最强。李唐得以逐一消灭群雄，统一天下，李世民当推首功。

李世民在开国后的几年里，不仅建立了功勋，树立了威望，更重要的是，他大大发展了自己的势力。他网罗了尉迟敬德、秦叔宝、程知节等著名将领，又广泛结交名士，比如房玄龄、杜如晦等著名的十八学士，都成了他的谋士。所以，他的势力无人能比。因此李世民逐渐产生了想当皇太子、觊觎帝位的政治野心，这引起了太子建成的猜忌。太子建成很害怕李世民夺去他的储君位置，他勾结齐王元吉不断加害李世民，于是兄弟之间的关系越来越恶化。终于在武德九年（公元626年）六月初四，李世民在玄武门发动政变，杀死了李建成和李元吉。玄武门之变三天以后，唐高祖李渊宣布立秦王李世民为太子，处理国家一切政务。这一年的八月，高祖李渊退位，自称太上皇；李世民在东宫显志殿正式即皇帝位，就是历史上有名的唐太宗。

齐王李元吉被杀害时，年仅二十四岁，留下一个美貌的妃子杨氏，杨氏本是长安教坊的一个舞妓，她的年龄与李元吉相当，长得体态丰润，性情柔媚，面如出水芙蓉，腰似迎风杨柳，眼眸顾盼间摇人心旌。而且她冰雪聪明，知书识字，能吟诗作赋，被李元吉收为妃子，当时在唐室王妃中最为娇艳，也最受李元吉的宠爱。

杨氏与李世民的长孙夫人关系非常好，相互之间往来密切。当年李元吉想加害李世民时，杨氏就曾在暗中谏阻，希望李元吉不要与李世民为仇而加害于他，可李元吉就是不听，最后落得家毁人亡，子嗣同诛的下场。

李元吉被杀后，杨氏举目无亲，伶仃孤苦。长孙夫人念及过去她俩的情意，常邀请杨氏进府上畅叙旧情，好言相慰，帮杨氏分解烦闷。

有一次，长孙夫人又邀杨氏来府上，俩人在后室谈得正火热时，忽传报说太子回府，杨氏躲藏不及，便同长孙夫人一起起身相迎，等李世民落坐后，杨氏忽然从侧旁走到李世民面前，双膝跪倒在地，竟自请死罪，她对李世民说："亡夫李元吉欲谋害太子，我曾私下多次劝阻，无奈他不听贱妾良言，今日死有余辜。奴妾知道是有罪之身，无颜再面对太子，长孙夫人仁慈德厚，请太子赐奴一死，以表一片忠心！"杨氏边哭边说，还长跪不起。弄得李世民不知如何是好，长孙夫人见状急忙起身上前劝慰杨氏，可杨氏一句话也不肯说，只是不停地哭泣。

俗话说：英雄难过美人关。即使像李世民那样一个绝世英雄，诛杀兄弟时都没有动容，可今天看见杨氏梨花带雨、楚楚可怜的柔弱模样，竟让他牵动了万般情肠。于是李世民情不自禁地俯视杨氏，平日只听说王妃中杨氏娇美卓群，今日一见，果真名不虚传。只见她淡妆浅抹，秀色可餐，那种哀艳态度，真是令人魂销魄荡。李世民不免有些心慌意乱，急切中更不知要说什么。只好离座摊开双手，连声说："王妃请起，王妃请起，有话站着说也无妨。"

长孙夫人把杨氏扶起，杨妃仍哭泣不止。李世民劝慰说："王妃不要过于悲伤，齐王谋反，国法不容。但这事与王妃无关，自当宽待。只要我李世民在世一日，一定全力保护王妃，休戚与共，忧乐同堂。王妃不要过虑！况且你与夫人情同姐妹，现你孤身一人寂寞清苦，不妨搬到这里来住，彼此也好有个照应，我也免得担忧了。"

杨妃本是个随波逐流的人物，当然唯命是从，当天便迁居过来。李世民还嘱托长孙氏要好好待杨氏。长孙夫人本来就是个温和贤德的人，自然不会慢待了杨氏。

李世民本来就是风流秉性，早已看上这个如花似玉的弟媳，特地收拾了一个雅静的阁院，供杨氏安居，室中的一切布置，都是李世民亲手安排布置，又亲自指派了心腹侍女数人来服侍杨妃。

自从杨氏搬到东宫居住以后，李世民无一日不在思念杨氏，杨氏那姣好的面容和柔美的身段，总是在他眼前晃来晃去。但李世民毕竟是一个绝顶聪明之人，他知道心急吃不了热豆腐，俘虏女人也要靠攻心为上，另外李世民心中毕竟还有不少顾忌。他既贪恋弟媳的美色，又怕担当杀弟而占其妃的恶名，在这种复杂而矛盾的心态之下，李世民也不敢轻举妄动，只是时时刻刻从细微处关心着杨氏。

遇到春秋佳节，李世民每赏赐妃嫔花粉珍宝，也照样赏赐杨妃一份。元宵那一天，日本国派使者前来朝贡，贡品里面有两顶鲛绡宫帐，是南海中鲛鱼吐的丝织成的，薄得和蛛网一般，拿在手中像空气，挂在床上，里外明彻。李世民收入后宫，一顶赐与长孙氏，一顶却赐与杨妃。从来宫中赏赐，没有人敢与长孙氏相同的。女人家最容易被这些打动，杨妃不禁暗自心喜。李世民平日无事，总爱到她室中叙谈一会，开始时，每次去看望杨氏，都是与长孙氏一起去，渐渐地开始越来越不避嫌疑，经常独自到杨氏的室中坐坐，说说话，渐渐地发展到眉来眼去，耳鬓厮磨，两情入彀，彼此心照不宣。李世民偶然有一天不来，杨妃心中便好似丢了什么似的，饮食无味，魂梦不安。等到听得外边有脚步声传来，杨妃便不觉柳眉轻舒，桃腮凝笑。

一天深夜，已到三更时分，杨氏早已就寝入睡，忽然守夜的侍女进来禀报："太子驾到！"

杨氏慌忙穿衣起床，略整衣容，便急忙出去相迎。

等李世民进来，杨氏行过礼后说道："太子殿下为何深夜到此？不知殿下深夜还会来此，失礼之处还望太子见谅！"

李世民也不直接回答杨氏，只是说："父皇召我等商议禅位之事，后又赐宴，所以多饮了几杯，回来晚了，一时也睡不着，散步到此，请王妃不必多礼。"

杨氏听后赶紧伏身下拜，称贺道："殿下贤德英明，万民仰慕。今得主天下，真是国家社稷之幸事，百姓之福啊！"

说罢，跪行君臣大礼。李世民借几分酒意，一面双手扶起杨氏，一面说："我尚未正式受禅，岂可如此拜贺。"

杨氏不觉脸泛红潮，她轻轻推开李世民的手，才半嗔半喜地站起来。此时正值仲秋八月，户外皓月当空，室内银烛高烧。李世民在灯月下定睛瞧着杨妃，见她云鬟半卷，星眼微饧，穿一套缟素罗裳，不妆不束，却更显出明媚如玉。已有些醉意的李世民不禁心猿意马，热血沸腾，便借着酒劲提议说："今夜月色如此姣好，王妃可否同我一起赏月？"

杨氏含首掩面，笑而不答，在一侧的侍女说道："赏月怎能没酒，让侍女们搬些酒肴果点来，岂不更妙？"

李世民连忙拍手称是。等酒宴摆上之后，李世民邀杨妃入席。刚开始时，杨妃还有三分腼腆，等到酒过数巡，渐把羞涩撇在脑后，抬头看着风流倜傥的储君，英姿洒落，眉宇清扬，杨妃禁不住意马心猿，竟把平生的七情六欲，一齐堆集拢来。

自古英雄难过美人关，李世民当然也不例外，他也禁不住美色的引诱，此时早把什么名声、国体抛到了脑后，许诺杨氏："待我登基后，将你纳入后宫，封为贵妃。"

隔了数日，内禅诏颁下，高祖李渊自称太上皇，正式传位与李世民，是为唐太宗。

唐太宗册长孙氏为皇后。杨妃被纳为妃嫔，对她无比宠爱。也许是爱屋及乌吧，李世民捎带着为死去的李元吉也加了封，追封为海陵郡王。李世民的此举不仅使满朝文武大臣惊诧不已，就连长孙皇后也大感意外，这时她才明白，由于自己的好心，无意中成全了他们，虽然她感到此事太伤太宗的名声，不免有些后悔，但现在木已成舟，无法补救，再加上长孙皇后一向为人仁德谦厚，并且心地宽容大度，依然待杨妃十分亲热，心存歉意的唐太宗看在眼里，不由对长孙皇后更添几分敬意。

贞观十年，杨氏为唐太宗生下一子，取名李明，唐太宗立杨氏为贵妃，并为他们母子建了一座豪华的宫殿，自己一有时间就腻在那里，与杨氏母子一同取乐。

后来长孙皇后去世，太宗想把杨妃升入正宫，魏征再三争论，说陛下须为万世做好表率，千万不可让失节妇人来母仪天下，太宗只好死了这条心。

武则天与女儿共享男宠

武则天是中国历史上惟一的女皇帝，封建时代杰出的政治家。李唐王朝二百九十年的历史，有近半个世纪处于武则天的掌控之中。对于她的一生，历史上历来评说不一，争议不止，其中有褒扬也有贬抑。对她贬斥最多的是，是她淫乱的私生活。她曾拥有无数个男宠，并且和她女儿太平公主还曾经共同拥有一个男宠，这便成为她千古难泯的丑闻。

武则天的祖籍是现在的山西文水，即当时的并州文水。公元624年，即唐高祖武德七年的正月二十三，武则天出生在都城长安。据说，著名的星相家、四川成都人袁天罡，极善看相。有一次他路过武则天家，先给武则天的母亲杨氏看相，说："夫人的相法表示命中定有贵子。"接着看了杨氏所生的两个儿子元庆、元爽，说："这两个孩子是保家的人，官可以到三品。"然后杨氏又把自己的长女、后为韩国夫人的武则天的姐姐叫出来。袁天罡说："这孩子会大富大贵，但命硬，不利于其丈夫。"

这个时候，乳母怀抱着一个身穿男孩衣服的幼儿走了出来。袁天罡抬眼一看，心中一紧，忙说："这孩子神色爽澈，不大好说，让他走走看。"乳母放下孩子，让他行步床前。袁天罡一看之下，不禁大惊，说："这孩子龙眼凤颈，是贵人中的最贵之相。如果是女孩，不可窥测，会成为女皇。"这孩子便是武则天。

武则天自幼聪慧敏俐，极善表达，胆识超人。父亲深感她是可造人才，于是教她读书识字，使她通晓世理。史载，则天十三、四岁时，已是博览群书，博闻强记，诗词歌赋也都奠定了一定基础，而且长于书法，字态卓荦不群。

贞观十一年（637 年），14 岁的武氏以长相俊美，入选宫中，受封"才人"。入宫之后，太宗赐号"媚娘"。武则天作为太宗的才人，在宫中度过了整整 12 个年头，她从一个初涉世事的少女逐渐走上了成熟。

不过这一时期，她并没有能得到太宗的宠遇。她既没有为太宗生养子嗣，自己也没有得到升迁。深宫生活的寂寞，使武则天慢慢品味到宫廷生活的方方面面，这对于一个不甘于现状的人来说，倒成了一种受用不尽的财富。然而，当她还未来得及为自己前途作打算的时候，随着太宗去世，她便同其他未生养子女的宫人们一起被遣送到感业寺出家为尼。

削发后的武则天忍受着寺内各种清规戒律的制约，但是，她坚信这样的日子不会很长，她把感业寺当成了蛰伏之地。她此刻寄予无限期望的不是别人，正是已经即位的高宗李治。李治为太子时，因为来宫内奉侍病榻上的父皇太宗，有机会见到了比他年长 4 岁的武则天。李治为武则天的美貌与多情的目光所吸引，也为她的聪明才智而心动，他们一见便不由自主地私下往来。高宗李治好色多情、体弱多病，优柔寡断，对她又一往深情。因此，武则天在度过了五年清冷孤寂的寺庙生活后，二次进宫，成为高宗的"昭仪"。这时，武则天年近三十，高宗才二十五岁，在成熟而又充满智慧的武则天面前，高宗却像幼稚恋母的孩童。她时而情意缠绵、亦悲亦怨、时而柳眉怒竖、粉面含威，叫高宗难以招架。仅一年多的时间，她就由尼姑晋升为昭仪、宸妃，直至皇后。这时，高宗很难再接近别的女人了。宫中众多嫔妃宫婢都失去了陪寝的义务，成了纯粹的女性官吏。高宗总共 12 个子女中，后面的 6 位都是武则天所生。这也反映出武则天于房闱之中专宠的情形。但是，武则天并没有以此为满足，在她的内心，还隐藏着更大的政治野心和欲望。以后

160

的三十年里，武则天并没有"淫乱"丑闻。精力都用在了政治斗争上，直到高宗去世。

天授元年（公元690年），武则天正式登基，改国号为周，成为名副其实的女皇帝。

从历史年表上看，高宗去世时武则天61岁，可她与李治的"枕席之乐"早早就绝缘了。李治原本就体弱多病，后来又害上了头痛的怪病，时常剧烈发作，身体急剧衰弱。尽管他在位三十五年也不算短，但最后二十年则完全像个废物，自然不能满足武则天的情欲。等武则天掌握政权之后，这位60多岁、威权显赫的老太婆，再也不愿忍受心中的这份折磨，迫不及待地想从年轻貌美的男人身上追回她失去的青春和欢乐。

对于武则天如炽的欲望，她的女儿太平公主了如指掌。据史书记载，这位体态丰满、酷似女皇的公主，整日在朝中无所事事，性淫无恃，毫无节制。在一次偶然的接触中，太平公主发现了洛阳城中开小药铺的京兆鄠县人冯小宝。冯小宝自幼闯荡江湖，身体健壮、长相英俊。出于孝心，太平公主在享用之后不久，将他介绍给处于性苦恼中的母后武则天。她说："小宝有非常才，可以近侍。"武则天在冯小宝的陪伴下，度过了无数个销魂的夜晚。为了让他便于来往，太平公主又献计，把他变成和尚，主持白马寺。又因为他出身微贱，不是士族，让他改姓薛，更名怀义，与太平公主的夫婿薛绍合族，并令薛绍尊他为叔父。薛怀义平日里与洛阳名僧法明等一起在内道场念经，女皇有召，随时入宫侍候。薛怀义一时身价百倍。就连武则天的至亲、权倾朝野的武承嗣、武三思也对他毕恭毕敬。

薛怀义对于武则天做女皇起了很大的作用，主要是和其他的僧人合写了《大云经》，书中说武则天是弥勒佛转世，应该代替唐朝成为新天子，在佛教理论方面提供了依据。

薛怀义凭着过人的聪明，很受武则天的宠爱，又因督建万象神宫有功被擢为正三品左武卫大将军，封梁国公。后来还多次担任大总管，统领军队，远征突厥。

薛和尚仗着武则天，一时气势熏天。有一天，薛怀义在朝堂之上与丞相苏良嗣相遇，苏良嗣看不惯他的嚣张气焰，命令左右随侍的人结结实实地打了他几个耳光。薛怀义捧着红肿的脸向武则天哭诉，不料得到的答复是："这老儿，朕也怕他，阿师以后当于北门出入，南衙宰相往来之路，不可去侵犯他。"可见武则天对于嬖幸的男宠，以及为他办事的大臣，两者的分量是分得清清楚楚的。

薛怀义如此自得，如此威风。朝中不少人为之垂涎欲滴，也因此知道了武则天旺盛的淫欲，从而明白了一个讨好武则天的好途径。尚食奉御官柳模，向武则天推荐自己的儿子柳良宾，说他皮肤洁白，美须眉，伟岸壮硕，健壮无比。还有不少人自我推荐。武则天择优召幸。

武则天喜新厌旧，渐渐对薛怀义失去了兴趣。御医沈南璆取薛怀义而代之，成为武后的新欢。薛怀义失宠后，满怀怨愤，野性勃发，竟放火焚烧了耗资巨万的万象神宫。武则天心中愧疚，但为了寻欢享乐，还是决意除掉薛怀义。于是，武后密诏太平公主，选一些体格健壮的女子，在殿中侍立，等薛怀义一到，便把他绑了。接着，命亲信武攸宁、宗晋卿率壮士将薛怀义击杀，然后用畚车将薛怀义的尸体载还白马寺。薛怀义死后，已过中年的沈南璆温和有加，却身心虚弱，满足不了武则天的要求。70多岁的她又陷入了寂寥烦闷之中，喜怒无常，脾气暴躁。

武则天又广求美男子，恣意淫乐。晚年，武则天宠幸张易之、张昌宗兄弟。张易之和张昌宗属世家子弟，宰相之后。这两个20岁左右的美少年，不但聪明伶俐，通晓音律，而且精力旺盛，更有侍寝的本领。把个武则天服侍得舒舒服服，身心愉悦。武则天后来给他们屡屡加官，为张氏兄弟专设机构控鹤府，以张易之为府监，位三品。从此二张俨若王侯，每天随武则天早朝，待其听政完毕，就在后宫陪侍。二人权倾朝中，连武则天的侄儿武承嗣、武三思等人都争着为二人执鞭牵马。张易之小名五郎，张昌宗小名六郎。有朝臣赞誉张昌宗：六郎面似莲花。内史杨再思更加无耻，说：不然，是莲花似六郎！因武氏年事已高，政事多委易之兄弟，二张恃宠而骄，不仅在后宫恣意专横，而且结党营私干预朝政，引起了众怒。终于在神龙元年，张柬之等策动了"宫廷政变"，将二张诛杀。其实他们对于唐朝的复辟也是有功的。

武则天对于男宠是很苛求的，不仅要求男性壮伟，仪容英俊，还须各方面尽善尽美。唐著名诗人宋之问，当时是一位文学侍从，长得仪表堂堂，出类拔萃，又文采出众，自觉理应为武太后的男宠。可是，武太后一直未曾垂青。宋之问不甘心，写了一首艳诗献给武后。武后一笑置之。

后来，武后当着众近臣，当面批评宋之问，说宋卿哪方面都不错，就是自己还不知道，有口臭的毛病。宋之问无地自容。此后，宋之问常常口含鸡舌（香植物），以解其臭。

武则天依靠历史的条件、特定的婚姻、个人的才干书写了一段辉煌的女皇历史。然而她未料到，那谩骂与诅咒会像排天的巨浪不断打来。尤其她拥有男宠之事，就成了她被人攻击的一大罪状。

作为一个女皇，一个精明的政治家，武则天蓄养男宠应该说主要是为了显示女皇的威权。二张入侍后，武则天已年满七十三岁，就算生活优裕，养生得法，服用春药，也难使一个老妪返老还童。

她这是在向众人炫耀：既然男子为帝可以有成群的嫔妃，女子登基也应该有侍奉的男宠。翻开中国的历史画卷，女人为帝绝无仅有。她一位女性政治家在男性皇帝专制时代，想立于不败之地，可以说是"树大招风"，面临孤军作战的艰难。为使臣民信服，就要人为地、主动树立自己的绝对权威和尊严。她在所有的领域内都要行使同男性皇帝一样的权利，都要享受同男性帝王一样的利益。因此，在"性"的问题上，她也要效法男性帝王了。

唐中宗妻女淫乱后宫

唐中宗李显，是武则天的亲生儿子之一，生于公元656年，母亲武则天生他时刚升任皇后。父亲高宗李治给他起名为"显"，后又赐名"哲"，对他寄予了很大的希望，结果他比他的父亲更没有出息，最后还被世上最亲最爱的人——妻子和女儿，送上黄泉路。

唐中宗李显的皇后韦氏、女儿安乐公主都是生性淫荡、贪婪、骄横之人，继武则天和太平公主之后，韦后母女又在唐宫导演了一幕幕闹剧。

说起来，韦皇后还是武则天亲手提拔的，很受武则天器重。唐中宗李显是武则天的第三个儿子，武则天做皇后时，先是废除了非己所生的太子李忠，改立她的亲生儿子李弘为太子；不久又废掉李弘改立次子李贤；最后又对李贤不满，把三子李显推上太子宝座。李显在东宫时，选京兆万年人韦氏为妃。韦氏之前李显已聘京北长安人赵氏为妃。赵氏门第显贵，可惜武则天不喜欢赵氏，将赵氏幽囚内侍省致死，韦氏出自寒门，赵氏死后，韦氏得宠。韦氏很有见地，时常提醒李显要谨慎小心，居安思危，恭敬地侍候太后及其周围的亲信。高宗李治病死后，太子李显灵前即位，武则天为皇太后，总揽朝政，韦氏被封为皇后。

中宗这时二十八岁，本该一展抱负，但没想到母亲的权利欲望超过了他很多倍，中宗即位后，立即把皇后韦氏的父亲韦玄贞从一名小官一下提升为豫州刺史。但韦氏仍不满足，在她的要求下，中宗又准备升韦玄贞为侍中。中书令裴炎不同意，他觉得韦玄贞并无大功，只是以皇后父亲的身份一下子晋升高位，未免太快了一些。他向中宗提出自己的看法，但中宗不听。裴炎再三劝谏，惹得中宗火起，怒道："我是天子，只要我愿意，就是把天下送给韦玄贞又有何不可?"裴炎听了，心想自己身为宰相，倘若中宗真这样做了，万一太后怪罪下来，担当不起，便把中宗的话去告诉了太后武则天。结果，中宗立即被武后废黜皇帝位，改封为庐陵王。中宗还愕然问道："我有什么罪？"武则天说："你想把天下让给韦玄贞，还能说无罪？"中宗这才明白过来，顿时无言以对。这样，中宗只做了40多天的皇帝。

李显和韦氏被幽锢在宫中，失去了人生自由，韦氏的父亲韦玄贞等家属则被流放到岭南。李显心情郁闷，终日愁眉苦脸，唉声叹气。韦氏精明而坚定的性格在逆境中得到了很好的体现。她经常教导安慰李显说："现在保命要紧，你绝对不要流露出丝毫怨恨的表情，否则会招来杀身之祸。我们应该好好忍耐，等待机会，我不信将来永无出头之日。"

三个月后，武则天下令将庐陵王李显一家流放到均州（今湖北郧阳）。还没走到均州，在半路上又接到诏书，要他们再迁到房州。房州地处武当山，县城只有几百户人家，既贫瘠又闭塞。李显一家人到这里后，日子过得非常凄苦，还时时担心会有大祸临头。

虽然李显被贬到房州，但武则天对他还是非常不放心，总不断派使臣去"探望"李显。据说每当李显听说武则天派使臣前来视察时，李显就吓得浑身哆嗦，甚至于想要自杀。这时韦氏总是安慰他说："祸福无常，也不一定就是赐死，何必如此惊恐。"此时的韦氏，不仅是李显的贤内助，还是李显的主心骨。每当中宗陷入绝望之中时，都是韦后给他以力量和信心，在韦氏的鼓励、帮助、陪伴和劝慰之下，才使李显在这种朝不保夕的环境中坚持着活了下来。每次武则天派人来访，都由韦后出面周旋打点，韦后的伶牙俐齿，使他们渡过了不少难关，因而中宗对韦后十分感激。有一天中宗与韦后闲来无事，到住处附近的感德寺探望慧范大师，途中，中宗忽然来了兴致，拾起一枚石子，朝天祈祷说："我如果不受到伤害，还能重得帝位，这枚石子就不要落地。"说完用力将石子抛向空中。这本是他闲极无聊，又对前途毫无把握时做的一种无奈游戏，谁知偏有凑巧，这枚抛起的石子被路旁一棵大树茂密的枝叶挡住，居然没落到地上。中宗没看到石子落地，心中大喜，韦后也笑逐颜开，以为这是苍天赐给他们的吉兆。慧范大师也圆就其说，说什么中宗复位只是早晚的事。这次抛石问天，给中宗已濒绝望的心又带来一线希望，他握住韦后的手十分诚恳地立誓道："将来如果有一天能够重见天日，任凭你想做什么，全凭你所为，我是不会阻拦的。"他此时说这种话却是发自内心的承诺，不料日后韦后竟然用这句话来牵制他，使得他复位后，竟对猖狂淫乱的韦后无言以对。

贬到房州不久，韦氏生下一个女儿。堂堂皇子落难，竟然连婴儿用的衣物都没有一件，李显便脱下自己的衣服给女儿裹用，顺便替女儿取小名为"裹儿"。生于患难之中，又是父母亲自抱养长大，这个小女孩自然特别受到李显和韦氏的疼爱，她就是后来的安乐公主。

武则天自称皇帝之后，很多人对她的做法不满，甚至深恶痛绝，各路英豪纷纷起兵声讨，战事频繁。李勣的儿子徐敬业以"匡复唐室"为号召、兴兵造反。武则天心中有些惊慌，她一面派 30 万大军前往平叛，一面又派宠侄武三思前往房州察看中宗的动静，以便见机行事。李显生怕武则天借故处死自己，日夜忧惧不安。韦氏很是生气，怒气冲冲地训斥丈夫道："你这样懦弱无用，将来怎能成大事？"接着，她分析了局势："依我看，徐敬业如能得胜，我们的性命就难保；若他兵败，我们倒还有生路。"韦后使出浑身解数，传说她甚至以身相许，用自己的身子来贿赂武三思，求他在武则天面前为李显说好话，武三思也确实没有食言，在武则天面前帮了李显不少忙，才使他得以保全性命。

圣历元年（公元 698 年），在宰相狄仁杰的力劝下，武则天才派人把中宗和韦后从房州接回洛阳。这时中宗被流放已达 15 年之久。

从房州召回后，李显重新被立为皇太子，韦氏也被立为太子妃，她的内心开始再度充满渴望。经过了前面太多的苦难后，韦氏已经变得极有心计，开始懂得在朝中暗结势力。当时朝中有几个人最有权势：一是武则天最宠爱的太平公主，其次是武则天的两个男宠张易之和张昌宗，再次是武则天的两个侄子武承嗣和武三思，另外还有一人，是武则天所信任依赖的贴身女官兰台令史上官婉儿。

韦氏冷眼旁观，看清形势后，便劝李显尽量亲近讨好太平公主，以增强自己的实力和资本。太平公主本来就是李显的亲妹妹，这对李显来说倒还不算困难。

在极力讨好太平公主的同时，韦氏还主动与武氏兄弟结成姻亲，她将长女永泰公主嫁给武承嗣的儿子魏王武延基，幼女安乐公主嫁给武三思的儿子武崇训。如此一来，就同武氏兄弟成为了一家人。

但不久又发生了一件令李显和韦氏悲痛的事。李显与韦氏所生的儿子邵王李重润风神俊朗，孝友好书，与妹夫武延基性情相投，引为知己。两个年青人经常在一起议论朝政，很看不起张易之、张昌宗兄弟以男色侍奉武则天、在外趁机招权纳贿的行为，说到激愤之时，还说总有一天要杀死这两个人。结果，这些话被张氏兄弟知道了。其实，李重润和武延基任何一方，都代表着不可小觑的势力，如果张氏兄弟会做人，应该主动去与其结盟，这样才能为将来武则天死后留下保命的资本。但这两个面首毫无政治头脑，恐慌之下，便向武则天告状，诬陷李重润与武延基想谋反。武则天也不问青红皂白，下令将李重润、武延基以及永泰公主杖死。李显、韦氏亲眼看着一对儿女被活活打死，却不敢求一句情，内心的痛苦和恐惧可想而知。武承嗣因儿子惨死，不久抑郁病死。一样醉心于权力的韦氏，虽然恨武则天入骨，但内心深处却相当佩服婆婆的手段和才干。她经常想："武则天能做的事，我为什么不能做呢?"她相信自己的聪明才智，当然，她更希望像婆婆那样，有朝一日能成为君临天下的女皇。

李显回宫 5 年以后，武则天卧病之际，张柬之、桓彦范、敬晖、袁恕己、崔玄晖等五位大臣，率军逼迫武则天让位给太子李显。就这样，中宗在失位 20 年后，又被推上了皇帝宝座，韦后自然也恢复了皇后的身份。

武则天死后，形势急转直下，武三思失势。但他极有心计，为了取得中宗和韦皇后的信任，武三思很快就和他们极为信任的秘书上官婉儿勾搭在了一起。上官婉儿长期担任武则天的心腹笔杆，中宗即位后，敬佩上官婉儿的才华，继续留任她担任"秘书"工作。但对这位美人他是不敢觊觎的，唯恐引起韦后的责骂。上官婉儿也是个淫荡风流之人，和武三思一拍即合。通过上官婉儿，武三思又勾搭上了韦后。他们频繁幽会于后宫，使得后宫淫乱之风再起。后来，上官婉儿得到同意，在外边修建了自己的私宅，和大臣们上朝一样，早上去侍奉皇后，晚上回自己府上。这个恶例开了以后，在当时竟成了一种风气。

韦氏是极有野心、权力欲极强的女人。她先是学武则天的样子，中宗上朝时，她就坐在帝座斜后方的帐幕中垂帘听政。中宗一向对她敬爱有加，当然言听计从。大臣桓彦范上书反对，奏道："伏见陛下每临朝听政，皇后必施帷幔，坐于殿上，参闻政事。愚臣历选列辟，详求往代，帝王有与妇人谋及政事者，无不破国亡家，倾朝继路。以阴干阳，违天也；以妇凌夫，违人也。违天不祥，违人不义。《书》称'牝鸡之晨，惟家之索'。《易》曰'无攸遂，在中馈'。言妇人不得干政也。伏愿陛下览古人之言，以苍生为念，不宜令皇后往正殿干外朝，专在中宫，聿修阴教，则坤仪式叙，鼎命惟新矣。"（《大唐新语·卷二》）意思是说，自古以来，凡是有让女人参与政事的帝王，无不破国亡家。中宗感念韦氏患难情意，对韦氏言听计从，当然不肯听从桓彦范的劝谏。桓彦范后被武三思害死。

韦后为了自己的利益，竭力向中宗建议重用武三思。于是，中宗下诏，拜武三思为司空，同中书门下三品，成为名副其实的宰相。这对张柬之等拥立中宗的定鼎功臣不啻是个重大打击。张柬之等人秘密求见中宗，劝中宗不要养虎为患，应时时想到恢复李氏江山来之不易。这话不但没有说动中宗，反而惹动中宗的怒意，认为张柬之自恃拥戴有功，有要挟之意。张柬之从此失宠。

中宗的懦弱，为韦后的专权大开了方便之门。她千方百计地扩大韦氏家族的势力，企图造成韦氏家天下的形势。她首先追亡父韦玄贞为上洛王，又改为邦王，建庙称为"褒德陵"。对这种僭越行为，朝臣敢怒不敢言。随后，韦后借中宗之手，封堂兄韦温为鲁国公礼部尚书，韦温的弟弟韦前为曹国公左御林将军，又将成安公主嫁给韦奇之子韦捷。这样，外戚韦氏一族的势力开始膨胀起来。

以武三思为首的武氏一族再度崛起，令政变集团成员们感到万分惶恐。武三思因与韦后的关系，进而成为操纵中宗的"真天子"。武三思和韦后在中宗面前，对张柬之等人屡进谗言，诬陷张柬之等人图谋不轨，怂恿中宗将他们明升暗降、册封张柬之等五大臣为王。中宗对韦后和武三思的话由衷地相信，立即下诏封五王，从而剥夺了五位功臣执政之权，把他们调出京城。接着，武三思又诈称圣旨，派刺客在流放途中将五王一一刺杀。可怜这五位忠心耿耿的大臣拥立中宗复位，可谓深得人心，可惜斩草不除根，终于冤死在小人女子手中。这样，唐朝大权完全掌握在韦后和武三思手中。

中宗对武三思的信赖不亚于对韦后的信赖。在后宫之内，韦后经常和武三思在皇帝的龙床上下棋，中宗则在一旁观战，与他们一起嬉戏调笑。更让人无法理解的是，中宗竟然亲自安排韦后和武三思幽会，他当面侍候。一个春日困人的日子，午后无事，韦后心中思念武三思，便恹恹地打不起精神。中宗十分了解她的心思，便命太监去宣召武三思进宫。韦后见了武三思，顿时笑逐颜开，精神振作，和武三思玩起赌双陆的游戏来。中宗则在一边手握筹码，替他俩计算输赢。韦后撒娇弄痴，和武三思传情，把中宗可怜巴巴地撇在一边。中宗到底还有一点廉耻之心，借着内侍进来奏称有事，像一条泥鳅一样溜走了。

虽有了武三思，淫荡成性的韦后仍然觉得不满足。因为武三思是一个手里握着无数美女情妃的人，不可能时时守在韦后身边。因而，韦后宫中还养着三个美男子。

一个是杨均，原是韦嗣立家的厨子。一次韦后到韦嗣立家饮酒，觉得菜做得出色，就赏厨子黄金百两，杨均上来谢赏，韦后见他少年英俊，便暗暗地喜欢上了，下诏把杨均调到宫中，专替自己做菜，每到夜深时，韦后在别室里悄悄地把杨均传唤进去，赐以雨露之恩。杨均因此便得到了光禄少卿的官衔。

另一个是马秦客，原是太医院的御医。一次偶然进宫替韦后治疗感冒，只因他眉目长得清秀，从此以后，韦后有病常把他传进宫去伺候。对他的宠爱，也不在杨均之下。

再一个是叶静，原是马贩子出身，善玩马技。一年的元宵节在灯会上表演马技，被微服出宫游灯会的韦后看中，就命人把他召进宫去。他除为韦后表演外，还奉命陪她共度春宵。这3个人都做了韦后的幕宾，追随着韦后不离左右。中宗对这一切装作不见，真的做到了"不相禁止"，只是他虽然乐于承受，却怕别人知道，别人知道也不要紧，只是不能说出来，否则便会立遭杀身之祸。

中宗时期，公主们像得到解放一样，活动和权势都超过了皇子们，这也是武则天示范作用的结果。她们利用中宗的信任，纷纷卖官竞爵，竞相建造豪华宅第，还像男子拥有众多妻妾一样，广纳男宠淫乱。

在所有的公主中，那个出生于房州的安乐公主"裹儿"——武三思的儿媳最受中宗和韦后的宠爱，而且她有着同母亲一样的性格——争强好胜，野心勃勃。

安乐公主自小就长得十分漂亮，韦后和中宗因此对她十分宠爱，更是非常娇纵她，所以安乐公主从小就养成了骄横任性的脾气。

武三思有个儿子叫武崇训，只比安乐公主大一岁，长得高大英俊，很讨武则天的欢心，因此也常在宫中出入，并时常在宫中留宿。久而久之，武崇训仗着自己年少貌美，又有姑祖母武则天的祖护，便大胆地在宫中偷香窃玉，和许多宫女都有着风流韵事。

有一天，他在宫中见到了美貌的安乐公主，便被她深深地吸引了。而此时的安乐公主正值情窦初开的年龄，而且还在她母亲那里继承了风流的习性，于是很快就与武崇训勾搭上了。

后来，宫外对武崇训长住宫中的事情传扬得沸沸扬扬，而令武则天气愤的是，很多人偷偷说武崇训与姑祖母武则天有染。为了平息谣言，证明自己的清白，武则天便自作主张，把安乐公主许配给了武崇训，但是，令人更加惊讶的是，两人成婚不到六个月，安乐公主就生了一个男孩。

安乐公主下嫁给武崇训后，武崇训由于精力过人，所以伺候得安乐公主称心如意，可谁成想，后来武崇训的堂弟武延秀从突厥国回来，见到了这位天姿国色、风情万种的嫂嫂安乐公主，顿起色心。而安乐公主也见这位小叔子年轻俊美，又善解风情，对他也是万般中意。一来二去，不久后，叔嫂两人躲在公主府中就已经开始打情骂俏，热成了一团火。

但是好景不长，一天，两人正在互相亲热的时候，恰好被武崇训撞见了，但他念当时的兄弟之情，又害怕公主的势力，也只好把这口冤气活生生的咽了下去，并且装聋作哑地和安乐公主一天天地把日子过下去。

安乐公主不仅私生活十分不检点，而且她的野心也相当的大。在武则天身边长大的安乐公主，看惯了女皇帝那种一呼百应的威风，更是异想天开，说男儿可为皇太子，我女孩子为什么不能做皇太女？韦后听了，哈哈大笑，抚着公主的脖子说："待母后做了女皇帝，定立你为皇太女！"太子李重俊不是韦氏所生，安乐公主对这个庶出的哥哥很看不起，她同丈夫武崇训一起，背后都称太子为"奴"。并坚持要求中宗立自己为皇太女，以顶替李重俊皇太子的地位。她常常说："连侍妾出身的阿武尚能做皇帝，我是公主，为什么不能当皇太女？"然而，中宗虽历来对女儿百依百顺，却唯独不肯答应她这个离奇的要求，还是坚持立李重俊为太子。

在她的母亲韦后的纵容下，安乐公主跋扈宫中，凌辱大臣，目无王法，为所欲为，甚至有一次，她自己写下诏书，把前一部分遮住，让中宗加盖皇帝印，中宗竟笑嘻嘻地答应了女儿的要求。

安乐公主是一个生活非常奢侈的人，当安乐公主嫁出宫去，心中还是常记念宫中昆明池畔的风景，为了与姐姐长宁公主一比高低，便仗着中宗宠爱，请求把昆明池赏给她，划到驸马府园地中去。但是没有得到中宗的同意，这让安乐公主心中十分懊闷，于是自行强夺民田，开凿了

171

一个大池，取名为定昆池，隐隐有超过昆明池的意思。池边草木风景，全照昆明池一样。不但如此，安乐公主还开府置官，势倾朝野。她把国家官爵分别标定价格，县长若干，刺史若干，公开兜售，只要是把钱送够了，不管你是屠夫酒肆之徒，还是为他人当奴婢的人，只要纳钱三十万，便由公主立降墨敕授官。

安乐公主还派奴仆到民间抢夺女子，充当她府上的奴婢。有人把这一情况告到左台侍御史袁从一那里，袁从一秉公执法，逮捕了安乐公主的奴仆。安乐公主竟请中宗下令释放，而软弱的中宗竟然欣然同意。以至袁从一气愤地说："皇上如此办事，怎么能治好天下！"

唐中宗名为天子，不但政权掌握不了，就连自己的女人也没法把握。一次，安乐公主新宅落成，乔迁之喜，中宗和韦后亲临祝贺。席间，公主8岁的儿子跑过来拜见帝后，礼节非常周全；韦后见了很是喜欢，便把孩子抱在膝上，并下手诏，封他为太常卿，镐国公，食邑五百户。在场的中宗见韦后无视自己的存在，擅自做主，心中十分不悦，当即便拦住说："且慢下诏！待朕回宫去，再作计较。"韦后听了，不屑一顾，冷冷地说："什么计较不计较？陛下在房州时候，不是说将来不禁止妾身所为吗？为何如今又要来干涉妾身呢？简直是出言无信！这样，怎么让天下人心服口服。"中宗见韦后拿那话来压他，心中愈觉气恼，他一句话也不说，传旨摆驾回宫。韦后早已不把他放在眼里，见他负气离去，也毫不惊慌，根本不当一回事，继续在公主府中饮酒作乐，直闹到半夜时分。

公元706年（神龙二年）十月，洛阳流言四起，说"当今皇后与武三思有通奸行为"，中宗因谣言不息，觉得有失颜面，决定迁回西京长安。李重俊听说安乐公主与武崇训背后骂他小子或是"奴儿"时，怒火中烧，决心也像当年他的祖宗李世民发动玄武门之变一样，诛灭武三思，逼中宗退位。神龙三年（公元707年）七月，李重俊请求右御林大将军李多祚帮助，率千名骑兵发动了政变，武三思、武崇训及部分同党当场毙命。接着攻入后宫，追杀韦后、安乐公主。韦后与上官婉儿挟持中宗躲到了玄武门楼上。婉儿向中宗献计，悬赏诛杀太子和李多祚。太子李重俊带领几十名侍从突围而出，逃向终南山。兵部尚书宗楚客调动兵马，迅速平息了这场叛乱。太子李重俊在终南山树林中休息时，被手下士兵刺死，割下首级献给了朝廷。中宗闻报后，毫不痛惜，反将儿子的首级献入太庙，并奠祭武三思和武崇训的灵柩，甚至还把儿子的首级挂在朝堂示众。对于中宗的这种做法，大臣们既气愤又寒心，但谁也不敢多说什么。官职卑微的永和县丞宁嘉勖路过长安，见到被悬挂示众的太子李重俊首级，立即脱下自己的衣服，包住首级，伤心得号啕大哭。他哭的不是素昧平生的太子，而是痛心大唐骨肉相残的血腥，伤感动荡不安的局势。此事被武三思的门人宗楚客知道后，立即要求中宗把宁嘉勖流放到岭南。宁嘉勖后在岭南病死。睿宗即位后，追念他"忠义而重名节"。

丈夫武崇训被杀后，安乐公主又改嫁情人武延秀，继续过她的奢侈淫靡的生活。韦后则变本加厉地独揽大权作乱，外有她哥哥韦温及宗楚客分掌大权，内有安乐公主、上官婉儿、自己的妹妹郕国夫人及上官婉儿的母亲沛国妇人、女巫第五英儿等人，勾结成为一个营私受贿、卖官鬻爵的腐朽势力集团，形成武则天以后，唐宫女性干政的极盛时期。

这时，宗楚客因平叛有功已进位宰相，他有很大的野心，主动讨好韦后与安乐公主，为安乐公主未来当女皇帝担任参谋。在宗楚客的指使下，安乐公主与韦后向中宗进谗，说相王李旦和太平公主串通李重俊谋反，想一举铲除相王李旦和太平公主。对这种过分的苛求，中宗甚感惊愕。他实在拿不定主意，便去找吏部尚书兼御史中丞萧至忠商量。萧至忠泪流满面地对中宗说："难道陛下就容不下一弟一妹吗？"相王李旦和太平公主这才算免了杀头之祸。

后来又发生了一些事，使一向对韦后信任的中宗也开始产生了怀疑。先是定州（今河北定县）人郎岌冒死上书，揭发韦后与宗楚客勾结，企图谋反。中宗阅书后还没有任何回应，韦后便走了过来。看见郎岌的上书后，韦后大怒，一定要中宗下令杀死郎岌。中宗只革去了郎岌的官职，命郎岌在家里反省。但韦后却不肯罢休，派人将郎岌活活杖死。

接着，又有许州参军燕钦融上奏：说皇后淫乱，干预国政；安乐公主、武延秀以及宗楚客等人交相勾结，朋比为奸，危害社稷国家，应予以严惩。中宗既感到震惊，不愿意相信，却又心有疑虑，心情之复杂难以言喻。之后，中宗瞒过韦后，将燕钦融悄悄召入宫中，当面质问。燕钦融毫无惧色，揭发了皇后及其他人的丑行，有凭有据。中宗一直沉默不言，过了好半天，才神色惨淡地说了一句："朕日后再召你进来。"燕钦融退下，从内殿直出，到宫院外时，两厢忽然拥出一帮武士。为首的正是宰相宗楚客，他手持敕书，说是奉皇上诏命，立刻将诬陷皇后与安乐公主的燕钦融打死，霎时间，乱棒齐下，血肉横飞，燕钦融就这样惨遭殃杀。事发后，中宗没有责罚宗楚客伪诏一事，但燕钦融所言显然已经影响了他对韦后的信任。中宗总是闷闷不乐，不像平时那样亲近韦后，甚至常常有意无意地躲开她。中宗这样子，不仅使韦后恐慌，连安乐公主也不安起来。母女二人担心地位会发生动摇，商量的结果，竟然定出了一条恶毒的计谋——杀死中宗，由韦后登位做皇帝，立安乐公主为"皇太女"。

中宗很喜欢吃饼。一天，他坐在神龙殿批阅奏章，韦后亲手为他做了一笼饼，命宫女送去。中宗取来便吃，越吃越香，竟一连吃了七八个。谁知过了一会儿，他忽然发出一声惨叫，两只手猛抓胸部，倒在榻上翻来滚去。内侍们慌忙入报韦后。等到韦后慢慢走来时，中宗已是两眼翻白，说不出话来了。中宗痛苦地挣扎了一会儿，便咽气了，享年55岁。愚昧、庸弱的中宗，两次登位，第一次只做了四十天的傀儡皇帝，然后被幽禁了二十年之久。第二次也只做了六年皇帝，因为放纵韦后，娇宠安乐公主，最后他自己做梦也不会想到竟死在了最亲密的妻子和最心爱的女儿手中，成为中国历代皇帝中少有的悲剧。而韦皇后与安乐公主也同样的成为了历史上廖廖无几的杀夫杀父的女人，留下了千古的骂名。

唐中宗死后，韦后显得很冷静，她一面指挥宫女们料理中宗的尸身，一面严令左右，任何人不得走漏皇帝暴崩的消息。然后，她假传中宗命令，让韦氏子弟掌握的禁军，分兵把守长安各城门，另派一支军队前往均州，阻止被贬的中宗次子李重福入长安。一切布置停当后，她才发出丧报，在中宗的梓宫前，立中宗幼子李重茂为皇帝，尊韦后为太后，临朝称制。于是，韦后变成了另一个武则天。但她的才识和处理政事的能力，以及必要时的谋略和手段，同武则天不可同日而语。所以，最后她非但没有实现"女皇梦"，反而死于乱刀之下。

唐玄宗与杨贵妃的不伦之恋

唐玄宗（公元685～762年），即李隆基，一称唐明皇。唐玄宗开元年间，社会安定，政治清明，经济空前繁荣，唐朝进入鼎盛时期，后人称这一时期为开元盛世。唐玄宗后期，贪图享乐，宠信并重用李林甫等奸臣，终于导致安史之乱发生，唐朝开始衰落。

唐代风流好色的皇帝要算唐玄宗李隆基，他的一生中有很多女人，光是见于史书的女子，就有发妻王皇后、杨皇后、梅妃、武惠妃、杨贵妃、赵丽妃、刘华妃、钱妃、皇甫德仪、郭顺仪、武贤仪、董芳仪、高婕好、柳婕好、钟美人、卢关人、王美人、杜关人、刘才人、陈才人、郑才人、阎才人、常才人等。这么多美人载诸史册，这在中国历史上也是屈指可数的几个皇帝之一。李隆基虽然好色，但感情却相对比较专一，一生中的主要情爱是很有限的几个女人，他最宠幸的要数杨贵妃了。玄宗李隆基和贵妃杨玉环的爱情，经过白居易《长恨歌》的诗词，成为千古传唱。

玄宗即位前，任潞州别驾，喜欢倡优出身的赵丽妃。随后，又移爱于钱妃、皇甫德仪、刘才人，等到即位后，就狂热地迷恋上了武惠妃。武惠妃是武则天的侄孙女、恒安王武攸止的女儿，比李隆基大约小八岁，不但与李隆基是中表之亲，且天生美貌，又自幼入宫，对后宫争逐谙熟于心。李隆基很快就为她所倾倒，将自己称帝前的妻妾如王皇后、赵丽妃、皇甫德仪、刘才人等等，统统都甩到了脑后。可惜武惠妃只活到40多岁就死去了，这年，玄宗52岁。后宫美人数千，竟没有一个令玄宗中意。这对于多情种的玄宗来说，无处寄托情怀，无异是一种酷刑。玄宗郁郁寡欢，时常发怒。这时，宦官高力士进奏说："杨玄琰有个女儿，名叫杨玉环，现在是寿王妃，与武惠妃长得很相像，宜充掖庭。"

杨玉环原籍蒲州永乐（今山西永济）人。开元七年（公元719年）生于蜀郡（今四川成都），出身宦门世家，曾祖父杨汪是隋朝的上柱国、吏部尚书，唐初被李世民所杀，父杨玄琰，是蜀州司户，叔父杨玄珪曾任河南府士曹，杨玉环的童年是在四川度过的，10岁左右，父亲去世，她寄养在洛阳的三叔杨玄珪家。

杨玉环天生丽质，加上优越的教育环境，使她具备有一定的文化修养，性格婉顺，精通音律，擅歌舞，并善弹琵琶。

开元二十二年七月，唐玄宗的女儿咸宜公主在洛阳举行婚礼，杨玉环也应邀参加。咸阳公主之胞弟寿王李瑁对杨玉环一见钟情。咸阳公主和寿王李瑁都是武惠妃所生，子随母贵，因此寿王也深得玄宗的喜爱。唐玄宗在武惠妃的要求下当年就下诏册立杨玉环为寿王妃。婚后，两人甜美异常。

杨玉环嫁入寿王府一年，夫妻便随唐玄宗与武惠妃一行回到了长安，居住在寿王宅邸。寿王非常宠爱这个年轻美丽的妻子。玉环喜爱乐舞，寿王便专门请王府中的著名乐工教习。

不幸的是，武惠妃于开元二十五年（公元737）年十二月暴病身亡。这使得唐玄宗伤感不已，经高力士的提醒，他一下子想起了与武惠妃相似的儿媳杨玉环。

当初，杨玉环被册立为王妃时，玄宗以父皇的身份接受过小两口的叩拜，玄宗曾在婚诏中称赞她"含章秀出"。开元二十五年十月，玄宗与武惠妃率皇族驾幸骊山温泉，杨玉环恰好独自骑马出游，玄宗在高台上看见，杨玉环丰艳照人、风情万种，远远看去，如同仙人一般，当时就对杨玉环有了十分的好感，于是宣她入暖阁共同进餐。等她和武惠妃坐在一起时，玄宗发现，两个美人长得竟非常相似，而杨玉环的美貌比武惠妃更胜一筹。只是当时武惠妃恃宠在侧，再加上杨玉环是自己的儿媳，玄宗当时也没多少别的念头。至于在另外场合的见面则不可枚举，杨玉环的姿容仪态、风度举止都深深地烙在李隆基的心上，因此，一经高力士提出要杨玉环入宫，李隆基那枯槁的心一下子就复活了。玄宗再也不管是不是自己的儿媳妇，当即吩咐召入禁中观看。

开元二十八年（公元 740 年）十月，唐玄宗照例到骊山温泉宫行幸。第二天上午，玄宗便派御妹玉真公主前往寿王府邸，诏令寿王妃杨玉环前往骊山侍驾。

自从武惠妃死后，寿王就被父皇逐渐冷落，这次诏令自己妻子前去侍驾，李瑁十分清楚，父皇显然是要公开将玉环夺走。但自古君命难违，寿王和杨玉环不得不听从。杨玉环辞别寿王，随玉真公主来到华清宫。这一次，她陪侍李隆基度过了 18 个夜晚。

史书记载说，玄宗第一次召幸杨玉环时，杨玉环一身女道士装扮，鬓发腻里，纤浓中度，加上气质高贵，举止娴雅，顾盼生情，娇容的美艳活脱脱地像汉武帝倾国倾城的李夫人。玄宗喜不自胜，不能自已，吩咐她宽去衣带，沐浴汤泉，以观其体态。玉环肌肤如雪，莹白柔嫩，从泉中出浴后，又体弱力微，娇态浑然，容颜焕发，光彩照人。这番情景，在玄宗的眼下一一展现，玄宗没法不被情色所迷惑。定情之日，玄宗授给玉环金钗钿合，又亲自将珍奇制成的头饰步摇，插在她的鬓发中。同床共枕，巫山云雨，玄宗觉得如在梦里，出神入化，心旷神怡。

李隆基内心得到了从未有过的满足，兴高采烈地对高力士说："朕得玉环，如获至宝，实是平生第一快事。"此次骊山相会，对于 22 岁的杨玉环和 56 岁的李隆基来说，各自的生活都揭开了崭新的一页。

在我国少数民族中，曾有子纳父妻、弟纳兄妇的习俗，唐朝皇帝有胡人血统，虽然民风开化，但传统的封建礼教还是束缚住人们的头脑，就算是皇帝也不敢公然违背伦理纲常，唐玄宗的举动颇有"乱伦"之嫌，他既要达到目的，又要遮人耳目，便不敢堂而皇之地将杨玉环迎入宫中，公开册立为妃。于是，他采取了一个迂回的办法。

玄宗为使杨玉环尽早脱离寿王府，有一个名正言顺的身份，便让她自度为女道士，去为窦太后荐福。同时，赐其道号为"太真"，移入"太真殿"内居住。太真殿位于大明宫中，通过往来十分方便。杨玉环名为"太真道士"，实际上已经是李隆基朝夕不离的妃子了。五年后，玄宗先是很正经地尽了一把"父亲之责"，为寿王李瑁娶韦昭训的女儿为妃，紧接着就迫不及待地将杨玉环迎回宫里，并正式册封为贵妃。

李隆基对杨玉环的宠爱，最初是受其容貌的吸引。杨玉环正值青春年华，更兼天生丽质，体态丰韵，举止娴雅，雍容华贵。确如白居易《长恨歌》所描摹："回眸一笑百媚生，六宫粉黛无颜色。"

李隆基一生好色，尤其到了老年以后，精神更加空虚，一直渴望有一个像武惠妃一样才色俱佳的女子陪伴左右。杨玉环既有年轻的娇美，又有少妇的妖娆。她没有后宫嫔妃那种死气沉沉、故作妖媚的脂粉味道，其柔媚中透着纯真、直率、泼辣甚至放纵。

她的言行举止不仅不那么循规蹈矩，并时而表现出平民女子的野性，这恰恰给李隆基濒于死寂的心以强烈的刺激。他像一个被重新点燃青春之火的年轻人一样，开始陷入一种近乎疯狂与痴迷的恋爱之中。

杨玉环之所以能够宠冠后宫，除了她容色冠代之外，更重要的原因还在于她才华横溢、歌舞动人、机敏出众。

杨玉环入宫时，玄宗后宫中还有一名年轻的宠妃，名叫江采萍。据说她是福建莆田人，出身书香门第，父亲是一名医生。她是高力士引入后宫的。江采萍生在南方，直到入宫后才亲眼看见梅花，立即便为之倾倒，常以梅花吟诗作画、眷恋不舍。玄宗因此称她为"梅妃"。梅妃是一个才貌双全的女子，她曾经制《萧兰》、《梨园》、《梅花》、《凤笛》、《玻璃杯》、《剪刀》、《绮窗》等八赋；跳惊鸿舞之时更能使满堂生辉。

得意的玄宗向兄弟们夸耀她为"梅精"。

然而好景不长，杨玉环无论是外貌还是才艺、风情，都远胜于江采萍，她的出现使江采萍的人生急转直下。

杨玉环能诗善文，她曾经作过《凉州》，达到轰动一时的程度。可惜的是和江采萍的大多数诗文一样，《凉州》没有传下来，《全唐诗》里对她和江妃的诗作，都只收录了一篇而已。

杨玉环善歌舞，而且她乐于接受新鲜事物，能把西域的"胡旋"舞跳得出神入化。但是真正令玄宗对她的舞蹈天份叹为观止的，莫过于她配合《霓裳羽衣曲》所编排的舞蹈。《霓裳羽衣曲》是玄宗的得意巨作，阵容庞大，乐师众多，仅配曲而歌的宫女就同时需要十人，共十八章，分三大部、每部六曲。称为"散序六曲"、"中序六曲"、"终序六曲"。《霓裳羽衣曲》不仅乐器种类多，而且节拍先散后慢再快，对舞者的要求极高。然而杨玉环一听就能领会曲中的意境，随兴便能为这部恢宏大曲配出完美的舞蹈来。这不仅使她自己引以为傲，更使得玄宗如醉如痴，亲自为她伴奏，将她引为人生第一知己。

除了歌舞，杨玉环还精通音律。她是一个音乐天才，能将好几种乐器演奏得出神入化。

《谭宾录》中记载道，杨玉环擅弹琵琶，开元年间，宫中女官白秀贞出使蜀地，得到了一只名贵的梹檀木琵琶并进献给了她。这只音色清亮的琵琶在杨妃指下弹奏，就象天外仙音一般动人。诸王、公主、以及虢国夫人以下内外命妇，都争着要做杨玉环的弟子，跟着她学弹琵琶。

《开元往信记》记载了杨玉环所擅长的另一种乐器：磬。说在她的敲击下，磬声"泠泠然""多新声"，即使是太常梨园中的专业击磬艺人，也比不上她的技艺。

杨玉环活泼而擅于声乐诗歌的特点，可以算是和唐玄宗非常投缘。因为这位皇帝本身就是"梨园祖师"，而且在这方面有卓越的成就，造诣之高，就算是上古著名乐师夔与师旷恐怕也难与他相比。玄宗的音乐才华不光是天分，更是下苦功而来。著名的乐师李龟年善击羯鼓闻名天

179

下，他自己也很高兴地说："为了练习，我打折了五十只鼓杖。"谁知玄宗听了却只是轻轻一笑："你这哪里算是用了功夫？我的鼓杖打折了三柜。"

总之，杨玉环以她的才华性格，不但与玄宗极有共同语言，更使得玄宗神魂颠倒，很快就达到了使得"六宫粉黛无颜色"的程度。

此外，杨玉环还是一个智巧过人，善于察言观色、以缠绵之情取悦玄宗的女子。她侍候唐玄宗，无时不揣摸其心意。史称杨玉环"美情盼承迎，动移上意"，说明杨玉环不仅仅是以美色诱人，而且与唐玄宗能够心灵相通。两人之间的爱情，逐渐由最初的一厢情愿而演变为相互依赖，相互眷恋。还有，杨玉环虽然时有悍妒之举，但史书中却鲜见她干涉朝政、恃宠弄权的记载。玄宗晚年虽昏庸荒唐，但对后宫乱政的危害还是心存警惕的。玉环无意在政治上出人头地，一定程度上加大了玄宗对她的信任，也是她得以固宠的原因之一吧！

自王皇后被废之后，玄宗再没有册立过皇后。而到了这时，"贵妃"已经是后宫中最高的位份。杨玉环事实上成了大唐王朝的后宫之主。

杨玉环被宠，杨氏家族也得以荣显。她的兄弟都被封为高官。他的远房兄弟杨钊，原是一个市井无赖，因为擅长算数，玄宗与杨氏姐妹赌博时，常令他在一旁计算赌账，杨钊张口就能准确地计算出来，玄宗因而非常喜欢他，把他赐名为国忠，封了他支部郎中等十多种职，操纵朝政。杨家一族，娶了两位公主，两位郡主，玄宗还亲为杨氏御撰和彻书家庙碑。杨玉环的三个姐姐也沐浴龙恩，玄宗呼她们为姨，分别封她们为韩国夫人、虢国夫人、秦国夫人，经常出入宫禁，可谓"恩宠声焰震天下"。每当命妇入班，有三夫人在，娇宠的持盈公主等都不敢就坐。唐玄宗特令每月各给 10 万钱，专作脂粉之费，平日赏赐更是不计其数。虢国夫人的照夜玑、秦国夫人的七叶冠都是稀世之珍；韩国夫人节日时在山上竖起百杖灯树，高 80 尺，光芒盖过月色，百里之内都能望见。她们各造府第，富丽堂皇，接近皇宫，每造一堂，所费超过千万，如果见到规模超过自己的，就毁了重建。玄宗游幸华清池，以杨氏五家为扈从，每家一队，穿一色衣，五家合队，五彩缤纷。车马仆从堵塞道路，车上装饰的珠宝价值不下数十万贯。沿途掉落首饰遍地，闪闪生光，其奢侈无以复加。有一次，三夫人在宫中陪唐玄宗玩乐，唐玄宗击鼓后，开玩笑地向秦国夫人讨赏，秦国夫人说：我是大唐天子的阿姨，岂能无钱？一下子就拿出300万来凑趣。她们不仅富贵荣华至极，而且"炙手可热势绝伦"，连公主们都不得不退让三分。各级官员出入她们的门下，逢迎贿赂，以求进达。她们出面请托之事，官府视如诏敕，为之奔走，惟恐不及。对她们的所作所为官员们无人敢惹，例如有一次虢国夫人看中了韦嗣立的宅地基址，带人进去不分青红皂白就拆房子，只给了韦家十几亩地作补偿。

玄宗和玉环情意缱绻，沉溺于爱河之中。但是，身为皇帝、君临天下的玄宗也有时难免心存旁骛，拈花惹草。后宫佳丽无数，玉环无一能容。"承欢侍宴无闲暇，春从春游夜专夜。后宫佳丽三千人，三千宠爱在一身。金屋妆成娇侍夜，玉楼宴罢醉和春。"这就是娇宠娇嗔的玉环。玉环一旦发现玄宗另有新欢，哪怕是蛛丝马迹，她便妒情发作，大闹使性。

有一次闹得过分，竟惹怒了玄宗，玄宗一气之下，命高力士将她遣送回家。可是仅仅过了半天，玄宗就后悔不迭。他在宫内坐立不安，魂不守舍。即使美味佳肴摆上饭桌也没一点食欲。玄宗恼恨交加，胸中的一团无名火便向宦官们发泄。服侍他的宦官走路稍慢一点，便吩咐一顿毒打。宦官高力士最会揣摩玄宗的心情，见玄宗动辄鞭笞宦官，情绪失常，便小心翼翼地向他请示要不要给杨玉环送点东西，玄宗一听，马上命令高力士把自己的饭也送过去了。当天晚上，玄宗实在忍不住了，违规打开安庆坊门把杨玉环接回了内宫。玉环见到玄宗自然又哭又闹，玄宗哄了好半天。两人只隔一天，竟像分别多年的情人，玄宗对她抚爱备至，柔情似火。从此宠爱得更隆更深。第二天，杨玉环的娘家人来了，玄宗赶紧给娘家人好多东西。

杨贵妃知道玄宗没有她，便寝食不安，从此更为骄纵，杨家"出入禁门不问，京师长吏为之侧目"。

天宝九年，贵妃又被玄宗遣还外第。这一次是因她不大安分所致。玄宗重视兄弟情意，常常和兄弟们长枕大被，共卧一处。贵妃青春正盛，哪里耐得住寂寞？因此与诸王来往也比较密切。玄宗的兄弟宁王在许多方面与玄宗相似，爱好音乐和游乐骑射，落拓不羁。杨贵妃与他关系最为亲近，两人之间的亲密关系，让玄宗非常恼火。贵妃还偷拿过宁王心爱的紫玉笛。玄宗大怒，又把贵妃遣回了家中。贵妃的哥哥杨国忠大为惶惑，连忙向吉温寻求帮助，吉温跑过去对玄宗说："宫里女人犯错该死，但为啥吝惜宫中一席之地，而让她在外头受辱？"这话让玄宗动容，又不吃饭了，并马上派人给她送东西。杨玉环请送东西的人转告玄宗：我罪该万死，但我除了身体发肤以外都是皇上赐的，我快死了，没啥能报答的。拿刀割断一缕头发说，拿这个当纪念。玄宗看到秀发，大惊失色，以为贵妃想要自杀，急命高力士召回贵妃。两人相见，泪眼相照，重叙恩爱，依旧和好如初。

贵妃玉环爱吃荔枝，而且必须要求远在岭南一带的荔枝保持新鲜的送到长安。玄宗为讨得贵妃的喜欢，不惜派专人专程到岭南一带取贵妃爱吃的荔枝。为了尽快赶路，让贵妃能吃上新鲜的荔枝，不知累死了多少专送荔枝的快骑！唐杜牧游华清池时，有感于玄宗对贵妃的娇宠，写下了千古传唱的《过华清宫》：

长安回望绣成堆，山顶千门次第开。

一骑红尘妃子笑，无人知是荔枝来。

就是咏岭南贡荔之事，后世岭南荔枝有"妃子笑"者，据说得名于此。

玄宗与杨玉环如醉如痴地贪恋在枕席之间，以至于放弃了上早朝。所谓"春宵苦短日高起，从此君王不早朝"。玄宗和贵妃寝居，不仅仅只在夜间，二人还时常昼寝。夏季炎热，玄宗和贵妃避暑于兴庆池，通宵淫乐，白天仍不离床席。某个夏日，唐玄宗在兴庆池与杨贵妃白昼睡在水殿中。宫嫔都凭栏倚槛，争着看雌雄二只鸳鸯在水中游戏。玄宗正拥抱贵妃在绡帐内睡觉，他睁开睡眼对众宫嫔说："你们爱水中的鸳鸯，怎么比得上我被底的鸳鸯。"

秋天的八月，太液池上有数千叶白莲花盛开，玄宗与贵戚在一边饮宴观赏。左右都叹羡不已。玄宗指着杨贵妃对左右说："怎么比得上我的解语花？"

到了冬至日下大雪，天地之间白茫茫一片。中午纷纷扬扬的大雪停了，因天气寒冷所结的冰溜都形成条状。杨贵妃命侍儿敲下两条冰溜看着玩。玄宗晚朝视政回来问贵妃说："你玩的是什么东西？"妃子笑而答曰："所玩的是冰筷子。"玄宗对左右侍从说："妃子天性聪慧，这个比喻得好。"

贵妃杨玉环娇情万种，体现在各个方面，几乎无处不在。她有一种天然的令男人无法抗拒的自身的魅力，是其他美女所无法竞争的，也是淑女江采萍所不能做到的。

玄宗与贵妃贪欢，近侍佞幸便纷纷诌媚，进献春药，佞幸得宠，朝政越发不可收拾。南方曾进献一种助情的果子，叫合欢果。合欢果的名字和形状引起了玄宗与贵妃的浓厚兴趣。他们倚在一起，互相赏玩，快乐得爱不释手。玄宗对贵妃说："这果像知道人意！我和你连在一起，所以合欢！"玄宗为了留下纪念，还吩咐画工，描绘此番情景。

唐玄宗和杨贵妃为了寻欢作乐，还让几百个宫女、宦官列成"风流阵"，用锦被当旗帜，互相斗闹取乐。玄宗对于被"进御"的宫人，都要在她们的臂膀上印上"风月常新"四字，然后渍以桂红膏，水洗也不褪色。

李、杨之恋，在开元末期和天宝年间得到了进一步的发展，炽热的宫廷爱情故事又因为伟大诗人李白的渲染，而变得极富情趣。

天宝二年（公元 743 年），李白来到长安，以平民身份被玄宗召见，任命为翰林院学士，兼做宫廷侍奉。在不少的宫廷活动中，尤其是文学艺术活动中，都留下了李白狂傲、浪漫的诗歌和身影。像高力士脱靴、杨贵妃研墨、李白醉书狂草等故事，虽未必是历史的真实，但却给后人留下了千古美谈。有一次，唐玄宗与太真妃杨玉环在兴庆宫沉香亭赏牡丹。其时正值春暖花开，百卉争艳，玄宗回眸杨玉环，更似花中魁首，美貌绝伦，一时兴致大增，召令李白即席做诗填词，以备乐工演奏。李白欣然命笔，当即写就《清平调》词三章。这三首著名的词表面上写牡丹，其实写的是杨贵妃的天资绝色。第一首："云想衣裳花想容，春风拂槛露华浓。若非群玉山头见，会向瑶台月下逢。"第二首："一枝红艳露凝香，云雨巫山枉断肠。借问汉宫谁得似？可怜飞燕倚新妆。"第三首："名花倾国两相欢，长得君王带笑看。解释春风无限恨，沉香亭北倚阑干。"玄宗看过这首以"名花"喻"美人"，以西汉成帝之艳后、杰出舞蹈家赵飞燕喻"太真妃"的诗歌，顿时龙颜大悦，当即命李龟年谱曲歌唱，自己吹玉笛伴奏，梨园弟子按调抚丝竹，杨贵妃手持玻璃七宝杯，杯里面盛满了西凉州出产的葡萄美酒，笑着接受了李白的恭维。玄宗调紫玉笛按声倚曲。每当曲子演奏一遍将换的时候，他便拖长了声调来讨杨贵妃的欢心。但是高力士以为李白脱靴为耻，过了几天杨贵妃重吟李白写的词，高力士诋毁李白说："老奴还以为妃子听了李白的词怨入骨髓，却不料像这样拳拳珍爱。"杨贵妃大惊问："李学士的词怎么了？"高力士说："以汉朝的赵飞燕比喻妃子，太过分了。"杨贵妃由此而嫉恨李白。唐玄宗曾经三次想重用李白，因为杨贵妃的缘故而罢手。

杨贵妃实在不是一个淑女型的女人。她肥胖、贪杯、美艳而娇憨。玄宗还曾对她的肥胖有过戏言。有一次玄宗在百花院便殿浏览《汉成帝内传》，当时杨贵妃迟来了一会，她边用手整上衣领边问："看的是什么书？"玄宗笑着说："你不要问了，知道了又责怪我。"杨贵妃抢过书一看写的是"汉成帝获飞燕，身轻欲不胜风。恐其飘翥，帝为造水晶盘，令宫人掌之而歌舞。又制七宝避风台，间以诸香，安于上，恐其四肢不禁"等等的汉宫赵飞燕的艳史。玄宗又说："你能被风吹走么？"大概是因为杨贵妃肥硕，所以与她开玩笑。

肥硕的身体对于贵妃来说，也是一种折磨。夏天苦于高温，大量出汗，不停地喝水。每到夏天，她便把一个玉鱼含在口里，藉其凉津润肺。贵妃身穿轻绡，侍女们围绕着她，不停地挥扇鼓风，便仍然无法解热。带着香气和红腻的汗水止不住冒。她的娇态越发地美妙，令玄宗痴倒。

沉香亭是玄宗和贵妃常相欢聚的所在。贵妃肥胖、贪杯，玄宗最欣赏的便是贵妃醉后的憨态。一次，玄宗坐在沉香亭前，命人召贵妃来。这时，贵妃酒还未醒。高力士奉旨后便派侍儿将醉态朦胧的贵妃扶掖着走来。玄宗举目望去，但见贵妃醉态残妆，鬓乱钗横，到玄宗面前也不能再拜。玄宗怜爱地笑着说："哪是妃子醉了，是海棠没有睡醒！"

范阳节度使安禄山立过边功，深得玄宗宠信，令杨氏姐妹与禄山结为兄妹，杨贵妃则认禄山为干儿子。禄山以入宫谒见干娘为名，竟明目张胆地调戏起杨贵妃来。

杨玉环被正式册封为贵妃时不过 27 岁，而玄宗已是 61 岁的老人。年龄上的不相称，虽有尊贵的身份地位，豪奢的物质享受，然而在性生活方面是难以使杨贵妃满足的，她和安禄山的暧昧事，即明载于史册。

在一些古人笔记中，对这些宫廷丑闻是描写得比较直率的，例如《情史·情秽类》记载：

安禄山为范阳节度使，恩遇甚深，上呼之为儿。常于便殿与贵妃同宴乐，禄山就坐，不拜上而拜贵妃。上问之，曰："胡人不知其父，只知其母。"上笑而宥之。贵妃常中酒，衣褪微露乳，帝扪之曰："软温新剥鸡头肉。"禄山在傍对曰："滑腻初凝塞上酥。"上笑曰："信是胡人，只识酥。"禄山生日，上及贵妃赐衣服、宝器、酒馔甚厚。后三日，召禄山入禁中，贵妃以锦绣为大襁褓裹禄山，使宫人以彩舆异之。上闻后宫喧笑，问其故，左右以贵妃之日洗禄山儿对。上自往观之，大喜，赐贵妃以洗儿金银钱，复厚赐禄山，尽欢笑而罢。自是禄山出入宫禁，或与贵妃同食，或通宵不出，颇有丑声闻于外，上不觉也。

公元 756 年，一场声势浩大的政变，促使繁盛的大唐王朝由此走向衰败，这便是历史上著名的"安史之乱"。公元756年7月14日，安禄山统领的叛军大举攻入长安，接到密报的唐玄宗连夜带领嫔妃以及贴身禁军仓皇出逃。第二天，逃亡队伍到达陕西境内的马嵬坡。就在这时，随行的将士突然起义反叛，当朝宰相杨国忠瞬间死于乱军之中。随后，叛乱的将士将愤怒的矛头指向了玄宗最为宠爱的杨贵妃、这个大唐最美丽的女人。70多岁的老皇帝，最终没有保住自己爱妃的生命，一代绝世美女香消玉殒在荒凉的马嵬坡上。

第五章　五代十国时期

梁太祖朱温的真爱与淫乱

朱温，五代时梁王朝的建立者。早年曾参加黄巢起义，后叛变降唐，官至宣武节度使，封梁王。其势力渐大后，于公元907年（天祐四年）代唐称帝，国号梁，史称后梁。

关于朱温的身世，有些离奇的传说。说是朱温出生的那天夜里，家里的屋顶上，火红一片，几里之外都能看见，乡邻们见了都以为是他家失火了，当下大家提水挑桶到朱家去救火。谁知他家并没有起火，只有初生婴儿（就是朱温）的啼哭声，众人都十分惊异，都说朱家的这个孩子很不寻常。

朱温兄弟三人，朱温排行老三。他幼年时失去了父亲，母亲只好带着他们兄弟三人寄住在萧县人刘崇家里做佣工。朱温长大后，好逸恶劳，争强斗狠，常以雄勇自负，乡邻们都很讨厌他。刘崇因为朱温懒惰，经常用鞭杖抽他。只有刘崇的母亲可怜朱温，劝诫刘崇说："朱三不是常人，你要善待他。"刘崇问原因，刘母说："我曾见他熟睡的时候，变成了一条赤蛇。"然而刘崇并不相信。

一天，朱温把刘崇家的饭锅偷着背走了。刘崇追上朱温，又准备狠狠地揍他。刘母又出来说好话，刘崇才罢手。刘母劝朱温说："你都这么大了，不该再这样，你若不愿耕作的话，又能做什么呢？"朱温回答："儿平生只会骑马射箭。不如给我弓箭，到深山里猎些野味。"刘母点头说："这也好，但不要惹祸！"接着拿出家中的弓箭，交给朱温。

从此朱温每天在深山里追逐野兽，他身手矫健，就是像鹿这样善于奔跑的野兽，他也能徒步追取，手到擒来。刘崇家的庖厨，野味多得放不下。刘崇也暗暗佩服朱温的本领。朱温的兄长朱存也向刘崇要了弓箭，与朱温同去追马逐鹿。朝出暮归，没有空手回来的时候，这样的日子令朱温也觉得很是逍遥自在。然而朱温并不满足这样逍遥自在的日子，黄巢起义后，朱温又和他哥哥朱存一起投奔到了黄巢军营。

朱温纵横沙场，有万夫不敌之勇，深得黄巢信任，把他当做亲信。唐广明元年（公元880年）十二月，黄巢攻克长安，称大齐皇帝，改元金统，派朱温领兵驻扎在东渭桥。中和元年（公元881年）二月，又令朱温为东南面行营先锋使，不久攻下了南阳。六月，朱温回归长安，黄巢亲自在灞上迎接。中和二年（公元882年），朱温由丹州南行，攻下左冯翊，又攻陷同州。

中和三年（公元883年）四月，朱温叛变，联合其他节度使攻占了长安，当时他只有32岁。黄巢被灭后，黄巢手下名将霍存、葛从周、张归厚、张归霸都归顺了朱温。

朱温当上节度使后，派人去萧县刘崇家迎接其母王氏及刘崇的母亲。刘崇家在山野僻乡，几乎与世隔绝。自朱温兄弟离去后，转眼五年没有信息。王氏时常惦记儿子，四处向人打听，有的说是做了强盗，有的说早死在岭南。使者到了门前，车马喧腾，吓得村民都弃家逃走，还以为强盗进村劫掠。使者进了家门，说奉节度使命来迎王母及刘母。王氏心虚胆怯，还以为两个儿子做了强盗，官府来搜捕家属，吓得六魂无主，藏在灶下发抖。刘母多少有些胆识，出去问明使者，才知朱温已做了节度使。王氏依旧不信，对刘母说："朱三落魄无行，做贼早死了，这是怎么回事？"使者便再述了朱温的情形，王氏一时悲喜交集。

文德元年（公元888年），僖宗任命朱温为蔡州四面行营都统，各地藩镇军队，都受朱温节制。黄巢虽灭，但唐朝统治已变得脆弱不堪。

各地藩镇在镇压黄巢过程中，乘机扩大势力，争夺地盘，唐王朝已经名存实亡。这年三月，唐昭宗即位。朱温在连年争战中渐渐积蓄力量，此时已上挟朝廷，下制诸侯，废唐称帝只是朝夕之间的事。

天祐元年（公元904年）八月朱温令养子朱友恭、右龙武统军氏叔琮、枢密使蒋玄晖弑唐昭宗于椒殿。改立昭宗第九子辉王李柷为帝。然后诿罪朱友恭、氏叔琮，将他们斩首塞责。李柷年仅13岁，是为宣帝。天祐四年（公元907年）四月，宣帝禅位于朱温，从此唐朝彻底灭亡，朱温改国号为梁。

朱温的霸业之所以能够成功，主要得益于两个人，一个是他的军师敬翔，另一个就是他的妻子张氏。虽然史书上对张氏的记载并不多，但从字里行间可以看出，张氏对朱温所起的作用是很大的。张氏和朱温是同乡，都是砀山人，张氏家住在渠亭里。她家在当地是有名的富裕之户，父亲还做过宋州的刺史。张氏生于富裕之家，既有教养，又懂得军事与政治谋略。朱温残虐成性，杀人如草芥，但其妻张氏却聪敏贤惠，被称为"五代第一贤后"。

张氏不但温柔贤良，而且还极有智慧谋略。她不但主持家事有条不紊，就连对包括作战在内的国家大事也有独到的见解，常让朱温心服口服。朱温凡遇大事不能决断时就向妻子询问，而张氏所分析预料的又常常切中要害，让朱温茅塞顿开。因此，对张氏越加敬畏钦佩，言听计从。有时候朱温已率兵出征，中途却被张氏派的使者赶上，说是奉张夫人之命，战局不利，请他速领兵回营，朱温就立即下令收兵返回。

朱温本性狡诈多疑，加上战争环境恶劣，诸侯之间你死我活的争夺，更使朱温妄加猜疑部下，而且动不动就处死将士。这必然影响到内部的团结和战斗力，张氏对此也很明了，就尽最大努力来约束朱温的行为，使朱温集团内部尽可能少地内耗，一致对外。在这位刚柔相济、贤惠机智的妻子面前，朱温的狡诈反而显得粗浅，暴躁的朱温也收敛了许多。

朱温的长子郴王朱友裕奉命攻打徐州朱瑾，在石佛山大破朱瑾，朱瑾逃走，但朱友裕没有追击俘获朱瑾，回来后朱温非常恼怒，怀疑他私通朱瑾，意欲谋反，夺了朱友裕的兵权。吓得朱友裕逃入深山躲了起来。张氏为让父子和好，就私下派人将他接了回来，向父亲请罪。朱友裕入见朱温，拜伏在庭院，泣涕请死，朱温盛怒之下命人绑出去斩首。这时，张氏来不及穿鞋，光着双脚从内室匆匆跑出来，拉住朱友裕的胳膊对朱温哭诉道："他回来向你请罪，这不是表明他没有谋反吗？为何还要杀他？"朱温看着妻子和儿子，心软了下来，最终赦免了儿子。

朱瑾战败逃走之后，他的妻子却被朱温掠取，看到朱瑾的妻子长得非常漂亮，朱温就想强行霸占。张氏在封丘迎接朱温，见朱温动了邪念，便让人把朱瑾的妻子请来，朱瑾妻赶忙向张氏跪拜行礼，张氏回礼后，对她推心置腹地说："我们本来是同姓，理应和睦共处。他们兄弟之间为一点小事而兵戎相见，致使姐姐落到这等地步，如果有朝一日汴州失守，那我也会和你今天一样了。"说完，眼泪流了下来。朱温在一旁内心也受到触动，想想自己也愧对朱瑾。当初如果没有朱瑾的援兵相助，他也不会站稳脚跟。此时已占领了朱瑾领地，目的已经达到，若再强占他的妻子有些说不过去。况且妻子已经知道内情，不如顺水推舟做个人情。最后，朱温将朱瑾的妻子送到寺庙里做了尼姑。

张氏和朱温共同生活了二十余年，在朱温灭唐建后梁前夕却染病去世。朱温得到张氏病重的消息，连夜兼程从前线赶了回来。张氏已是瘦骨如柴，昏迷不醒。朱温痛哭失声，张氏惊醒，勉强睁开眼睛，看见朱温立在榻前，便凄声说："妾将与君长别了。"

朱温悲咽难言，握住爱妻的手，恻然说："自从同州得遇夫人，已二十余年，今已大功告成，转眼间将登帝位，满以为与卿同享尊荣，再做几十年夫妻，不料卿一病至此，可如何是好？"张氏流泪说："人生自有生死，况妾身列王妃，所得已过多，还奢想什么意外富贵，只是君受唐室厚恩，不可骤然废夺。试想从古到今，太平天子能有几个？"

朱温随口说："时势逼人，不得不这样。"张氏叹息说："既然你有这种建霸业的大志，我也没法阻止你了。但是上台容易下台难，你还是应该三思而后行。如果真能登基实现大志，我最后还有一言，请你记下。"朱温忙说："有什么尽管说，我一定听从。"张惠缓缓说道："你英武超群，别的事我都放心，但有时冤杀部下、贪恋酒色让人时常担心。所以'戒杀远色'这四个字，千万要记住！如果你答应，那我也就放心去了。"

张氏死后，不仅朱温难过流泪，就连众多将士也是悲伤不已。由于朱温多疑，常滥杀属下，杀人时没有人敢出来求情，只有张氏得知后时常来解救，几句温柔在理的话就使朱温暴怒平息，因此许多被救的将士都对张氏感激不尽，其他将士对张氏这种爱护将士之情也充满了敬仰。张氏为人和善，对朱温的两个妾也是如此，没有丝毫嫉妒，更不用说加害她们了。朱温因张氏的贤惠，也没有像其他人那样娶三妻四妾。可惜张氏死得早，张氏死后，朱温把妻子临死前的忠言忘得一干二净，从此他渐渐荒淫放纵，无人可制。

朱温占领长安后，派人把长安的宫室、官府和民居全部拆光，把木料沿河运到洛阳，逼迫长安的所有吏民迁到洛阳。昭宗已同傀偏，到了洛阳，何后哭着对朱温说："此后大家夫妇，委身全忠了。"据《五代史阙文》记载，以前朱温迎昭宗于凤翔，昭宗假装鞋带脱落，对朱温说："全忠为吾系鞋。"朱温不得已，跪下系结，汗流浃背。当时昭宗身边还有卫兵，昭宗的意思是让左右擒杀朱温，但左右没有敢动手的。此时朱温将昭宗禁卫全部除去。当时崔胤所募的六军兵士都或死或逃，跟随昭宗东迁的，只有诸王、十几个小黄门以及打毬代奉内园小儿共二百余人，朱温也将他们全部坑杀。谋士李振，绰号"猫头鹰"，因考进士不成，十分痛恨朝臣。他对朱温说："这些人平时自命清高，自称'清流'，不如扔到浊流里去。"朱温便在一个深夜，把三十多名朝臣扔到了黄河里。朝中王公缙绅为之一空。

朱温常常杀人如儿戏。《旧五代史·梁书·太祖纪一》：十一月，朱瑄复遣将贺瑰、柳存及番将何怀宝等万余人以袭曹州，庶解兖州之围也。帝知之，自兖领军策马先路至钜野南，追而败之，杀戮将尽，生擒贺瑰、柳存、何怀宝及贼党三千余人。是日申时，狂风暴起，沙尘沸涌。帝曰：此乃杀人未足耳，遂下令尽杀所获囚俘，风亦止焉。

文中所说的"帝"，就是"梁太祖"朱温。天起大风了，他竟说是"此乃杀人未足耳"，下令把三千多人杀完。

另有一个传说，也可以从侧面说明朱温常常以杀人为游戏。

有一次，朱温游园，身后跟着一批随从。前面有一棵大柳树。朱温自言自语地说："好大一棵柳树！"几个随从立即随声附和："好大一棵柳树！"朱温又说："可以作车毂。"几个随从又随声附和："可以作车毂。"

这一来，朱温冒火了："车毂要用坚木才行，哪里能用柳树？"他立即下令把几个随声附和的人就地扑杀。

朱温晚年更加凶残好色。他巡视河南时，将河南尹魏王张全义的儿媳、女儿全部奸污，张全义的儿子们不忍受辱，要杀昏君，被张全义劝住。不仅如此，朱温还与自己的儿媳大肆淫乱，"诸子虽在外，常征其妇入侍，帝往往乱之"（《资治通鉴·后梁纪三》）。朱温的次子朱友文之妇王氏，颇有姿色，朱温非常宠爱，三子朱友珪之妇张氏也被朱温霸占。儿媳们之所以顺从朱温的乱伦，一是因为畏惧朱温的淫威，二是希图得到朱温的恩赐，使她们的丈夫继临帝位。王氏在应召"入侍"期间就曾提出过以朱友文为太子的问题，朱温虽未当面应诺，但"意常属之"。朱友珪得知，心中愤愤不平，加之朱友珪曾因过错受过朱温的责打，更加不平。不久，朱温病重，他密令王氏速召在洛阳的朱友文，打算与之诀别，并嘱托身后之事。这消息被也在宫中"入侍"的张氏知道了，马上告诉朱友珪说："陛下要把传国宝交给王氏送往东都洛阳，我们死期将近了！"朱友珪闻听大吃一惊，十分伤感。他身边的人对他说："何不想想别的办法，这正是个好机会！"朱友珪有些动心，但仍迟疑不决。

朱友珪最后决定杀死他的父亲是在后梁太祖宣布了调任他为莱州刺史的命令之后。按照惯例，贬斥降职者多被赐死，所以，这个命令对朱友珪来说如同五雷轰顶，使他不胜惊骇。他想，与其被贬身死，不如杀进宫中。父皇荒淫乱伦，行同禽兽，已不堪为父，就怪不得当儿子的了。他这样想着，一个弑父篡位的阴谋在胸中成熟了。

公元912年7月18日（乾化二年六月戊寅），朱友珪换上服装，悄悄进入左龙虎军去密见统军韩勃，说出了自己的打算。左龙虎军是皇宫禁军，韩勃久在军中，亲眼看到过一些功臣宿将因小小的过错便被杀害，一直十分惧怕，担心自己也会落得这样的下场，听朱友珪这样一说，正合自己的心意。他们马上商定好行动计划，选派出数百精兵跟随朱友珪混入侍卫亲军控鹤军，在夜深人静时进入宫中。到了朱温的寝殿，侍疾者都四散奔逃，朱温惊问："是谁造反？"朱友珪说："自己人。"朱温大骂道："我早就怀疑你造反，只恨没及早把你杀死，你大逆不道，天理不容！"朱友珪却说："老贼罪当碎尸万段！"朱温的病忽然就被吓没了，跳起来要逃。朱友珪的仆人冯廷谔大喝一声，抡刀来杀他。朱温绕着柱子跑了三圈，最终因年老体衰，脚步一慢，被冯廷谔追上，在他胸前捅了个窟窿，抽出刀时，把肠子也带了出来。朱友珪用一条破毡子将朱温的尸体裹起来，埋在了大殿的角落里。

朱友珪杀死父亲朱温后，秘不发丧，拿出府库财物，赏赐群臣和诸军，用以收买和稳定人心。与此同时，他派出心腹前往东都，将他二哥朱友文杀死。然后伪造诏书说："朕艰难创业，逾三十年。托于人上，忽焉六载，中外叶力，期于小康。岂意友文阴畜异图，将行大逆。昨二日夜，甲士突入大内，赖友珪忠孝，领兵剿戮，保全朕躬。然而疾恙震惊，弥所危殆。友糑克平凶逆，厥功靡伦，宜委权主军国。"（《新五代史·梁本纪·太祖本纪》）在这份伪造的诏书中，真相被掩盖了，是非被颠倒了，杀死皇帝的凶手成了领兵诛逆的忠臣孝子，而远在东都根本不知此事的朱友文却成了"阴蓄异图，将行大逆"的贼子。不仅如此，真正凶手还因"克平凶逆"，被委权主持军国大事。

这种嫁祸于人的伎俩尽管不难被识破，但朱友珪已掌握了禁军，控制了局势，杀死了朱友文，所以识时务的大臣们自然知道应该何去何从。待朱友珪将这一切处置完毕，才将朱温发丧，自己继承君位。

朱友珪是个短命皇帝，他在位只八个月便被他的弟弟朱友贞杀死。

南唐后主李煜的最爱

李煜（公元937－978年），字重光，初名重嘉，是南唐中主李璟的第六个儿子。

南唐李氏家族原本姓徐，唐末吴国在杨行密死后，即由大将徐温执政，徐温死后即由其养子徐知诰掌权，不久灭吴称帝，建立南唐。他自称是唐玄宗之孙，更名为李昪，李璟就是他的儿子。李璟有六子，按说还轮不到第六个儿子李煜来继位的，因前面的五个儿子都相继死了，所以最终还是由李煜来继位。

李煜天资聪颖，从小就文采出众，长相也很奇特。据说是丰额骈齿，一目重瞳，颇有富贵之相、天子之表。"重瞳"就是指一只眼睛有两个瞳仁，所以他的字叫做"重光"。历史上同样以重瞳出名的人物还有大舜，因此李煜这个"帝王之相"曾经很被他哥哥猜忌过。但事实上，他既没有具备当皇帝的起码素质，自己也根本不想当皇帝。李煜本来天性淡薄，对争权夺势毫无兴趣。得知哥哥弘冀对他十分猜忌，就干脆不过问任何政事，一心沉醉于诗文书画，每日里诵经参禅，还受了三归五戒，给自己取了个"钟山隐士"的别号。

当初，他的父亲李璟本来打算传位给自己的弟弟景遂，但他的长子弘冀，却是天性忌刻之人，得知父亲有意传位给叔父后，竟派人用毒药将景遂毒死。于是李璟只好立他为皇太子。谁知人算不如天算，弘冀在被立为太子后的一个月也得急病死了。而李煜的几个兄长又都夭折，这样，皇位继承人就落到了李煜身上。

李煜不曾料到会当皇帝，也不想当皇帝，但偏偏又当上了皇帝，既当了皇帝却又不懂得玩政治。只会吟诗作词，玩弄风月。《诗薮杂编》

说他"后主目重瞳子，乐府为宋人一代开山"；《艺苑言》也说他"后主直是词手"。也就是说，他是词坛高手，词林宗师。他这些长处，恰恰是作君王的"短处"。所以有人为之叹息说：作个词人真绝代，可怜命薄作君王。

李煜擅长填词，也迷恋于笙歌宴舞，他曾自称是"浅斟低唱、偎红倚翠大师，鸳鸯寺主"，可见其风流。李煜有不少嫔妃。但是，他最爱的人，却是自己的皇后周氏姐妹。

大周后是南唐功臣大司徒周宗的女儿，名叫娥皇。在李煜十八岁那年嫁给了他。她本来天生就是一个美人，几种南唐史书都说她"有国色"，李煜在后来悼念她的文章里也说她"纤秾挺秀，婉娈开扬"。但她并不满足于自己的天生丽质，还独创了"高髻纤裳""首翘鬓朵"等妆容，尽显自己的绝世美色与曼妙身姿。此外，她多才多艺，所有闲情雅致的玩艺门道无所不精。又"通书史，善音律，尤工琵琶"。她曾在中主李璟的生日宴席上弹奏琵琶，李璟对她的技艺十分称赏，把一把珍贵的"烧槽"琵琶赠送给她。大周后和李煜才子佳人，情趣相投，日日厮守在一起宴乐歌舞，可谓夫唱妇随了。一次冬日饮宴，酒到半酣的大周后举杯邀李煜起舞，李煜便开玩笑，要她先给自己新谱一曲才可以。大周后并不推辞，顷刻而成《邀醉舞破》、《恨来迟曲》。如此即兴作曲，若不是具有相当深厚的音律知识和音乐禀赋，是很难做到的。大周后还修复了著名的《霓裳羽衣曲》。《霓裳羽衣曲》原是从西凉传入的法曲，经过唐玄宗李隆基的润色，成为规模盛大、气势宏伟的大型舞曲。安史之乱之后，《霓裳羽衣曲》失传，到五代十国时只保存了残破不全的曲谱。李煜得到残谱后，大周后和他一起"变易讹谬，去繁定缺"，使旧曲新生，"繁手新音，清越可听"。

对于两人温柔缱绻的爱情生活，李煜也有很多词来描绘，如《一斛珠》："晓妆初过，沉檀轻注些儿个。向人微露丁香颗，一曲清歌，暂引樱桃破。罗袖裛残殷色可，杯深旋被香醪涴。绣床斜凭娇无那，烂嚼红茸，笑向檀郎唾。"

大周后的活泼娇憨，李煜的深情欣赏，都由此可见了。还有一首《后庭花破子》："玉树后庭前，瑶草妆镜边。去年花不老，今年月又圆。莫教偏，和月和花，天教长少年。"

"天教长少年"，李煜衷心地希望自己和大周后能白头偕老，岁岁长圆。然而正如古诗所说"大凡好物不坚牢，彩云易散琉璃脆。"他和大周后神仙眷属一样的日子，只有短短的十年。

这似乎是有征兆的，当年大周后修订《霓裳羽衣曲》的曲子时，就有人说法曲的结尾应该缓慢而此曲却改为急促，恐怕不是什么好兆头。果然，大周后不久就得了重病。就在这时候，她和李煜最钟爱的小儿子，四岁的仲宣也得急病死去了。大周后知道了这个消息，十分伤心，病得更加厉害了。李煜朝夕相伴左右，所有的饮食他都要亲自照顾，汤药也一定要亲口尝过才喂给妻子。寒冷的冬夜里他夜复一夜地守护在妻子身边，倦极也只是和衣而卧，衣不解带。但这一切都不能挽救大周后的生命。大周后把烧槽琵琶和自己臂上一直佩戴的玉环留给李煜作纪念，又亲自写了要求薄葬的遗书。于乾德二年的十二月去世，时年二十九岁，谥"昭惠"，下葬懿陵。

李煜才丧爱子，又失娇妻，自是悲痛万分。在大周后的葬礼上，他已经变得形销骨立，只能拄着拐杖才能行走了。他为大周后写下长篇的诔文，言辞哀戚动人，结尾署名"鳏夫煜"。即使过了很多年，他对她也不能忘怀，还屡屡作诗作词怀念。

但是，在李煜与大周后这段完美的情缘之间，却也有一段不和谐的音调。

大周后病重的时候，她的妹妹前往宫中探视。她和姐姐一样，也是个美人，此时正在豆蔻年华，娇艳可人。李煜一见，不由得动起心来，于是两人很快就堕入了爱河。为了避免刺激病中的大周后，他们只能偷偷的相见，李煜曾有《菩萨蛮》一词，描绘了相见的情形：

花明月黯笼轻雾，今宵好向郎边去。

刬袜步香阶，手提金缕鞋。

画堂南畔见，一向偎人颤。

奴为出来难，教君恣意怜。

但天下没有不透风的墙，大周后还是知道了这件事情。妹妹去探望她，她随口问她来了多久，天真的妹妹就说自己已经来了好几天了，大周后马上明白了一切，据说她当下就翻身向内，不再说话，至死都没再转过身来。于是李煜在皇后葬礼上的伤心过度，也就被解释为是有意掩饰自己对妻子的不忠的虚伪表演。可是，事情也许并没有这么简单，李煜是一个多情的人，对于大周后和她的妹妹，他是应该同样深爱着的。至于说他怕别人讥笑自己不忠于妻所以故意折腾得形容憔悴来见大家，未免就太匪夷所思了。做君主的人太迷恋老婆，一向被认为是"昏君"的表现，正是大臣们进谏的好题目，他又何必如此劳心费力地表演呢。

大周后死后，李煜就打算把她的妹妹立为国后。但他的母亲钟太后不久去世，按照礼节，他应该守孝三年，于是这立后大典只好拖了到了开宝二年（公元 968 年），这是南唐立国以来第一次，也是最后一次举行了在位君主娶后的典礼。此次典礼非常隆重。典礼那天，鼓乐喧天，金陵城内万人空巷，争相观看，甚至有人为了抢占有利位置，爬到屋顶上摔下来的。盛况空前，煞是热闹。大周后的妹妹做了李煜的第二任皇后，史称小周后，时年十九岁，正是她姐姐嫁给李煜的年纪。

婚礼举行的第二天，李煜大宴群臣。照惯例，赴宴的群臣自韩熙载以下，都要写诗贺喜。然而大家都知道从大周后死后，这位新国后就已经长住宫内了，昨天那场隆重的大婚礼，其实不过是做做过场，一对新人，正是旧交。于是众人写出来的贺诗就怪腔怪调的，与其说是恭贺，还不如说是讽刺。对于群臣的态度，李煜倒也不动气，一笑了之。

婚后，李煜对小周后更是宠爱非常。这位小周后史载"警敏有才思，神彩端静"，可见在才华相貌上也不亚于姐姐。李煜曾经在百花之中作亭子，用红罗作帷幕，拿玳瑁签别起来，精雕细镂，十分华丽，却很狭小，仅仅能容纳两个人。他就和小周后一起在里面饮酒作乐，享受他们的二人世界，其乐融融。小周后喜欢青碧色的衣服，嫌外间所染的碧色不纯正，便令宫女亲自动手染绢帛。有一次把绢晒在苑内，夜间忘了收取，被露水所沾湿。第二天一看，颜色却分外鲜明，李煜与小周后见了，都觉得挺好。此后妃嫔宫女，都以露水染碧为衣，号为"天水碧"。小周后还喜欢下棋，李煜就经常陪她下棋，为此还被大臣劝谏过，不过他的态度仍然是毫不动怒，最后那个大臣也只好没了脾气。

然而李煜可能不会想到，他和小周后的甜蜜生活，维持的时间更短。后人从小周后喜欢穿的"天水碧"看出了不祥之兆："天水"是赵姓的郡望，"碧"与"逼"谐音，乃是逼迫之意。一直对南唐虎视眈眈的赵宋，是不会让李煜长期享受他的惬意日子的。

李煜只图歌舞酣宴，却不知宋太祖已出兵平了南汉，正调将遣兵，训练水师，预备荡平江南。李煜听说南汉灭亡的消息，震恐异常，便上表宋廷，愿去国号，改为南唐国主。宋太祖命李煜入朝。李煜推说有疾，不肯入朝。宋太祖便借口说李煜违逆，心怀异志，命曹彬领兵十万，即日南下攻取南唐。南唐的边将毫无防备，都弃城逃跑了。宋军战无不胜，攻无不克。李煜在宫内召集僧道，诵经烧香，祷告神灵保佑，亲自写疏祝告皇天，立愿宋师退后造佛像若干，自称莲峰居士，敬告上苍，速退宋师。最后李煜没法可施，只得命徐铉驰赴汴京，面见宋太祖，哀求罢兵。徐铉说尽千般好话，宋太祖无奈，只好调侃道："卧榻之旁，岂能任他人酣睡。"李煜知道已是山穷水尽，只得率领臣僚，到军前投降。曹彬将李煜一行押往汴京。

宋太祖封李煜为违命侯，并封小周后为郑国夫人。宋太祖去世后，太宗即位。又加封李煜为陇西郡公，与小周后在赐第内居住。太平兴国三年的元宵佳节，各命妇循例应入宫恭贺。小周后也照例到宫内去庆贺。不料小周后自从元宵入宫之后，过了很多天，还不见回来，李煜急得在家中唉声叹气，走来踱去。一直至正月将尽，小周后才从宫中乘轿而归。

李煜连忙迎入房中，赔着笑脸，问她因何今日方才出宫？她却一声不响，只将身体倒在床上，掩面痛哭。李煜悄悄地向小周后细问情由。小周后仍是不停地哭泣，指着李煜骂："你当初只图快乐，不知求治，

198

以致国亡家破，做了降虏，使我受此羞辱。你还要问什么?"李煜低头忍受，一言也不敢出口，悄悄退出了房间。原来那天进宫朝贺太宗，太宗见小周后生得花容月貌，便把她留在宫内，逼着她侍宴。小周后哪敢违抗，无可奈何顺从了太宗，所以从元宵佳节进宫，至正月将尽，方才放她出来。李煜长叹一声，仰天流泪。

又到了一年的七月七日，李煜回忆在以前的歌舞欢饮，现在孤零零的夫妻二人，闲居在赐第里面，连服侍的宫女，也只剩了两三个人；其余心爱的嫔妃，死的死，去的去，一个也不在眼前，便又触动愁肠，胸中的悲感，一齐倾泻出来，填了一阕《虞美人》："春花秋月何时了，往事知多少，小楼昨夜又东风，故国不堪回首月明中。雕栏玉砌应犹在，只是朱颜改。问君还有几多愁? 恰似一江春水向东流。"小周后忽从里面走出，向李煜说："你又在这里愁思悲吟了，现在虽然背时失势，也须略略点缀，不可如此悲怨! 况且隔墙有耳，你不过怀思感旧。外人听了，便疑是缺望怨恨了。"

后来太宗看了李煜的词，勃然变色道："他还不忘江南，若不将他除去，必为后患。"便命内侍，取了一瓶牵机药酒，太宗亲手加封，命内侍传送李煜。内侍即将金杯斟酒送上，看李煜饮罢，谢过圣恩，方才回去复旨。那李煜饮了御酒，初时并不觉得怎样，还和小周后饮酒谈笑。不料到了夜间，忽从床上跃起，大叫了一声，手脚忽拳忽曲，头或俯或仰，好似牵机一般，不能停止。小周后吓得魂飞魄散，双手抱住了李煜，问他哪里难受。李煜嘴里已经说不出话来，只把头来回乱晃，又过了一会，忽然面色改变，倒在床上，已经气绝身亡了。

太宗假装刚刚知道李煜亡故，下诏赠李煜为太师，追封吴王，并废朝三日，派中使护丧，赐祭赐葬，恩礼极为隆重。小周后葬了李煜，自然也要入宫谢恩。太宗便借机把周氏留在了宫里。李煜一直不知家国为何物，被擒至汴京后所做的词中，才不合时宜地有了一些家国之感，却因此换来了"牵机毒药"。作为一个文学家，李煜是出类拔萃的，但作为一个国君就显得荒谬了。

前蜀帝王衍骄淫贪色

王衍（公元 899~926 年），五代时期前蜀国君。公元 918~925 年在位。

五代十国时期除了北方中原地区相继出现的梁、唐、晋、汉、周五个朝代，在西蜀和南方地区还有九个割据政权，加上在北方的北汉，一共是十国。其中十国里的蜀国分为前蜀与后蜀，前蜀的建立者是王建。

王建，字光图，许州舞阳人。此人隆眉广面，状貌不俗。但王建年少时是个远近有名的无赖之徒，以杀牛、偷驴、贩私盐为生，当时，邻居都送给王建一个绰号："贼王八"，可见当时他是多么地讨人憎厌唾弃。后来，赶上唐末乱起，王建也趁机投军，从小兵做起，渐成队将。黄巢攻陷长安，唐僖宗奔逃于蜀地，恰值王建当时为都头，与忠武军将领鹿晏弘一起西迎僖宗，仓惶如丧家狗似的唐皇见到王建如遇见了救星一般。把王建等人所率的军队封为"随驾五都"。大太监田令孜（当时任十军观军容使）也收王建为养子。唐僖宗回到长安后，王建一下子跃为御林军宿卫将领。后来王建杀了西川节度使陈敬瑄与田令孜，黔南节度使王肇举州而降，又灭了东川节度使彦晖，据有两川之地，后又兼并山南西道。天复三年八月，唐朝廷封王建为蜀王，唐朝被朱温所灭后，王建自封为皇帝。

王建晚年，逐渐昏庸奢侈。太子王元膺与大臣唐袭相互倾轧攻杀，"窝里斗"的结局是双双丧命。不得已，王建立幼子郑王王宗衍为太子。

本来王宗衍在王建十一个儿子中年纪最小，按说是不应该被立为太子的，为什么最后反而继承了帝位？原来王建晚年多内宠，贤妃徐氏与妹妹淑妃都因为姿色艳丽而专宠后宫，王衍的母亲就是徐贤妃。王衍长得方颐大口，垂手可以过膝，回头能看见自己的耳朵。而且他也很有学问，能写浮艳的辞藻，曾写过艳体诗二百篇，署名为《烟花集》，传诵于全蜀。元膺死后，王建因为幽王宗辂长得像自己，而信王宗杰在诸子中最有才干，打算在两人中间选择一个立为太子。徐妃与宦官教唆看相的哄王建说幼子王衍的相貌贵不可言，又指使宰相张格也这样说，王衍就是这样当上了太子。

王宗衍继位后，更原名"宗衍"为"衍"，尊其母徐氏为皇太后，尊其姨母（也是王建的妃子）为皇太妃。这两个妇人不知是何出身，王衍初掌国柄，两人就教唆王衍卖官求财。"自刺史以下，每一官缺，必数人并争，而入钱多者得之"，情形和现在的公开拍卖如出一辙，果真荒唐得令人瞠目结舌。

王衍年少继位，生于深宫之中，养于妇人之手，浑然不知经营天下的辛劳和他父亲开疆拓土的艰难。按理讲，依王建那"贼王八"的穷出身，应该几代教养下来才有贵族气象。可王衍则不然，其父虽是猛戾武夫，这宝贝儿子倒天生艺术家、大诗人的料儿。

王衍继位后，把国政交给平日伺候他的太监宋光嗣、王承休等人，自己与韩昭、潘在迎一帮文士终日吟诗饮酒，欢笑怡然，并下命兴建重光、太清等数座宫殿，兴筑名为"宣华苑"的皇家园林，其中遍充美妇人，与那些狎客、妇女日夜在里面酣饮喧闹，从早上到晚上宴饮不断，到了天黑的时候点起蜡烛继续喝。

王建的义子嘉王王宗寿是明白人，看见皇帝弟弟如此溺于酒色，也想在酒席宴上斗胆进谏一次，他起立行礼，言发泪下，呜咽地劝王衍要以社稷为重，经营国事。未等王宗寿讲上几句，韩昭等文士在旁一起嘲谑起哄，讥笑地说："嘉王这是喝多了撒酒疯呵。"举座哗然，笑语纷纷，王宗寿不得已退回原席暗自伤悲。

王衍即位不久册立了高氏为皇后，高皇后是前兵部尚书高知言的女儿，但她为人端正沉静，很不合王衍的心意。他命令内教坊严旭去民间选取二十个良家女子，严旭带领士兵搜掠民家，只要是有姿色的女子，不管出嫁还是没有出嫁都抢进宫里，一时民间怨声载道。王衍见到那些天资绝色的女子十分高兴，立刻赐封严旭为蓬州刺史。

蜀人富而喜欢夸耀，当王衍晚年的时候，民间流行一种小帽子，小得只能覆住头顶，一低头就往下掉，称作"危脑帽"。王衍认为不吉祥，下令民间严禁再戴这种帽子。而王衍好戴大帽子，每次微服出游民间的时候，市井百姓只要一看见有人戴着大帽子，就知道那一定是皇帝。为了掩藏行迹，王衍令国中人都戴大帽。王衍又好裹尖头巾，形状如锥子。于是后宫女子都戴金莲状的花冠，穿道士的衣服，脸上涂了朱粉，酒酣耳热的时候脱下巾冠，号称是"醉妆"，国中人都争相效仿。

太后太妃最喜欢冶游，时常到亲贵的私第连夜饮酒，或者游览近郡的名山大川，耗费的金钱无法计数。王衍曾与太后、太妃游青城山，停驻在上清宫。宫人的衣服都绘画了云霞，远远望去飘然若仙。王衍自制《甘州曲辞》，亲自唱："画罗裙，能结束，称腰身，柳眉桃脸不胜春，薄媚足精神。可惜沦落在风尘。"宫人都应声而和。王衍的本意是这些宫妓本来是神仙可惜沦落到了凡尘。后来蜀国灭亡，宫妓都沦落到烟花丛中，她们才深有体悟。

乾德二年的冬天，王衍北巡到达西县，披着金制的铠甲，戴着镶嵌珠宝的帽子，旌旗戈甲，连绵一百多里，老百姓还以为是巫师在做法。等到了阆州，王衍无意中看见州民何康的女儿，何女长得美丽过人，王衍立刻命侍从强行拉过来。一问才知道何女已经嫁人了，王衍只管满足自己的淫欲，哪里管她嫁不嫁人，拿出了一百匹帛赐她的丈夫，让她的丈夫再娶一个。不料何氏夫妻感情很深，她的丈夫为此悲痛而死。王衍得到了何女无心再游逛，当天就启程回归成都。回来的时候从阆州浮江而上，龙舟画舸照耀着江水，他所经过的地方州县供应花费巨亿，民间困苦不堪。

王衍与何女缱绻了一个多月后便味同嚼蜡，正穷极无聊的时候在徐太后的母家看见一个绝世的佳人，姿容之艳丽仿佛不是人间的女子。原来是外祖父徐耕的孙女，与王衍是表姊妹，当下王衍要将徐女带进宫里。徐女不敢违抗皇帝的旨意，被王衍用车载进后宫。一连几天颠鸾倒凤，王衍才发现徐女不但姿色超过常人，而且床上的功夫也非寻常的女子可比，一时间徐女宠冠六宫。王衍为了掩饰徐女的身份，对外宣称她是韦昭度的孙女，封她为韦婕妤，不久又加封为韦元妃。

正宫皇后高氏早已经被王衍冷落，自韦妃入宫后更不被当人看待，免不得私下流露出一些怨言。这些话传进王衍的耳朵里，王衍巴不得找借口把高皇后废去。此时正好让他找到了借口，便下旨剥夺高皇后的身份，打发她回到娘家。高皇后的父亲已经老迈，听到女儿被休的消息活活吓死了。

王衍想立韦妃为皇后，只是后宫里还有一个金贵妃，姿容也极为秀艳，而且她精于诗文绘画，王衍对她也很宠爱，此时真是两处为难。传说金贵妃出生的时候，天下起瓢泼大雨，她的母亲梦见一条红色的龙绕庭而走，所以分娩后闺名取为飞山。乾德初选入宫里后一度得到专宠，到了韦妃入宫多少被王衍疏远了，但资格比韦妃高一些，而且赤龙梦兆的话不管是真是假此时却派上了用场。王衍踌躇了很多天，还是立金妃为皇后。

蜀宫里佳丽如云，除了花天酒地，王衍还想出各种办法玩乐。他曾经用数万段彩缯结成彩楼。他在高高的山上修建宫殿亭阁，规模像皇宫一样，王衍在里面宴乐连月不下来。又在山前别立一座彩亭，用金银做成了厨具在彩亭里烹调，王衍站在彩楼上观看，称做"当面厨。"

有一次，王衍在剑州西部山区游逛，忽然密林中蹿出一只猛兽，如入无人之境一般，从随行人群中咬叨住一个役夫，然后摆尾掉头地又跑回了山上。王衍并未派兵去"虎口救人"，反而大叫刺激，命群臣以此情状赋诗。

文士王仁裕作诗道："剑牙钉舌血毛腥，窥算劳心岂暂停。不与大朝除患难，惟于当路食生灵。"言语之间，对猛兽还有斥责之意。翰林学士李洪弼不甘落后，也随口赋诗一首："崖下年年自寝讹，生灵餐尽意如何？爪牙众后民随减，溪壑深来骨已多。天子纲纪犹被弄，客人穷独固难过。长途莫怪无人迹，尽被山王税杀他。"后主看了之后大笑不已，认为此诗作得巧妙。狎客韩昭也不示弱，急智吟诗，大拍王衍马屁，颂扬皇上巡游不是以玩乐为目的，而是为了安定边疆。其诗曰："吾王巡狩为安边，此去秦宫尚数千。夜昭路岐山店火，晓通消息戍瓶烟。为云巫峡虽神女，跨凤秦楼是谪仙。八骏似龙人似虎，何愁飞过大漫天。"王衍闻诗大喜，也自作一诗，和之曰："先朝神武力开边，画断封疆四五千。前望陇山登剑戟，后凭巫峡锁烽烟。轩王尚自亲平寇，嬴政徒劳爱学仙。想到隗宫寻胜处，正应莺语暮春天。"

宣徽使王承休因为巴结宦官得到王衍的宠幸，他的妻子严氏长得十分美艳，王衍非常垂涎她的姿色，在她入宫的时候二人私通在一处。王承休只好睁只眼闭只眼，王衍也觉得亏对王承休，便让他做了龙武军都指挥使，用裨将安重霸为副指挥使，真是夫因妻贵。安重霸为人一向狡佞，他劝王承休再进一步入求秦州节度使，并且教给他见了皇帝该说什么话。王承休便入见王衍说："秦州多出美妇人，臣愿为陛下访求。"王衍听了十分高兴，立刻封王承休为秦州节度使。王承休挈妻子赴镇，去了秦州以后他大力搜刮民间的女子，教导她们学习歌舞，然后将这些美女绘成图像送给王衍。

当时唐庄宗李存勖灭掉后梁，蜀人都十分恐惧。为了探听蜀国的虚实，唐庄宗派遣李严出使蜀国。蜀地狭而民富，帘帷珠翠夹道不绝。李严见蜀国人物富盛，而王衍骄淫不理国事，回来后便劝唐庄宗灭蜀。

第二年，唐庄宗派魏王李继岌、郭崇韬伐蜀。当时王衍因为想念王承休的妻子严氏，加上王承休图画上描绘的那些倾国倾城的歌女，丝毫不理会众大臣的劝谏东巡去了秦州。路过梓潼的时候刮起了大风，大风吹塌了房屋，拔起了树木，随行的太史劝王衍说："这是贪狼风，预示着当有败军杀将。"王衍一心想念严氏，仍旧冒着大风往前走。待到了绵谷传来唐师入境，凤、兴、文、扶四州已经降唐的消息，王衍这才感到害怕了，匆匆忙忙赶回去。

唐兵所到之处州县没有抵抗都投降了，派出去的大将也都不战而降。王衍自绵谷回到成都后与群臣相对涕泣而没有什么办法。最后只好上表乞降，君臣用草绳将自己缚住，嘴里含着玉璧，素衣白马赤着脚，抬着棺材出降于七里亭。

唐庄宗传旨召王衍入洛阳，同光四年四月，走到秦川驿的时候，唐庄宗用伶人景进的计策，派宦官向延嗣诛杀王衍全族。王衍的母亲徐氏临刑大喊说："我儿子以一国迎降反以被戮，信义俱弃，我知他祸也不远了！"蜀帝家属仆人被杀的一千多人，王衍的妾刘氏正值青春年少，鬓发如云，容貌非常美丽，行刑者暗生艳羡打算赦免她，刘氏说："家国丧亡，义不受辱，你们快把我杀了！"于是也被杀死了事。从王建创立蜀国到王衍身死国灭一共十九年，岁月之短暂与秦王、胡亥有一比。

后蜀孟昶嬖爱"花蕊"

孟昶（公元919年~965年），初名仁赞，字保元。祖籍邢州龙岗（今河北邢台），出生于晋阳城（今山西太原西南）。五代后蜀高祖孟知祥第三子。后蜀末代皇帝（第二代，公元934年~964年在位），在位31年，享年47岁。

五代时，孟知祥为西川节度使，后唐明宗死后，孟知祥僭称帝号，历史上名为后蜀。孟知祥当了皇帝不到几个月就死了，其子孟昶即位，是为后主。

孟昶继位时年仅十六岁。他资质端凝，少年老成，个性英果刚毅。孟知祥晚年，对故旧将属非常宽厚，大臣放纵横暴，为害乡里。孟昶继位，众人欺他年轻，根本不把他放在眼里，更加骄蛮恣肆，往往夺人良田，毁人坟墓，欺压良善，全无顾忌。其中以李仁罕和张业名声最坏。孟昶即位数月，即以迅雷之势派人抓住李仁罕问斩，并族诛其家，一时大快人心。

张业是李仁罕外甥，当时掌握御林军。孟昶怕引起内乱，杀李仁罕后不仅没动他，反而升任他为宰相，以此来麻痹他。张业权柄在手，全不念老舅被杀的前车之鉴，更加放肆任性，竟在自己家里开置监狱，敲骨剥髓，暴敛当地人民，引起公愤。见火候差不多了，孟昶与匡圣指挥使安思谦合谋，一举诛杀了这位不知天高地厚的权臣。藩镇大将李肇来朝，自恃前朝重臣，倚老卖老，拄着拐杖入见，称自己有病不能下拜。闻知李仁罕等人被诛杀，再见孟昶时远远就扔掉拐杖，跪伏于地，大气也不敢喘。

收拾服贴了父亲孟知祥留下的一帮老臣旧将后，孟昶亲政，选拔新人担任各级官吏，并效法武则天设立铜匦于朝堂，鼓励官民密告枉吏推荐良才。他颁布劝农桑诏，要求各地刺史、县令将农桑劝课作为主要政务，又曾罢免武将们兼领的节度使职务，改为文臣担任，改善地方吏治。他还亲写"戒石铭"，颁于诸州邑，戒令官员："朕念赤子，旰食宵衣。言之令长，抚养惠绥：政存三异，道在七丝。驱难为深，留犊为规。宽猛得所，风俗可侈。无令侵削，无使疮痍。下民易虐，上天难欺。……尔俸尔禄，民脂民膏。为民父母，莫不仁慈。勉尔为戒，体朕深思。"由此，可见孟昶爱民之心，在五代十国昏暴之主层出不穷的年代，确实难得可贵。

孟昶虽好文学，但殷鉴不远，继位初期他还多次以王衍为戒，常常对左右侍臣讲："王衍浮薄，而好轻艳之词，朕不为也。"为了能使文化经学更加流传广泛，孟昶还命人在石头上刻《论语》、《尔雅》、《周易》、《尚书》等十经，尽依太和旧本，历时八年才刻成。又怕刻石经流传不广，就刻为木板，以便于流传。后世用木本刻书，即是始于后主孟昶。还有一事值得一提的是，中国人新春贴对联，也始于这位孟昶，他所撰写的中国历史上第一幅春联如下："新年纳余庆，佳节号长春。"孟昶还对方药十分精通，母亲有病，找了很多太医都不能治愈，孟昶自制药方让母亲服用，一下就治好了母亲的病。群臣有谁生病，孟昶往往亲召诊视，一般都能药到病除，令医官都很佩服。据一些笔记资料记载，"（孟昶）性明敏，孝慈仁义，能文章，好博览，有诗才"，可以讲，孟昶在继位初期是个不错的皇帝。

后晋被契丹灭之后，趁后汉刘知远立足未稳，孟昶也曾想趁机染指中原，"昶窥中原之志甚锐"，但终因用人不当，大败而归，不能成事。周世宗柴荣在位时，由于孟昶上书不逊，周军伐蜀，蜀军大败，丢掉秦、成、阶、凤四块土地。情急之下，孟昶忙与南唐、东汉等周边小国联合，来共同防御周军的进攻。孟昶在位后期，特别是中原那边后晋、后汉、后周交替迭兴之际，各割据势力都把精力放在中原地带，无暇顾及川蜀，孟昶的外部压力减轻，再加上周围地势的险要，自认为太平无事，也就放松了警惕，失去了进取心，关起门来做起了安乐皇帝。

孟昶有个宠臣名叫王昭远，"惠黠阴柔"，自小就伺侯孟昶，两人一起长大，深受孟昶信赖。后来，权高位重的朝廷枢密使一职缺空，孟昶竟让王昭远补缺，事无大小，全委托他办理。国库金帛财物，任其所取，从不过问。他自己则酣歌恒舞，日夜娱乐。他为了打球走马，强取百姓的田地，作为打球跑马场，命宫女穿五彩锦衣，穿梭来往于场中，好似蝴蝶飞舞。

孟昶嫌后宫妃嫔没有绝色美女，便广征蜀地美女来充实后宫。青城有一姓费的女子，生得风姿秀逸，且擅长吟咏，精工音律。后主闻其才色，选入宫中，十分嬖爱。因前蜀王建之妾小徐妃，号为花蕊夫人，也就袭其名称，封费氏为花蕊夫人。

孟昶之所以宠爱"花蕊夫人"，还有一个原因，就是"花蕊夫人"与他原来最宠爱的妃子张太华长得非常相像。但当初在畅游青城山时，张太华不幸突遭雷击身亡。孟昶为此悲痛万分，将爱妃厚葬于青城山上观前的一棵白杨树下，每天都在宫里遥祭她，且不时呼唤："何日妃再来！"当有人从埋葬张太华的青城山处找到花蕊夫人后将她送到他面前时，孟昶一看，不胜惊讶地说："如此国色天香，简直与太华一模一样。"又说："爱妃复出，天赐美人，足见我艳福不浅呀！"

花蕊夫人既温柔风流，更兼天赋歌喉，每逢侍宴，红牙按拍，檀板轻敲，声徐流水，余音袅袅，绕梁三日。后主日日饮宴，各种美味都吃腻了，觉得肴馔都是陈旧之物，再好的东西端到他面前，他都感到没有胃口，连筷子都懒得动一下。花蕊夫人为了讨好孟昶，就别出心裁，用洗净的白羊头，用红曲煮好，紧紧卷起，将石镇压，以酒淹之，使酒味入骨，然后切如纸薄，吃起来风味无穷，号称"绯羊首"，又名"酒骨糟"。后主每逢初一十五，必吃素食，并且他好吃薯药。花蕊夫人就把薯药切片，莲粉拌匀，加用五味调和，然后进献给后主，薯药清香扑鼻，味酥而脆，并且洁白如银，望之如月，宫中称之为"月一盘"。其余肴馔，特别新制的，不计其数。后主命御膳司刊列食单，多达百卷，每逢后主御宴时，花蕊夫人就换着花样进献给后主，每天都没有重味的，这更让孟昶对花蕊夫人的宠爱一日胜似一日了。

花蕊夫人最爱牡丹花与红栀子花。后主因此开辟宣华苑，不惜金钱，到处收集牡丹花种，栽植在内宫花圃。改宣华苑为牡丹苑。当春花开时，双开的有十株，黄的、白的各三株，黄白相间的四株，其余深红、浅红、深紫、浅紫、淡花、巨黄、洁白；正晕、侧晕，金含棱、银含棱；傍枝、副搏、合欢、重叠台，多至五十叶，面径七八寸，有檀心如墨的，花开后香闻十里。后主与花蕊夫人，每天不分白天黑夜地在花下吟诗作赋、饮酒弹琴。红栀子花颜色淡红，其瓣六出，清香袭人。花蕊夫人说栀子有牡丹之芳艳，具梅花之清香，是花中仙品。栀子花种只得两粒，民间还不曾见。有人便将花画在团扇上向他人炫耀。后来竟相习成风，不但团扇上面画着红栀子花，豪家子弟们将栀子花绣在衣服上面，到处游行。妇女把绢素鹅毛裁剪出来，做着红栀子花，插在鬓上，作为装饰。一时之间，蜀中所有凤钗珠环，金钿银簪，尽都摒而不用，一齐戴起红栀子花来，成为当时的风尚。

后主又下令在都城之内，沿着城上，尽种芙蓉。秋天芙蓉盛开，沿城四十里远近，开得叠锦堆霞，一眼望去，好似红云一般。倾城妇女，都来游玩，珠光宝气，绮罗成阵，箫鼓画船，逐队而行。后主御辇出宫，带了无数的宫嫔女官，一个个锦衣玉帽，珠履绣袜，车水马龙，碾尘欲香。蜀称"锦城"，至此可谓名副其实了。

每逢酒宴歌舞结束之后，后主就和花蕊夫人一起，将后宫的佳丽召到御前，亲自点选，拣那身材婀娜、姿容俊秀的，加封位号，轮流进御，特定嫔妃位号，为十四品。其品秩相当于公卿士大夫，每月的香粉钱，都由内监专管，称之为月头。到了支给俸金的时候，后主亲自监视，那宫人竟多达几千人，一个挨一个的点名发放，每人都要从御床之前走过去，亲自领取，名为支给买花钱。花蕊夫人写诗咏此事道："月头支给买花钱，满殿宫人近数千；遇着唱名多不语，含羞走过御床前。"

后主最怕热，每遇炎暑天气，就觉得喘不上气来，甚至夜间也难挨枕头，于是就在摩诃池上，建筑水晶宫殿，作为避暑之地。所建宫殿画栋雕梁，飞甍碧瓦，五步一阁，十步一楼，复道暗廊，千门万户，纹窗珠帘，绣幕锦帏。又另外凿了一处九曲龙池，婉蜒曲折，有数里之长，通入摩诃池内。最奇妙的是池内安着四架激水机器，将机括开了，四面的池水，便一齐激将起来，高至数丈，聚于殿顶，仍从四面分泻下来，归入池中。那清流从高处直下，如万道瀑布，奔腾倾倒；又如匹练当空，声似琴瑟，清脆非凡。那池中的水珠儿，激荡得飞舞纵横，如碎玉撒空，却又没有一点儿激入殿里来。无论什么炎热天气，有这四面的清流，自上射下，那暑热之气，早已扫荡净尽，便似秋天一般了。再看那殿中陈设的用品，全是紫檀雕花的桌椅，大理石镶嵌的几榻，珊瑚屏架，白玉碗盏，沉香床上悬着鲛绡帐，设着青玉枕，铺着冰簟，叠着罗衾。殿中悬巨大的明月珠，熠熠生光，似明月一般，夜里不用点灯。宫殿修好之后，孟昶就和花蕊夫人一起，并带上一帮宫眷，搬进水晶宫内避暑。

一天，后主酒后酣睡，直到半夜方才醒来，一翻身坐在冰簟上面，觉得焦渴难忍。正要唤宫人斟茶解渴，花蕊夫人已盈盈的步至床前，挂起了鲛绡帐，手托晶盘，盛着备下的冰李、雪藕。后主取来一吃，觉得凉生齿颊，十分爽快。便与花蕊夫人出去纳凉。慢慢地走到水晶殿阶前，在紫檀椅上坐下。此时绮阁星回，玉绳低转，夜色深沉，宫里静悄悄的绝无声息。他们并肩而坐。天淡星明，凉风吹起时，岸旁柳丝花影，皆映在水池中，被水波荡着，忽而横斜，忽而摇曳。花蕊夫人穿着一件淡清色蝉翼纱衫，被明月的光芒，映射着里外通明。愈觉得冰肌玉骨，粉面樱唇，格外娇艳动人。后主情不自禁，把花蕊夫人揽在身旁，相偎相依。

花蕊夫人低着云鬟，微微含笑道："如此良夜，风景宜人。陛下精擅词翰，何不填一首词，以写这幽雅的景色呢？"后主应允，立即取过纸笔，一挥而就。花蕊夫人接来观看，是调寄《洞仙歌》一阕，词里写道：

"冰肌玉骨，自清凉无汗。水殿风来暗香满。绣帘开，一点明月窥入；人未寝，欹枕钗横鬓乱。起来携素手，庭户无声，时见疏星渡河汉。试问夜如何？夜已三更，金波淡，玉绳低转。但屈指、西风几时来，又只恐、流年暗中偷换！"

花蕊夫人将"又只恐、流年暗中偷换"诵读几遍，对后主道："陛下词笔，清新俊逸，气魄沉雄，可谓古今绝唱了。只最后一句未免使人伤感。"后主命花蕊夫人谱曲歌咏，自吹玉笛相和。唱到那"人未寝，欹枕钗横鬓乱"，后主便将玉笛放慢，花蕊夫人却随着玉笛，延长了珠喉，一顿一挫，更加靡曼动人。至"又只恐、流年暗中偷换"，又变作一片幽怨之声，如泣如诉，格外凄清。后主的笛声，也吹得回环曲折，凄楚悲凉。那林间的宿鸟，被歌声惊动，扑扑飞起。

如果王昭远仅仅是个智识庸下的宠臣，也不会惹出太多事端，偏偏这小子平素还好读兵书，装模作样，处处以诸葛亮自诩。山南节度判官张廷伟知道他的"志向"，乘间拍马屁献计："王公您素无勋业，一下子就担当枢密使的要职，应该建立大功以塞众人之口，可以约定汉主（北汉），我们一起出兵夹击，使中原表里受敌，能尽得关右之地。"王昭远大喜，禀明孟昶，获得同意，便派了三个使臣带着蜡丸帛书去和北汉密约。不料，三个使臣中有一个叫越彦韬的，偷偷带着蜡书逃往宋国，把秘书献给宋太祖赵匡胤。

立国不久的赵匡胤正愁攻讨蜀国无名，得赵彦韬献书后大笑道：

210

"朕要伐蜀，正恐师出无名，现在有了这封书信，便可借此兴兵了。"于是立即调遣军马，命忠武军节度使王全斌，为西川行营都部署，率马步军六万人，分道入蜀。太祖赵匡胤已在汴河之滨，为孟昶建好了囚住的小宅，多达五百多间，供张什物，一切具备，赵匡胤在未战之时，已料定孟昶必败无疑了。

太祖久闻花蕊夫人天姿国色，是个尤物，心内十分羡慕，惟恐兵临成都，花蕊夫人为兵将所蹂躏。所以诸将临行之时，他便再三嘱咐，不准侵犯蜀主家属，无论男女老幼，都要好好的解送汴京。

此时的孟昶仍沉浸在温柔乡里，自以为外面有王昭远镇抚，大可安枕无忧。听说宋兵来伐，孟昶派大臣李昊"欢送"王昭远出兵迎敌。王昭远手执铁如意，一派儒将派头，左右前后指挥，看上去很像模像样。酒至半酣，王昭远对李昊讲："我此行出军，不仅仅是抵御敌兵，而是想率领这两、三万虎狼之师一直前进，夺取中原，易如反掌！"

哪知兵出剑门，刚与宋军交战，便一触即溃，惊魂不定的王昭远，狂逃至利州。宋军穷追不舍，他又继续逃跑，退守剑门。不料宋军抄小路，出其不意地出现在蜀军的身后。王昭远一看，大势已去，顿时瘫倒在胡床上，吓得屁滚尿流，当即被宋军抓获。

剑门是成都的屏障，一旦失守，成都就危险了。当孟昶听说王昭远退守剑门时，立即派太子孟玄喆率军增援。

这位太子爷原不过是一个花花太子，除了会玩女人之外，他什么都不懂，更不懂军事韬略。临到率军打仗时，他还用绣辇抬着一大群爱姬美女和他同行，又带了一大批乐师乐器随军演唱。"蜀人见者皆窃笑"。随行大军也仪甲灿烂，"旗帜悉用文绣，绸其杠以锦"，很像是一支演戏的大部队。果然，还未等太子的军队赶到时，剑门关早已失陷了。太子吹吹打打地去，只好又吹吹打打地返回成都。

这时，南路的宋军，早已突破三峡防线，然后沿江北上，直逼成都。后蜀主乾德三年（公元 965 年）元月，宋军南北两路大军，按计划会师于成都。

至此，做了将近30年太平蜀主的孟昶，才如梦初醒，自己的江山已经玩完了。现在要干的不是吟诗作赋，而是叫人起草降表了。极具讽刺意味的是，当年前蜀王衍灭亡之时，写降书的是蜀国司空李昊。而今后蜀亡国时，也是这位"德高望重"的李大人起草降表。所以，蜀人在他的大门上写了"世修降表数李家"几个大字。

这年元月中旬，宋军主帅王全斌到达成都会仙桥接受孟昶的投降表。后主及家眷被押往汴京。到汴梁后，孟昶举族与官属一并到了京里，素服待罪阙下。太祖将他封为检校太师，兼中书令，授爵秦国公，赐居汴河之滨的新造第宅。太祖久闻孟昶之妾花蕊夫人艳丽无双，很想据为己有，但一时不便特召，只好借着这种金帛，遍为赏赐，孟昶一行必定进宫谢恩，就可见花蕊夫人了。

到了次日，孟昶妻妾一同入宫拜谢圣恩。太祖便按顺序一个一个召见。等到花蕊夫人入谒时，太祖格外留神，觉得她才到座前，就有一种香泽扑入鼻中，令人心醉。仔细端详，真是天姿国色，不同凡艳，千娇百媚，难以言喻。折腰下拜，婀娜轻盈。太祖已看得出了神，好似酒醉一般失了知觉。等到花蕊夫人口称臣妾费氏见驾，愿皇上圣寿无疆，这一片娇音，如珠喉宛转，呖呖可听。太祖的眼光，射住在花蕊夫人身上，一瞬也不瞬。花蕊夫人也有些感觉，便瞧了太祖一眼，低头敛鬓而退。这临去时的秋波一转，更是勾魂摄魄，直把个太祖弄得意马心猿，竟致时时刻刻记念着花蕊夫人，几乎废寝忘餐。恰值此时，皇后王氏，于乾德六年崩逝，六宫春色，虽然如海，都比不上花蕊夫人的美貌。太祖正在选后，遇到这样倾国倾城的佳人，如何肯轻易放过？思来想去，便将心肠一硬道："不下毒手，如何能得美人？"当下决定了主意。便在这一天，召孟昶入宫夜宴，太祖以卮酒赐之，并谕令开怀畅饮，直至夜半，方才谢恩而归。至次日孟昶遂即患病，胸间似乎有物梗塞，不能下咽。延医诊治，皆不知是何症候，不到两天，就死去了，时年四十七岁，从蜀中来到汴京，不过七天工夫。

太祖听说孟昶已死，为之辍朝五日，素服发丧，赠布帛千匹，葬费尽由官给，追封为楚王。花蕊夫人全身缟素，愈显得明眸皓齿，玉骨珊珊，太祖便乘此机会，把她留在宫中，逼令侍宴。花蕊夫人在这时候，身不由己，也只得从命。饮酒中间，太祖知道花蕊夫人在蜀中时，曾做宫词百首，要她即席吟诗，以显才华。花蕊夫人奉了旨意，当即就扣吟一绝道："君王城上树降旗，妾在深宫哪得知；十四万人齐解甲，更无一个是男儿。"

花蕊夫人饮了几杯酒，红云上颊，更觉妩媚动人。数杯酒后，宋太祖便把花蕊夫人拥入寝宫，尽其欢乐。这花蕊夫人，服侍得太祖心酣意畅。到了次日，即册立为贵妃。花蕊夫人既顺从了太祖，又受封为妃，少不得拿出在蜀中引诱孟昶的手段来，引诱太祖，每日里歌舞宴饮，取乐不已。

花蕊夫人自从入宫册立为妃后，太祖每天都临幸她宫中，只要每天一退朝，就从不往别处，专来和她作乐。这天退朝稍微早一点，太祖就径直向花蕊夫人那里走去，等走到宫内，见花蕊夫人正在那里悬着画像，点上香烛，叩头礼拜。太祖不知她供的是什么画像，就向那画像仔细观看。只见画像上的人，端坐在上，那眉目之间，好像在哪里见过一般，急切之间，又想不起来，心内好生疑惑，于是问花蕊夫人道："妃子所供何人，却要这样虔诚礼拜?"花蕊夫人不料太祖突然来到这里，被他瞧见了自己的秘密，心里十分惊慌，又听得太祖追问，便镇定心神道："这就是民间流传的张仙像，虔诚供奉就可以生儿子。"太祖道："供奉神灵，乃是好事，况且妃子又为虔求子嗣起见，尽管打扫静室，供奉张仙便了。"其实花蕊夫人与蜀主孟昶，相处得十分亲爱。自从孟昶暴病而亡，她被太祖威逼入宫，勉承雨露。虽宠冠六宫，心里总抛不了孟昶昔日的恩情，所以亲手画了孟昶的像，背着人私自礼拜。不料被太祖撞见，追问原由，便假称是张仙之像，供奉着虔诚求子嗣的。太祖不但毫不疑心，反命她打扫静室，虔诚供奉，以免亵渎仙灵。

花蕊夫人于是收拾了一间静室，把孟昶的像，高高悬起，每日里焚香点烛，朝夕礼拜，十分虔诚。那宋宫里面的妃嫔，听说供奉张仙可以得子，哪个人不想生下个皇子？于是都到花蕊夫人宫中，照样画了一幅，前去供养起来。从此这张仙送子的画像，竟从禁中传出，连民间妇女要想生儿子的，也画了一轴张仙，香花顶礼，至今不衰。后人有诗咏此事道："供灵诡说是灵神，一点痴情总不泯；千古艰难惟一死，伤心岂独息夫人。"

　　太祖在孟昶来到汴京的时候，曾在汴河旁边为他新造了一处邸第，五百多间大厦，赐他居住。现在孟昶母子都已亡故，花蕊夫人又入宫去了，于是就命将邸第中的东西收入大内。侍卫们奉了旨意，前去收拾，连孟昶所用的溺器，也取了回来，呈于太祖。原来孟昶的那溺器，乃用七宝镶成，式样精巧，名贵无匹。估估它的价值，当不止十倍于连城之璧！侍卫们见了，十分诧异，不敢隐瞒，所以取回呈览。太祖见孟昶的溺器，也这样装饰，不觉叹道："一个溺器也用七宝镶成，更用什么东西贮食物呢？奢侈到这样，哪得不亡国！"于是命侍卫将溺器摔碎。

　　太祖因皇后的位置一直空着，打算立花蕊夫人为后，便与赵普密议。赵普说亡国之妃，怎么能母仪天下，赵匡胤想想也是，只得作罢。太祖曾有金匮之盟传位光义的事，花蕊夫人心里很有些替德昭不服，常常在太祖面前说："皇子德昭，很有出息，将来继承大统，必是有道明君。陛下万不可遵守遗诏，舍子立弟，使德昭终身抱屈。"赵光义得知后，非常痛恨花蕊夫人，一心要将她治死。在一次宫廷围猎中，赵光义假称误伤把花蕊夫人一箭射死。

第六章　宋元时期

宋徽宗的风流韵事

宋徽宗（公元1082~1135年），名赵佶，宋神宗十一子，宋哲宗弟弟。号宣和主人、教主道君皇帝、道君太上皇帝，是宋朝第八位皇帝。

宋哲宗病死之后，太后立赵佶为帝，是为宋徽宗。宋徽宗赵佶如果作为一个普通人绝对是一个风流才子，琴棋书画，无所不通，踢球打弹，品竹调丝，吹弹歌舞，更不必说。可作为一个皇帝，他是不称职的，甚至可以说是昏庸无比。于自身上，追求长生不老之道，自号为"教主道君皇帝"；在治国上，任用奸佞，罢黜忠臣；在外交上，更是软弱无能，一味委屈求全，最后一国之主竟然当了俘虏；私人生活也极其不检点，后宫佳丽三千仍然不满足，却迷恋一个风尘女子，和东京城名妓李师师演出了一段风流故事。

李师师是汴京永庆坊染技工匠王寅的女儿。王寅的妻子生下女儿就去世了，王寅用豆浆当奶水喂她，她才没有死去。在婴儿时代，从来没听她哭过。汴京有个风俗，生了儿女，父母若是宠爱他们，一定要让他们在名义上出家，到佛寺去度过一个时期。王寅疼他的女儿，就把她送到宝光寺。她这时才会笑，一个老和尚看着她说："这是什么地方？你到这来呀！"她突然哭了起来。和尚抚摸她的头顶，她才不哭。王寅暗暗高兴，说："这女孩真有佛缘。"凡是佛门弟子，俗称为"师"，所以这女孩取名叫"师师"。师师四岁的时候，王寅犯罪，被拘捕入狱，竟死在狱中。师师没有人可以依靠，有一个娼妓李姥收养了她。等到师师长大，无论是姿色还是技艺，都很出色，没有人比得上她。因此在所有街坊的妓院中就数她最有名。

徽宗皇帝有个内侍张迪，在入宫前经常出入风月场所，见到李师师，惊为天人，入宫后就把李师师介绍给了徽宗皇帝。徽宗听张迪说李师师色艺双绝，不禁动了心思，可毕竟多少要顾忌一点皇帝身份，要是直接去逛妓院却是十分不妥。

于是造了一个假名赵乙，命令张迪从皇宫库藏中拿出紫茸两匹（八丈），霞毹两端（十二丈），瑟瑟珠两颗，白银二十镒（四百八十两），送给李姥，说是一个大富商想要见李师师。李姥见钱财自然欢喜，慌不迭答应下来。

入夜以后，皇帝换了便服混杂在四十多个太监当中，到了李姥所住的那个街区。皇帝叫其他的人不要跟来，只跟张迪两人慢慢走进去。只见房屋矮小简陋。李姥出来迎接，行了普通的礼节，还端出几种时鲜水果，有香雪藕、水晶凤眼等，其中鲜枣有鸡蛋那么大。这些都是连大官们来时也不曾端出来过的。皇帝每样尝了一颗，李姥又殷勤地陪了好久，但就是没看到师师出来见客。皇帝一直等待着。这时张迪告辞退出，李姥这才引皇帝到一个小阁子里。窗边摆着书桌，架上有几卷古书，窗外几丛竹子，竹影错乱晃动。皇帝悠然独坐，心情很安详，只是不见师师出来陪客。一会儿，李姥领皇帝到后堂，只见桌上已摆好了烤鹿肉、醉鸡、生鱼片、羊羹等名菜，饭是香稻米做的，皇帝就吃了顿饭。

但直至吃完了饭，李师师也始终未出现。徽宗正心中疑惑，李妈妈又请去沐浴，徽宗等得火起，不愿前去，只是催促要见李师师。李姥却说师师小姐生性好洁，恩客们须是干干净净上床。于是徽宗不得已，只好去洗了个澡。洗好后，李姥又领皇帝坐到后堂来。重新摆下一桌水果糕点和酒菜，劝皇帝畅饮，但李师师却始终没有出现。又过了好长时间，李妈妈才点着蜡烛把徽宗领进卧室，这时，师师仍然没有来。徽宗只好在屋子里徘徊，心里非常恼火，但为见佳人，也只好耐着性子等着。又过了好久，大概吊足了胃口，才见李姥挽着一个年轻女子姗姗而来。女子化着淡妆，穿的是绢衣，没有什么艳丽的服饰，刚洗过澡，娇艳得如同出水芙蓉。但看见徽宗，像是不屑一顾，神态很是倨傲，也不行礼。李师师离开座位，脱下黑绢短袄，换上绸衣，卷起右边袖子，取下墙上挂着的琴，靠着桌子，端端正正地坐好，弹起《平沙落雁》的曲子来。手指在弦上轻拢慢捻，弹出的声音韵味淡远，皇帝忍不住侧耳倾听，连疲倦都忘了。等到三遍弹完，鸡已经鸣过，天都要亮了。皇上赶忙掀开门帘走出去。李姥也赶忙为他献上杏酥露、枣糕、汤饼等点心，皇帝喝了一杯杏酥，立刻走了。太监都偷偷地等在外面，马上护卫着他回宫。这是大观三年八月十七日的事。

李师师如此倨傲，事实上是看不上这个满身铜臭的人，李姥只是感叹，却也并不在意。可是不久，京城里纷纷传扬，皇帝去了李师师那里，李姥惊慌异常，李师师如此对待皇帝，恐有杀身之祸。可李师师虽然感到意外，却胸有成竹。皇上的胃口已经被她吊起来，只有因此更加迷恋她，断然不会杀她。

果然，第二年正月，徽宗派张迪送给李师师一张蛇腹琴。三月，皇帝又化装成平民到李家。这次师师淡妆素服，跪在门口迎接。皇帝很高兴，拉着她的手，叫她起来。李家已经大变样了，因为皇帝要来，所以房子变得雕梁画栋，金碧辉煌，没有了以前淡雅的意趣。徽宗并不高兴，可为了美人也没有说什么。反而和颜悦色呼李姥为"老娘"，并为刚盖好的大楼题匾"醉杏楼"。师师又为皇上演奏《梅花三迭》，徽宗击节叫好。吃饭时，却是李姥请皇宫御厨做的饭菜，徽宗口味全无，没吃饭就回宫了。他要的是这种偷情的感觉，可这样以来，反而没有了意趣。

后来徽宗又屡次偷偷幽会师师，赏赐许多宝物。宫里的妃子问他这李师师有何好处让皇上如此迷恋，他就说她"一种幽姿逸韵，要在色

217

容之外"。比起妃子们，这样的女人自然是别有一番趣味。徽宗封她为妃，却不肯把她接到宫里，而是从宫中打了一条地道通向她家，整天就这么钻来钻去。

而李师师本是东京名妓，又性喜交往，也不肯只被一个皇帝拴住了。她还和著名词人周邦彦打得火热。有一次，徽宗到李师师家，正碰巧周邦彦也在那里，听说皇帝来了，百忙中无处可藏，只好躲到床底下。徽宗倒并不知道，和师师仍然如此这般一番。周邦彦窝火受气，看美人与别人欢好，自然心气难平，竟然填了一首《少年游》：

并刀如水，吴盐胜雪，纤指破新橙。锦幄初温，兽香不断，相对坐调笙。

低声问：向谁行宿？城上已三更，马滑霜浓，不如休去，直是少人行。

大词人的词作，流传很快，于是就这么一传十，十传百的，弄得尽人皆知，终于传到徽宗耳朵里。他得知心爱的李师师居然还和别人旧情不断，早就醋意十分；再加上他对于微服访妓，一向是偷偷摸摸，颇为忌讳，可这周邦彦却给他嚷嚷得尽人皆知。于是，皇帝龙颜大怒，下令把周邦彦赶出京都。

徽宗把情敌踢出国门，自是志得意满，觉得以后李师师可就全心全意在自己身上了。可他到李师师那里，师师却不在，等了好久，才见她泪眼愁眉地回来了。皇帝气坏了，问她到哪去了。李师师倒也爽直，就说是去送周邦彦了，周邦彦还填了一首《兰陵王》。皇帝此时虽然醋意十足，可面对心爱的李师师，对周邦彦的才华也十分赞赏，后来又把周邦彦调回做了大晟乐正。

欢愉嫌夜短，皇帝是愿意如此胡闹下去，可金兵却不给他这个机会，举兵南侵。仓皇之中，徽宗赵佶于公元1125年仓皇传位于皇太子赵桓，翌年改元靖康，是为钦宗。公元1126年金兵进军开封之际，兵力不过六万，北宋各方召集勤王之师，号称二十余万。然而和战之计仓皇未决，以致人心瓦解。徽宗及其子钦宗昏庸懦弱，靖康之难后与后妃、皇子、公主等三千多人成了俘虏，这就是历史上的"靖康之耻"。

至于李师师，据说，金人攻破了汴京后，张邦昌把她抓住献给金兵。李师师痛骂他："我是一个低贱的妓女，却承蒙皇帝垂顾，宁愿一死，也不屈服。你们这帮人，高官厚禄，朝廷哪里亏待你们，你们要想尽办法灭绝国家命脉？现在你们又向敌人称臣充当走狗，希望有机会作为进身的阶梯。我不会让你们当作礼品讨好敌人！"说完拔下头上的金簪猛刺自己的咽喉，但没有死，就把金簪折断吞了下去才死。也算是一个奇女子了。

金海陵王的淫逸生活

海陵王完颜亮，女真名迪右乃，小字元功，金太祖之孙，是辽王宗干的第二个儿子。完颜亮生于太祖天辅六年（公元1122年），金熙宗当朝时，官至右丞相兼都元帅。太保领三省事。皇统九年（公元1149年）完颜亮与左丞相秉德、驸马唐括辩等合谋，刺杀熙宗，即皇帝位，改元天德。

海陵王的嫡母徒单氏是宗干的正室，没有子嗣。次室李氏生长子完颜充，后封郑王。次室大氏生三个儿子，长子就是海陵王。徒单氏和大氏情同姐妹。完颜亮弑金主时，徒单氏曾对他说："主虽失道，人臣却不应如此。"完颜亮十分不快。徒单氏生日时，宫中大摆宴席，酒喝到一半的时候，大氏起座，跪着为徒单氏敬酒祝寿。徒单氏正与诸公主宗妇笑谈，一时没有注意，大氏跪了一会儿，徒单氏才看见，赶快起身接受。完颜亮怀疑为她是故意冷落自己的生母，拂袖而出。第二天传召诸公主宗妇，诘问她们昨日为何发笑，并加以杖刑。紧接着大杀宗室，把太宗子孙七十余人一并屠戮，无一子遗。

海陵王当宰相的时候，妻妾不过三人。即位后，定宠妃十二人，并立惠妃图克坦氏为皇后，正位宫闱。天德三年四月，海陵王正式迁都燕京。一个月后，宰臣迎合海陵王，奏请广选嫔妃，充实后宫。海陵王当然乐意，美人便源源不断地送入后宫。与宫中美人的淫乐纵欲尽兴以后，海陵王便把淫威指向任何一个他看上的女子。不管是幼女还是有夫之妇，只要他有意，便必须遂愿，有夫之妇的丈夫如果没有因此而被杀，那就算是万幸。崇义军节度使乌带的妻子唐括定哥，英气勃勃，美艳风流，长于风情。海陵王得讯后密令唐括定哥杀死丈夫乌带。乌带被杀后，唐括定哥便进入后宫。入宫后，定哥得宠，昼夜宣淫玩乐。不久，海陵王又看上了别的女子，唐括定哥便被冷落。唐括定哥寂寞难熬，想起当初海陵王命她杀死乌带，否则夷灭全家，定哥心有余悸，无可奈何，又不能强迫海陵王和她行乐。定哥熬持不住，就和仆奴通奸。奸事被海陵王发觉，海陵王哪里能容忍宠幸的贵妃和家奴私通？于是，定哥和私奴被残酷地处死。定哥的妹妹石哥也因美色被带入后宫，海陵王淫过石哥，又召石哥的丈夫入宫，让石哥当着他的面，用秽语戏谑其丈夫，他在一边笑乐。

海陵王看上了太祖长公主兀鲁的侍婢忽挞，他无故就杀死了长公主兀鲁，杖打并罢免其丈夫平章政事徒单恭，封侍婢忽挞为国夫人，百般寻乐。海陵王玩乐不够，又下令选天下良家子一百三十人充实后宫。海陵王发现叔父曹国王宗敏的妃子阿懒很漂亮，便杀了叔父宗敏，霸占了叔母阿懒。海陵王淫过阿懒，就封阿懒为昭妃，常侍后宫。

海陵王对姐姐的女儿即他的外甥女叉察也不放过。他喜欢叉察，毫不隐晦，竟公然告知太后，想把叉察召入后宫，纳为嫔妃。太后坚决反对，对他说："你是舅舅，如同父亲，不可！"海陵王见叉察美貌动人，哪里管什么虽舅犹父，他终于将外甥女叉察占有。海陵王还吩咐图克坦贞诏令宰相，将所诛杀的各位逆党的妻、女，悉数纳入后宫。宠妃萧裕认为不可，进谏劝阻，海陵不听。于是，宗本子苏尔图、宗固子呼喇勒、和硕打、秉德弟喜哩妻等一行美人，纳入了海陵后宫。以至于到后来，凡是宗室人员被杀之后，他们的妻室女儿就都归海陵王所有。

海陵王后宫美人众多，于是他大兴土木，改筑燕京宫室，以安置妃嫔。宫殿遍饰黄金，加饰五彩，金碧辉煌。每一殿成，工费以亿万计，稍微不如意，立即拆除重造。

完颜亮的昭妃阿里虎，是驸马都尉没里野的女儿，生得妖娆娇媚。她未出嫁时，曾见其父没里野常炼制美女颤声娇、金枪不倒丹、硫磺箍、如意带等春药，不知那些东西有什么用处，就私下问侍婢："这是什么？有什么用处？父亲每天忙着弄这玩意儿。"侍婢说："这是春药，男人与妇人交合不能久者，则用金枪不倒或如意带、硫磺箍等药。取乐所用的。"不多久，阿里虎嫁于阿虎迭，生了个女儿叫重节。重节七岁时，阿虎迭伏诛被杀。阿里虎不待丧礼完毕，就携重节再嫁给宗室南家。南家善淫，阿里虎以其父的验方制成春药，与南家昼夜宣淫。不久南家病死。南家的父亲突葛速时任南京元帅都监，知道阿里虎淫荡。南家死后，就将阿里虎幽闭在家独自受用，不让她与外人相见。突葛速年老无趣，阿里虎心里时常怏怏不快，她听说海陵王好美色，非常倾慕。这时海陵王也恰好在南京，阿里虎就画了一幅自己的图像，题诗于上："阿里虎，阿里虎，夷光毛嫱非其伍。一旦夫死来南京，突葛爬灰真吃苦。有人救我出牢笼，脱却从前从后苦。"

题完诗封缄后，悄悄送于海陵王。海陵王早就听说阿里虎的美貌。一见此图，叹息道："突葛速得此美人受用，真当折福。"于是托人给突葛速传话，要娶阿里虎。

阿里虎嗜酒好淫，海陵王恨相见太晚。数月后，封为昭妃。有一天，阿里虎的女儿重节来看她，留宿宫中。海陵王突然到来，看见重节年将及笄，姿色顾盼，不觉情动。但怕阿里虎阻挠，就高张灯烛，令室中辉煌如昼，与阿里虎及诸侍嫔裸逐而淫。重节听到嬉笑声，钻穴隙窥。娇声颤语，絮聒于耳。重节神痴心醉，几乎打算开门同乐，最后还是羞缩不前。回去后重节和衣拥被，长叹不眠。

夜里海陵王敲门而入，曲意温存，云雨过后海陵王见其娇弱不胜苦楚，怜惜道："朕将与你做通宵之乐，只是你母善吃醋，不要使她知道。"

221

海陵王出宫之后，就让重节居住在昭华宫，距阿里虎的居处很远。重节见海陵王对自己很溺爱，就曲意承颜。海陵王一时冷落了阿里虎。半个月来，阿里虎欲火高烧，终日焦虑，竟忘记了女儿重节还没有出宫。她命侍婢打听海陵王在哪里。侍婢回报说："帝得新人，撇却旧人了。"阿里虎惊道："新人是谁？何时娶入宫中，我怎么不知道？"侍婢道："帝幸重节于昭华宫，娘娘怎么不知？"阿里虎脸色如火，捶胸跌脚骂重节。侍婢劝道："娘娘与女儿争锋，恐惹人笑。且帝性情躁急，祸且不测。"阿里虎说："她父亲已死，我早就再嫁他人，恩义久绝，我怕谁笑话。我誓不与此淫种俱生！"侍婢道："重节年少，帝得之胜百斛明珠。娘娘年长，自当甘拜下风，何必无端地生气。"阿里虎受侍婢的讥诮，愈加恼怒。

阿里虎去了昭华宫，重节正在理妆，她走上前一掌扇在了女儿的脸上，说："你小小年纪，又是我亲生儿女，也不顾廉耻，岂是有人心的。"重节也怒骂道："老贱人不知礼义，不识羞耻。明烛张灯，与诸嫔求快于心。我踏此淫网，求生不得生，求死不得死。正怨你这老贱人只图利己，造下无边罪孽，怎么竟反过来打我？"两人扭作一团，众多侍嫔从中劝释。阿里虎忿忿归宫，重节大哭一场。

不久，海陵王见重节面带忧容，脸上的泪痕犹湿，就问左右何故。侍嫔说："昭妃娘娘打贵人面颊，辱骂陛下，因此贵人伤心。"海陵王大怒，遣人责斥阿里虎，阿里虎肆无忌惮，暗中依附前夫南家的儿子。海陵王极为恼怒，于是阿里虎逐渐宠衰。

宫中妃嫔的侍女们都穿男子的衣服，叫做假厮儿。阿里虎难耐长夜寂寞，就和假厮儿胜哥一同起卧，就像一对夫妇。阿里虎的厨婢三娘将此事告知海陵王。海陵王觉得有趣，并不怪罪阿里虎，只是告诫她，不要笞捶厨婢三娘。阿里虎不听告诫，用棒子打死三娘。海陵王听说昭妃阿里虎宫中有宫人死去，怀疑是三娘，便说："如果是真的，我必杀阿里虎！"一问，果然是三娘被棒杀。阿里虎听说海陵王要杀她，便素服绝食，每天只是烧香祷祝，希望免死。过了一个月，海陵王派人缢杀阿

222

里虎，并将给三娘施刑的侍婢一并杀死。从此也不再去昭华宫，重节遣出宫后，嫁为民间妻。

天德二年，礼部侍郎萧拱在汴得美女耶律弥勒。到燕京，萧拱的父亲萧仲恭时为燕京留守，看弥勒的体形，觉得不像处女，仲恭便叹息说："皇上必疑。"弥勒入宫，海陵王临幸，果然不是处女，第二天便逐出后宫。海陵王怀疑萧拱捣鬼，下令杀死萧拱。几个月后，海陵王又召弥勒，再度淫乐，封弥勒为充媛，并封她的母亲张氏为莘国夫人，伯母兰陵郡君蒹氏为邳国夫人。海陵王强夺了定哥和其妹妹石哥，此时将萧拱的妻子择特懒赏给石哥的丈夫。不久，海陵王放不下择特懒，以其姐姐弥勒的名义召她入宫，占有了她。

耶律察八本已许嫁奚人萧堂古带。海陵王霸占察八，留在后宫，封为昭媛。海陵王以萧堂古带为后宫护卫。察八派侍女习捻带软金鹌鹑袋几枚送给堂古带。海陵王发觉，召问堂古带，堂古带如实奏报，海陵王没有怪罪。几天后，海陵王带美妃们登宝昌门楼，当着众人，海陵王击杀察八，察八落下门楼惨死，海陵王接着又杀死了察八的侍女习捻。

济南尹乌禄之妻乌林答氏风姿绰约，海陵王下诏令她入宫，乌林答氏与乌禄泣别道："我若不去，必然累及于王，我此去定不失节，你请放心。"乌禄不禁大哭！乌林答氏于是上车北去，走到良乡时，乌林答氏就用随身携带的金剪自刺而死。金主亮闻报，怒及乌禄，于是降他为曹国公。

还有个叫辟懒的美女，丈夫在外面。海陵王想要召幸她，就把她诏进宫内。辟懒已经怀孕，海陵王命人煎麝香汤灌之，并且揉拉她的腹部。辟懒想要保全性命，就乞求说："待分娩后，再来侍奉陛下。"海陵王说："若等到那时，则你的阴部宽衍，不可用了。"继续揉堕其胎，直至流产。

宋王宗望的女儿寿宁县主什古；梁王宗弼的女儿静乐县主蒲刺、习捻；太傅宗本的女儿混同郡君莎里古真、余都；宗磐的女孙郧国夫人重节；海陵母亲大氏的表兄张定安的妻子奈刺忽；丽妃的妹妹蒲鲁胡只等，除了什古的丈夫已死，其他的都有丈夫。海陵王不管这些，派高师姑、内哥、阿古等召她们入宫，一一淫遍。史称凡妃主宗妇被私幸的，都分属诸妃，出入位下。于是，奈刺忽出入元妃位，蒲鲁胡只出入丽妃位，莎里古真和余都出入贵妃位，什古、重节出入昭妃位，蒲刺、师姑儿出入淑妃位，后宫简直成了一大淫窟。

海陵王淫乐美女，不容他人染指。他与妃嫔纵乐时，随便掷一物在地上，让近侍围成一圈盯视，不专心的就杀了。他严诫宫中，不许使用男子。凡是在妃嫔身边使役的仆从一旦有人举首正视，他便命剜去双目。在宫中出入时不许独行，最少得四人一同出入，由所司执刀监护，不从规定路径行走立斩。太阳落山以后，下阶砌行走者处死。告密者赏钱二百万。男女仓猝间误相接触，先声言的赏三品官，后声言的立即处死，同时声言的一同获释。

海陵王在位十余年，驾驭臣下十分矫情。他以破旧的被子裹身，以示自己与臣同甘共苦。或者衣服上打补丁，专门让史官看见。有时取军士吃的陈米饭与精美的食物同时陈列，先吃军士饭。有时见到民车陷泥泽，就令卫士下去帮忙。与大臣说话，动辄引用古代贤明君主以自况。让大臣进直言，而大臣却因为直谏而死。淫嬖不择是否骨肉，刑杀不问是否有罪。《金史》评价说："海陵智足以拒谏，言足以饰非。欲为君则弑其君，欲伐国则弑其母，欲夺人之妻则使之杀其夫。三纲绝矣，何暇他论。至于屠灭宗族，剪刈忠良，妇姑姊妹尽入嫔御。方以三十二总管之兵图一天下，卒之戾气感召，身由恶终，使天下后世称无道主以海陵为首。""智足以拒谏，言足以饰非"也算是一个很贴切的评价了。

正隆六年（公元 1161 年）海陵王强征各族人民，大举攻宋。此时完颜雍（金世宗）乘机在辽阳废海陵王，自立为帝，改元大定。完颜亮在采石为宋军击败，东至瓜州时被部将完颜元宣与其子王详所杀。世宗大定二年（公元 1162 年）金世宗下沼将其降封为海陵郡王，谥号"炀"。葬于大房山鹿门谷诸王的墓地。二十二年世宗再下诏降他为海陵庶人。

224

元顺帝与三皇后的爱恨情仇

元顺帝，又称元惠帝（死后元朝庙号为惠宗，明朝谥号为顺帝），讳名妥欢帖睦尔，于公元1320年出生，公元1370年去世于应昌，元明宗和世㻋长子，是元朝的最后一位皇帝，也是北元的第一位皇帝。他的汗号是乌哈噶图，在位时间是公元1333年6月至公元1368年，在位三十五年。

当初泰定帝死的时候，太师燕铁木儿与诸王、大臣迎立文宗即位，文宗因为他的哥哥嫡长，便又遣使迎立他的哥哥即位，这就是明宗。明宗即位于和宁的北面，立文宗为皇太子。不料明宗在去往大都当皇帝的路上忽然死了。死因不明，时人怀疑是文宗反悔以后害死的。文宗复了帝位，明宗的皇后八不沙被谗遇害，于是妥欢帖睦尔被流放到了高丽的大青岛中。

三年后二十九岁的元文宗死去，燕铁木儿请文宗的皇后立太子燕帖古思。皇后不从，反而立了明宗的次子懿璘只班，是为宁宗。宁宗只做了几个月的皇帝就去世了。燕铁木儿又请立燕帖古思，文宗皇后让立十三岁的明宗长子妥欢贴睦尔。太平王燕铁木儿去迎接妥欢贴睦尔来大都即位，见了妥欢贴睦尔后，燕铁木儿与他并马一起走，扬着马鞭向他陈述了迎立的意图。妥欢贴睦尔年纪小，看见跋扈的燕铁木儿十分害怕，一句话也不说。于是燕铁木儿怀疑妥欢贴睦尔，待到了京师很久也不再提立他为帝的话。因为国事都决于权臣燕铁木儿，群臣也不敢过问。几个月后燕铁木儿因荒淫过度溺血而死，妥欢贴睦尔才当了皇帝，这就是元朝的末代皇帝。

顺帝的近臣阿鲁辉帖木儿对顺帝说："天下事重应该委任宰相决定，假如陛下躬自听断，事情办得不好的话会背负恶名。"于是顺帝便住在深宫里不出来，命伯颜为太师、中书右丞相；燕铁木儿的弟弟撒敦为太傅、左丞相，燕铁木儿的儿子唐其势为御史大夫，三人在朝廷统理百官，全权处理政事。燕铁木儿虽然死了，但他的势力还在。而且顺帝年纪太小，太皇太后开始专擅朝政，她认为燕帖木儿遗功卓著，将他的女儿答纳失里做了十三岁的顺帝的皇后。几年后，撒敦病死，右丞相伯颜独揽大权。元顺帝日益信任伯颜，这使唐其势愤愤不平。他曾对密友说："天下本我家的天下，伯颜算什么东西？位置却偏在我的上面，真是可恨！"唐其势的叔父答里与诸王晃火帖木儿交情很深。唐其势写信给答里，信中说伯颜专权，顺帝昏庸，劝答里带兵入朝行废立的故事。于是答里、晃火帖木儿、唐其势三人辗转联络，蓄图起兵入宫杀伯颜、废顺帝。不料郯王彻彻秃知道了密谋，便密报给伯颜，伯颜便暗暗作了防备。

元统二年（公元1334年）六月晦日（月底这一天），唐其势先派弟弟塔剌海在东郊埋下伏兵，自己率卫士袭击皇宫。谁知当他刚杀人禁城时，只见伏兵四起，伯颜亲自带领大将杀了出来。唐其势毫无思想准备，仓皇应战。而伯颜的军队越来越多，把他和其卫士们团团围住，最后唐其势终因寡不敌众，被拖下马鞍活捉。伯颜又带兵去东郊，将塔剌海的军队杀得东逃西窜，溃不成军，连塔剌海也一并活捉，关进了大牢。

伯颜押着两名罪犯，进宫请顺帝登殿亲加审讯。元顺帝说："唐其势兄弟谋反之罪昭然，何必再审，你就按国法严办吧！"伯颜便命卫士先将唐其势拖出午门斩首。唐其势返身攀住殿上栏杆，大叫道："皇后救我！"坐在顺帝身边的皇后答纳失里虽然又悲又急，但不敢说一句话。唐其势又对顺帝说："陛下当初对臣的父亲有明令，宽恕子孙九死，为何今日违背前言？"顺帝大怒，斥责道："谋逆之罪不可宽恕！当初你兴兵犯上，怎么不想到今日会身首分家呢？"两旁武士一拥上前牵扯唐其势，直至扯断栏杆，才把唐其势拖出殿外。这时，塔剌海吓得战抖不已，毕竟年纪小，一闪身，竟躲到了皇后的宝座下面。皇后不忍幼弟遭难，忙用自己的衣裙把他遮掩起来。但是伯颜岂肯放过，他在文宗朝与燕帖木儿争权好多年，一直屈居燕帖木儿之下，早就窝着一肚子气。只听他一声怒喝，命卫士上前，将塔剌海从皇后的座椅下面拉了出来，拔剑出鞘，把塔剌海劈成两段。其鲜血四溅，洒在皇后的衣裙上，吓得皇后面色如土，缩成一团。伯颜见状，微微冷笑一声，又对顺帝奏道："皇后兄弟谋逆皇后也有罪，何况皇后偏袒兄弟，显然是同谋。请陛下割舍私情，以正国法。"顺帝听了，尚在犹豫，伯颜已下命令："把皇后拖出去！"卫士们见顺帝没有表态，不敢动手。伯颜大怒，自己走上前，扯住皇后发髻，一把拖了下来。皇后大声啼哭，哀求顺帝："陛下救我，陛下救我！"这时的顺帝也无可奈何，只是流着眼泪对皇后说："你兄弟身犯大罪，朕亦不能救你！"伯颜不耐烦了，下令卫士把皇后拖出宫外，押到上都开平，暂时安置，听候发落。

几天之后，就有燕京派出的使者，手持顺帝诏书和一瓶鸩酒，来到开平，命皇后立即饮毒自裁，这就是顺帝的第一位皇后的下场。答纳失里立为皇后不到两年，并无过错，因受父兄牵连，遭到这个下场，实在可怜。元顺帝对她这样无情，除了为报复太后卜答失里和燕帖木儿之外，还有另一层原因。

元顺帝册立答纳失里为后不久，又宠爱一个高丽女子奇氏。奇氏名叫完者忽都，本是侍女，长得极其秀丽，尤擅长调制饮料。顺帝每用膳必定要她侍候。她聪明狡黠，善用心计，很快就博得顺帝欢心。由侍膳变成侍寝。皇后答纳失里知道后，醋意大发，好几次辱骂甚至责罚她。受了委屈，她不敢发作，但总到顺帝跟前哭诉一番。顺帝嘴上不说，心中颇为不满，渐渐便同皇后疏远起来。可见，假如顺帝一向同皇后情投意合，即使皇后犯了法，也会设法袒护的。

其余依附燕铁木儿的大臣也被一网打尽，从此燕铁木儿家势彻底败落。右丞相伯颜独秉朝政，开始胡作非为起来。他停废了科举取士，又将儒学贡士的庄田租改为宿卫的衣粮。伯颜任性横行，滥杀无辜，胡乱改变国法，朝野的士民都相率怨望。顺帝对伯颜非常信任，赐给他"塔剌罕"的称号，封号官衔名目非常繁多，加起来有二百四十多个字，顺帝又封伯颜的弟弟马扎尔台为王。天下百姓因生活没有着落，造反的乱祸四起。

至元四年，顺帝在涿州与汴梁为伯颜建立生祠，晋封伯颜为大丞相。伯颜更加骄恣，他将宫禁的卫兵都收为己有，每次出去都旌旗蔽日，侍从填满了街衢。而顺帝的车驾仪卫却一天比一天少。天下只知道有伯颜，不知道有顺帝。因此顺帝也慢慢畏惧伯颜了，开始谋划对付他。伯颜的侄儿脱脱对叔父的滥杀跋扈十分不满，便决定大义灭亲，劝顺帝除掉伯颜。在一次出城打猎后伯颜再也没有回来，因为城门已经关上，接着伯颜被流放岭南。在流放的路上伯颜病死。接着太后不答失里被流放，顺帝才开始自主地做皇帝，这一年他二十岁。顺帝起用脱脱的父亲马轧儿台作右丞相。马轧儿台一上任就开始大肆贪污，脱脱暗中让人弹劾父亲，马轧儿台便辞职了。顺帝起用脱脱继任为右丞相。脱脱上任后实施了许多清明的措施，一改前代的弊政，被朝野上下称为"贤相"，这一段除弊革新的历史时期史称"更化"。

答纳失里死后，顺帝想立奇氏为皇后。当时，奇氏已为顺帝生下皇子爱猷识理达腊，因而更加得宠。但是伯颜坚决反对，说奇氏是个高丽女子，且出身微贱，不配正位中宫。顺帝没有办法，只好改立弘吉喇·伯颜忽都为皇后。伯颜忽都是武宗皇后真哥的侄孙女，她同前皇后答纳失里不同，性情温淑，表现得相当宽容大度，生活也很节俭。她从不与奇氏争风吃醋，相反还处处谦让，不时给奇氏一些赏赐。奇氏住兴圣西宫，元顺帝时常宿在那里，很少去中宫。皇后左右的人有些不平，但皇后没有一句怨言，一笑置之。册立为皇后不久伯颜忽都生下一个儿子，取名叫真金，可惜真金二岁就夭折了。

奇氏生下一个儿子，取名叫爱猷识理达腊，更加赢得了顺帝的欢心。奇氏因宠生骄，除了与皇后没有嫌怨外，其它如太后母子、权相伯颜，都被她视为眼中钉，每天在顺帝眼前说长道短。后来伯颜被流放，太后母子被放逐都与奇氏的暗中诋毁有一定关系。奇氏想做皇后，但皇后伯颜忽都为人实在是好，她也不忍加害，便与嬖臣沙剌班秘密商量怎么办才好。沙剌班记起先代皇后曾有好几个，他按奇氏的嘱咐上了一个奏折，于是顺帝顺水推舟册立奇氏为第二皇后。

奇皇后生下儿子以后更是专宠后宫，正宫皇后伯颜忽都无形中被冷落了。连伯颜忽都身边的太监宫女都为她抱不平，而伯颜忽都却没有一句怨言。一次顺帝巡游上都的途中休息，想去伯颜忽都那里过夜，内监传了三次圣旨都被皇后拒绝，她说："暮夜有许多难以预测的意外，这不是皇帝该来的时候。"顺帝听到了也极力称赞皇后的贤惠。

奇皇后是高丽人，自从做了第二皇后她将许多高丽女子安置在后宫，一时间宫廷里高丽女子如云，高丽族的服饰在宫廷和上层社会流行起来。奇皇后为了培植她的私人势力，将美艳的高丽女子送给朝臣，因此许多朝臣就甘心为奇皇后效力了。

顺帝很信任脱脱，曾命皇子拜脱脱为师。侍御史哈麻是先帝宁宗乳母的儿子，父亲名叫图噜，受封为冀国公。哈麻与母弟雪雪受到顺帝的宠幸，很早在宫禁做了宿卫。哈麻的口才十分出色，升任至殿中侍卫史。哈麻每天去宰相脱脱那里趋炎附势，脱脱误认为哈麻是个好人。当时天下红巾军烽烟四起，朝廷派出的征讨大将接连溃败，脱脱准备亲自出征，临行时他入朝奏请哈麻兄弟可以国事相托。顺帝立刻召哈麻为中书右丞，雪雪为同知枢密院事。脱脱很快平息了叛乱，顺帝将一切国政都委托脱脱处理，自己每天在宫中恣情酒色。

哈麻见顺帝厌烦国事，便引进了一个西天番僧入宫。这个喇嘛僧人教给顺帝房中术，称为"演揲儿"法，译作汉文就是大喜乐的意思。顺帝如获至宝，当即授给喇嘛僧人司徒的官职，让他在宫里讲授演揲儿法。顺帝悉心练习，再加以实践，果然行房的时候比以前畅快淋漓了许多。

哈麻的妹婿秃鲁帖木儿以前是集贤院学士，他出入宫禁，见哈麻得到顺帝的宠幸，于是也推荐西蕃僧伽璘真给顺帝。伽璘真会秘密法，秃鲁帖木儿密奏说："陛下虽尊居万乘，富有四海，不过保有现世而已。人这一生能有几年？陛下应当学习秘密大喜乐禅定。"伽璘真的房中术叫做"双修法"，与演揲儿不同的是演揲儿仅属于男子的御女之法，而双修法并及妇女，上行交形互动更有乐趣。"双修法"其实也就是男女交媾的不同方位和姿势。

顺帝下诏以西天僧为司徒，以伽璘真为大元国师。他们的子弟众多，选取良家女子入宫修习秘术，每个子弟赐给他们宫女三四个作为供养。两个番僧结为知己，肉身说法。后宫的美女久旱逢甘雨，都称伽璘真是无量欢喜佛。于是顺帝每天与后宫女子淫戏作乐。僧人又教顺帝选取彩女学习十六天魔舞。每次跳舞的时候有三圣奴、妙乐奴、六殊奴等十六个宫女列成一队，象征着十六天魔。宫女们垂发结辫，头戴着象牙佛冠，身披缨络、大红销金长裙、云肩、鹤袖，锦带凤鞋，手中执着乐器吹弹舞唱，好像天女散花一样。又有宫女十一人，穿着唐帽窄衫，用龙笛、头管、小鼓、筝、琵琶、笙、胡琴、响板按乐而奏，度曲而舞，顺帝趁着酒酣的时候，随手抱起几个宫女行云布雨，亲自试演揲儿法与双修法。

说起僧人的淫荡元朝是登峰造极的。据记载当时不仅皇宫里，而且民间有许多不法僧尼奸贪淫虐无所不至，"削发披缁，托身外名，归净域实恋尘缘"。元代一位诗人做过一首讽刺不法僧道娶妻买妾："红红白白好花枝，尽被山僧折取归。只有野薇颜色浅，也来钩惹道人衣"。

顺帝的一个弟弟叫八郎，也受了秘密戒，其它还有秃鲁帖木儿联结了八九个官僚，彼此勾结在一起在后宫里分了一杯羹，自称为倚纳，在顺帝面前与宫女亵狎，男女裸处君臣不避。他们聚集少壮男子和美丽的女子裸处在一室，不拘同姓异姓，也不分尊长卑幼，任其自相淫媾，号称他们所在的秘密室叫皆即兀该，汉语的意思是事事无碍，真是名副其实的皆大欢喜。君臣宣淫的丑声秽行着闻于外，市井百姓都知道了这件事。

西天僧与伽璘真迭相轮转出入禁中，夜里就留宿在宫闱，任意奸淫年少美丽的公主和嫔妃。那些嫔妃元顺帝一个人满足不了，独守空床早已寂寞难耐，乐得与僧人淫媾。顺帝只知道习法为快，从来不去禁止。

凡是境中的女子都必须以册藉申报姓名，到了出嫁的年纪不论美恶必须先弄到僧人的府中强行淫媾，叫做"开红"，待僧人玩弄够了才可以发归回夫家完婚。民间女子遭此毒，衢巷悲哭不绝于时。当时人都说："不秃不毒，不毒不秃，惟其头秃，一发淫毒。"

至正四年（公元1344年）黄河泛滥，国库空虚。元顺帝被迫于十年改变钞法，十一年（公元1351年）用贾鲁修治黄河。钞法变更，导致物价上涨；修河时紧工迫急，官吏乘机对百姓敲诈勒索，社会矛盾更加激化，终于爆发了元末农民大起义（红巾军起义）。虽然公元1362年元军获得很大战果，但由于起义军的势力已经很大，朝廷内部又发生皇帝和皇太子（即后来即位的元昭宗）两派之间的明争暗斗，因此元顺帝无法有效地控制政局，而在外的各行省的将领有时也各行其是，不听中央统一指挥。这一切给朱元璋提供了巩固其地位的机会。二十三年后，朱元璋势力壮大，渐次统一南方，元王朝已无力对抗。顺帝听信谗言，贬脱脱，于是国家大权尽归哈麻、雪雪兄弟。十六年，哈麻、雪雪谋废顺帝，事败被杀。其后，宫廷内分为两派，一派拥护皇帝，一派支持太子。两派矛盾尖锐化，顺帝的号令已失去作用。至正二十八年（1368年）朱元璋建立明朝，统一南方，责令北伐，徐达率领的军队逼近大都，元顺帝夜半开大都的建德门北奔，首先逃往上都，后逃往应昌。他在那里两次组织兵力试图收复大都，但都被明朝军队击败，于洪武二年（1370年）因痢疾在应昌（今内蒙古克什克胜旗达里诺尔西南）去世。

231

第七章　明朝时期

明成祖斩杀三千宫女

明成祖朱棣（公元1360～1424年），明朝第三任皇帝。明太祖第四子。

洪武三年（公元1370年）朱棣被封燕王，十三年就藩北平（今北京市）。建文元年（公元1399年），面对削藩威胁，采用和尚姚广孝计谋，赶造兵器，招兵买马，准备起事。随即遵照祖训，起兵自称"靖难"，锋芒直指南京。建文四年破京师（今江苏南京），夺取帝位。公元1402～1424年在位。年号永乐。

明成祖朱棣对于稳定明朝政权功劳很大，但他又是一位性格固执、刚愎自用、猜忌多疑、杀人如麻的皇帝，曾经实行残酷的"瓜蔓抄"。永乐末年，他竟然无端大肆屠杀宫女、宦官，在这次大惨案中，被杀的宫女接近三千人，为明代宫廷最大的一次惨案。

早在永乐年中期就曾发生过成祖杀戮宫女之事。这事还要从明成祖的恭献妃权氏的事情说起。永乐初年，国力逐渐恢复。明成祖开始贪图享乐，在后宫聚集很多美女。永乐五年（公元1407年），徐皇后病死，明成祖虽然没有再册立过皇后。但他也有宠爱的妃子，其中最宠爱的就是王贵妃和权贤妃。权贤妃是一位从朝鲜选进宫的美女，天姿国色，聪明伶俐，能歌善舞，尤其是善吹玉箫，成祖非常怜爱她。永乐七年

（公元 1409 年）封恭献贤妃。次年，明成祖率大军北征，特意带权贤妃随侍。没有想到，这位独得皇帝宠爱的妃子，竟然在大军凯旋归还途中，死于临城，葬在山东峄县。成祖为此伤心欲绝。

当时皇帝后宫有一种陋习，即太监与宫女结为"对食"。"对食"，这个词源于《汉书·外戚传》。汉成帝死后没有儿子，宫中法官审问宫女，皇帝儿子夭亡的情况，一个宫女无意间供出这样的话："房与宫对食。"东汉的应劭注解"对食"道："宫人自相与为夫妇名对食，甚相妒忌也。"实际上就是现在所谓女子同性恋。发展到明朝，"对食"已不限于女性之间，更把太监也给拉了进去。

宫中值班太监不能在宫内做饭，每到吃饭时间，只能吃自带的冷餐，而宫女则可以起火，于是太监们便托相熟的宫女代为温饭。久而久之，宫女与太监结为相好，称作"对食"，又作"菜户"，意思说不能同床，只能相对吃饭，互慰孤寂而已，事实上与外间夫妇无异。到了明朝万历以后，这样的事情则是公开的秘密。如果有宫女长时间没有找到伴，甚至还会被其他宫女们取笑为"弃物"。一旦宦官与宫女两情相悦，还有热心而甘当媒妁的人为之撮合。之所以如此，是因为宫中低级宦官无力娶妻纳妾，宫女又很少有机会被皇上临幸，宦官和宫女便只有自己寻求安慰。明朝后期的皇帝对此类事，往往也采取听之任之的态度。明熹宗甚至还亲自将宦官与宫女结为对食。但是在明成祖时，宫中还较少见这类事，而成祖丧失宠妃，心情不佳之时恰恰发生两个姓吕的朝鲜女子与宦官"对食"的事情，明成祖严查深究，竟酿成宫内惨祸。

当时，有个宫人吕氏是朝鲜商贾的女儿，历史记载中就称其为"贾吕"。贾吕初入宫时见到本国先期入宫的宫人吕氏，因为都是朝鲜人，又是同姓，贾吕就想与吕氏交往。谁料，吕氏对贾吕很是看不起，拒绝与她结好。贾吕碰了一鼻子灰，因此一直心存不满。不久，成祖贤妃权氏死于北征凯旋回师途中，而吕氏曾随军侍候过贤妃权氏，于是贾吕就诬告贤妃权氏是被吕氏在茶里下了毒药而死的。明成祖朱棣正处于因为权氏死去而痛不欲生之时，闻听权氏之死竟然是因为发生了这种事

233

情，于是就暴跳如雷，没有详细调查真实情况，就诛杀了吕氏及和当时服侍权氏的数百宫女、宦官。

永乐十八年（公元 1420 年）时，那位独自专受成祖宠爱，并将要被成祖立为皇后的王贵妃也死了，成祖又一次经历丧失宠妃的伤痛。而贾吕与宫人鱼氏私下与宦官结为"对食"的事情，正好此时传到明成祖的耳朵里。

成祖知道后火冒三丈，雷霆大发，要严厉惩处贾吕和鱼氏，贾吕和鱼氏惧祸，便上吊自杀。成祖竟毫不罢休，亲自提审贾吕的侍婢。由于侍婢被皇帝审讯惊慌害怕，竟然出人意料地供出一班和宦官"对食"的宫女要谋杀皇帝的事情。朱棣更加怒不可遏，亲自下手对宫女们动用酷刑，其中受株连而被诛杀的宫女近两千八百名。而且成祖每次都亲临施刑，有宫人临刑时当面斥骂成祖："你自己年老阳衰，宫人与小宦官相好，有什么罪过！"朱棣让画工画了一张贾吕与小宦官相抱的图画，以此羞辱宫人，同时更加大肆屠杀。据《明朝实录》记载，当宫中宫人被惨杀之时，恰好有宫殿被雷电击塌，宫中的人都很高兴，以为朱棣会因害怕报应而停止杀人，可是朱棣依旧如故，丝毫不以为戒，仍然大肆屠杀宫人，和先前没有什么两样。

先后两次大规模地屠杀，被杀的宫女及宦官达三千人之多。现在有的学者推测，认为明成祖如此残杀宫人，可能因为他晚年所患疾病，心理变态所致，至于他患了什么病，历史上已找不到相关的记载了。

明宪宗沉醉万氏"慈母怀"

明宪宗朱见深（公元 1447～1487），初名见浚，明英宗长子，公元1461～1487 年在位，年号成化。

朱见深作为英宗的长子，由于英宗的荒唐也经历了一番挫折。正统十四年，英宗在宦官王振的唆使下，御驾亲征瓦剌部，在土木堡被俘。

其弟朱祁钰总理朝政，立英宗长子朱见浚为皇太子。朱祁钰在英宗被俘的一个月后正式即皇帝位，是为明代宗景泰皇帝，遥尊英宗为太上皇。一年以后的景泰元年八月，英宗又被瓦剌放归。代宗朱祁钰只派了一车二马迎太上皇英宗于居庸关，迎到京师以后，幽囚南宫，并禁止群臣朝见。景泰三年五月，代宗废除了英宗长子朱见浚的皇太子地位，立自己的儿子朱见济为皇太子。景泰八年正月，朱祁钰病重，武清侯石亨、太监曹吉祥等乘机发动政变，拥幽囚南宫八年的英宗复位。英宗复位以后，废代宗朱祁钰为郕王，迁往西内。代宗不久即死去，其死因成为明宫又一疑案。英宗复位后，长子朱见浚又重新被立为皇太子，改名朱见深。八年后的天顺八年正月，英宗死去，太子朱见深即位，是为明宪宗。

宪宗由于幼年卷在皇位之争的漩涡中，精神压力非常之大，整天处于在提心吊胆中过日子，因此留下了口吃的毛病。他的祖母即明宣宗朱瞻基的孙皇后，派了一位姓万的宫女伺候他。万氏是山东诸城人氏，四岁入宫。小时候的万氏面目清秀，为人聪明机灵，入宫为宫女后便在英宗的母亲孙太后宫中服侍。万氏在宫中长大后，成为一位风姿绰约，俊俏美丽的少女。因为善于讨好明宪宗的祖母孙太后，所以很得孙太后的喜爱，天长日久以后，她就成了孙太后的心腹和贴身宫女。英宗被俘后，由于孙太后疼爱和可怜朱见深这个孙子，又怕代宗加害他，就派了自己的心腹万氏来照顾朱见深。

朱见深比万氏小十八岁。在万氏这个在朱见深看来既是奴婢，又像养母的女人的精心照顾下，朱见深逐渐长大成人。在看似平常的主子和仆人的关系的发展中，却由于万氏聪明狡黠而逐渐发生着变化。她在以一个奴婢照料着太子的同时，还以一个成熟女人的似水柔情，既关心体贴着太子，无微不至，又时时向太子传送一个恋爱中的女人才会有的绵绵爱意。而少年时的太子幼稚、单纯，又情窦初开，根本经受不住一个成年女子的柔情蜜意的挑逗和性的诱惑，不知道是在朱见深具体多大年龄和具体什么时间，万氏成功地勾引了单纯的、对于性爱懵懂的少年太子，实现了在她内心深处埋藏已久的目的。从那时候起，太子朱见深就在万氏的精心设计的爱河中畅泳，不能自拔。太子从心底依恋着万氏，享受着在他看来就是人间最美妙的性爱和欢愉，沉醉在万氏的温柔之乡里。而万氏的角色也在悄悄发生着变化，她既像母亲一样地照顾着太子，又像情妇和监护人一样在看护着他，既让他纵情享乐，又不使他移情别恋。万氏计谋的成功还不仅在于温情和施爱，而在于她的恩威并施，而且用得恰到好处。使太子除了对她有感情的依恋和性爱的需要之外，还怀有一份敬畏。正是由于太子完全按照万氏设计好的路子前进，从而使万氏在太子即位为帝以后，能够横行宫中，为所欲为，俨然是一代正位宫闱的皇后。

宪宗即位时刚满十六岁，而令他倾心的万氏这时已经三十五岁了，可谓徐娘半老。但万氏却风韵犹在，媚情、美色并不减当年，而且较之含苞欲放的少女更解风情，更长于风月。万氏被年轻的宪宗痴情宠爱着，恃宠而骄，横行宫中，作威作福。由于万氏机警，又长于察言观色，迎合圣意，因此，在万氏进谗之下，正位宫闱的皇后吴氏竟然被废。

吴氏是顺天人。宪宗于天顺八年正月即位，七月即经过隆重的典礼，立吴氏为皇后。宪宗本来打算是想立万氏为皇后的，因为在他心目中，万氏实际上就是正位六宫的皇后。然而，大明朝廷不能接受万氏为母仪天下的皇后，皇亲国戚和臣民百姓也不能容忍一个比皇上大十八岁的随侍宫女成为自己堂堂天朝大国的一代国母。因此，朝廷最终还是选择了吴氏为正位六宫、母仪天下的皇后。

但朝廷的选择只能是名义上的，实际上的决定权却是也只能是在皇帝那里。宪宗一直真心宠爱万氏，在他心目中万氏才是后宫至尊。吴氏立为皇后以后，不能容忍身份是宫女的万氏目空一切、专横跋扈的所作所为。终于有一天，皇后抓着万氏的把柄，以一个正位六宫的皇后之威，居高临下吩咐杖责万氏。万氏受到责罚，认为是自己的奇耻大辱，就在宪宗面前哭诉。宪宗哪里能容忍自己心爱的女人被人欺侮？哪怕是皇后！宪宗听完万氏添油加醋的诉说之后龙颜大怒，他无法忍受自己心爱的女人被任何人欺侮，就在吴氏立为皇后仅仅一个月后，便下道诏书，废吴皇后为庶人。

吴皇后被废以后，她的父亲也被牵连下狱，最后定罪戍边。吴皇后的近侍太监牛玉也脱不了干系，谪调孝陵种菜；牛玉的从子太常少卿牛纶、外甥吏部员外郎杨琮都被一并除名；姻家怀宁侯孙镗也被罢职闲住。吴皇后被废，王氏便被立为皇后。

当年宪宗在东宫为太子时，英宗就已经为宪宗选择了十二位美人，但当时还是太子的宪宗只选了其中三个留在宫中，她们就是吴氏、王氏和柏氏。现在吴氏被废，王氏就顺次被立为皇后，王氏被立为皇后以后，因为有前车之鉴，所以不得不默认了万氏宠冠后宫的现实，不敢在万氏的面前有丝毫的皇后架势。万氏从此越发在宫中横行不法，她不仅独自专宠，还日夜守在皇帝身边，不给其他后宫妃嫔来到御前的机会，更不用说让她们侍寝了。于是，在宫廷御苑之中，人们经常可以见到这样的场景：宪宗的车驾前，除了有正常的仪仗之外，还有万氏耀武扬威地戎服前驱。

万氏在宪宗成化二年（公元1466年）正月，生下了宪宗的第一个儿子。宪宗非常高兴，为此派遣特使四出，到各处祭礼有名的山川河海、天地神灵。万氏也因此晋封为贵妃，并由此产生了晋升皇后，并进而做大明皇太后的想法。但上天不佑，没过多久，这个皇子却不幸夭折。万氏仿佛从天上一下掉进了地狱里，晋升皇后、皇太后的美梦一时化为泡影。万氏此后虽然费尽心机，但终是没能再次怀孕。乐极生悲，万氏便将一腔怨恨向后宫发泄，大施淫威。后宫中凡被偶越雷池的宪宗临幸或已经怀孕的妃嫔宫女都受尽了她的凌辱，她们不是被罚做苦役或被处死，就是被强行喝药堕胎，她们感到真是痛不欲生。后宫中一提到万贵妃，无人不是心惊胆寒。

宪宗虽然没有儿子，储位空虚，但宪宗对于万贵妃的作为却没有丝毫怨言。但朝野大臣们却为此忧心忡忡，负责进谏的言官们纷纷上奏，先是婉言劝皇上广延后嗣，后来干脆直言宪宗要广施恩泽，博爱后宫，尤其是给事中李森、魏元、御史康永韶等，进言言辞恳切，震人肺腑，终于打动了宪宗。但时间一长，宪宗又依然故我。因为宪宗觉得多少年积累起来的感情不是那么容易转移的。让他立刻移情别恋，他当然做不到。于是，一场朝野议论纷纷的后嗣风波就这样不了了之。

　　成化四年，彗星屡见。天象的变异正好吻合着文武百官的为皇帝后嗣缺乏的隐忧。大学士彭时、尚书姚夔等又会同朝官，以皇储后嗣进言，希望宪宗不要囿于私情，要以国事为重。宪宗回答说："这是内事，朕自有主张，他人无需多言！"大臣们这下又为难了，因为宪宗言之有理。这确实是皇上的内事，谁也不能强迫皇上临幸后宫的美人。但这产生皇储的事，更是国家大事。在封建时代，人们认为他们储君国之根本，根本不立，天下就会人心惶惶，江山就会不稳固。可惜宪宗却似乎不理会这一点！

　　宪宗迷恋万氏，沉醉于万氏的爱恋之中，无瑕治理朝政，致使政务荒疏。各地流民蜂起。明廷只好出兵镇压。在广西，明兵镇压了那里的土司叛乱。明军杀死了纪姓土司首领，将其女儿纪氏俘至北京，送入后宫。纪氏长得白皙、美丽，为人伶俐聪慧。纪氏入宫以后，很快升任女史。纪氏在宫中一天天长大。她秀美出众，颇有文才，但由于是乱酋之后，她没有资格伺候皇帝和宫中后妃。她被派往一处宫室，管理书籍。

　　成化五年（公元 1469 年），宪宗到内承运库询问内藏收支情况时和纪氏相遇，宪宗为纪氏的姿色所动，临幸了她。宪宗临幸纪氏，不过是游兴所致，并没有想到会有什么后果，临幸了以后转身便忘了，依旧去迷恋自己的万贵妃。但纪氏却因此怀了孕。万贵妃有宪宗的宠爱，日益骄横。宫中应差的宦官，稍有不称意，便马上斥逐，太监们无不为之惶惊。后宫中先后又有几位被宪宗临幸怀孕的女子，都被迫喝药堕胎，并都是在万贵妃的心腹侍女、太监的监督之下实施的。听说纪氏怀孕后，万贵妃派宫女强迫纪氏堕胎。宫女们商量后，就骗万贵妃说是纪氏得了腹胀病。万贵妃把纪氏贬谪到安乐堂。成化六年七月，纪氏在安乐堂生下一个儿子，这就是后来的明孝宗。

万贵妃得知后，让太监张敏去溺死纪氏的孩子。张敏将孩子藏在别处，却报告万贵妃说孩子已经被溺死。因为事情做得非常机密，竟然使万贵妃没有察觉。虽然万贵妃十分怀疑，并派人多方打听，还是得不到确实的消息。到了成化十一年春上，一天张敏为明宪宗梳头，明宪宗对着镜子感叹自己已经老了却还没有儿子。张敏才趁机告知宪宗原委。当时宪宗身边的年老的太监怀恩也证明张敏说的是实情。宪宗非常高兴，急忙起驾西内，派人迎接皇太子。这样，宪宗在六年后才见到自己的儿子。纪氏也得以搬回皇宫，但不久又被万贵妃害死，同时被害的还有太监张敏。

万贵妃声威显赫，宫中佞幸太监钱能、汪直、梁芳、韦兴等，无不聚敛民财，倾竭库府，日进美珠珍宝来巴结万贵妃。方士妖僧，奸佞之臣，也以讨好万贵妃来作为自己晋升的台阶。万贵妃养尊处优，在宫中喜好奇技淫巧，大肆建造宫观，结果糜费无数，后宫府库为之一空。宪宗对此不闻不问。

成化二十三年，万贵妃已经五十八岁，性格变得更加喜怒无常。有一次，她怒冲冲地杖责一位宫女，但由于身体太过肥胖，心脏不胜负荷，加之气血冲顶，她一时竟弊过气去，再也没有醒来。万贵妃就这样幸运地暴死于宫中。死后谥号恭肃端慎荣靖皇贵妃。葬天寿山。

宪宗在万贵妃死后，肝肠寸断，哀痛之情难以言表。他为此茶饭不思，连续七天不上朝理事。并因为思念万贵妃，常常独自发呆，不住惆怅叹息说："万贵妃去了，朕还能活多久？"

宪宗终日郁郁寡欢，最后身体终于支撑不住。在万贵妃死后的几个月后，他便在忧郁中病死了，终年四十岁。

明孝宗一妻定终身

明孝宗朱佑樘（公元1470~1505年），是明宪宗的第三个儿子。公元1487~1505年在位。年号弘治。

孝宗在位期间，勤于政事，斥逐奸邪，任用贤能，提倡节俭，广开言路。孝宗在位18年，社会矛盾有所缓和，统治阶级内部也无较大纷争，政治上相对稳定，被旧史家誉为"弘治中兴"。

孝宗朱佑樘幼年十分不幸。朱佑樘的母亲纪淑妃。朱佑樘出生时，由于万贵妃专宠，为了逃避万贵妃的迫害，太监张敏、废后吴氏将他藏入密室，暗地哺养。直到他六岁时，宪宗才知道他的存在。据史书记载，朱佑樘出生时头上有一处没有头发，显然是母亲怀孕时遭了万贵妃的毒手。在朱佑樘之前，宪宗还有过两个儿子，一个是万贵妃生的，不久就死了。另一个是柏妃生的，被万贵妃毒害而死。朱佑樘出生后一直跟随母亲纪氏生活，在太监怀恩、张敏和宫女、废后吴氏、周太后等人的极力保全下，躲过了万贵妃一难。朱佑樘封太子前的一个月，母亲纪氏被万贵妃害死，太监张敏也惧祸吞金自杀。为了给皇帝保存这一枝血脉，周太后亲自抚养朱佑樘，于是朱佑樘就一直在仁寿宫里生活。周太后从小教育朱佑樘保护自己，朱佑樘也很聪明机灵，万贵妃始终没有办法加害于他。成化二十三年（公元1487年），万贵妃暴死，宪宗也于一个月后因悲伤逝世。孝宗即位之初，有人上奏要惩治万氏族人。但孝宗性情仁厚宽容。他并没有因为万氏曾加害自己的母亲而对万氏家族采取报复行为。

孝宗在生活上注意节俭，不近声色。他是中国历史上一位罕见的对女色一生淡泊的皇帝。中国皇帝的一大特点就是老婆多，其中佼佼者像唐玄宗和晋武帝之流，其后宫佳丽多得不计其数。所谓一夫一妻似乎永远跟皇帝们无关。其实不然，中国的几百位皇帝中只有明孝宗朱佑樘，只娶惟一的妻子就是张皇后。朱祐樘之所以会这样，和他的苦难童年有着莫大关系。

孝宗自幼经历坎坷，九死一生。所以即位后廉洁而贤明，尤其是在私生活方面，终其一世身边只有张皇后一人，再无一个嫔妃。张皇后是兴济县人。她的母亲金氏"梦月入怀"，生下张氏。张氏风姿绰约、漂亮美丽，又贤惠恭顺，在小时候就远近闻名。成化二十三年，张皇后被选为太子妃，弘治中晋封皇后。按照惯例，孝宗封张皇后的父亲为昌国公，张皇后的两个弟弟也被封为侯伯。孝宗和张皇后是患难之交，一对恩爱夫妻。两人每天必定是同起同卧，读诗作画，听琴观舞，谈古论今，朝夕与共。由于明孝宗只有张皇后一个妻子，因此他们也只有两个儿子和一个女儿。二儿子很早就死去了，因此明孝宗就只剩下了一个儿子，也就是后来的明武宗朱厚照。

因为明孝宗只有一个皇子，满朝文武为皇家血脉考虑，都很着急。于是大臣们又纷纷上书了，劝皇帝为了大明江山社稷，为了列祖列宗，多纳几个妃子。

在两千多年的皇朝历史中，大臣们因为皇帝没有子嗣而进谏的例子很多，但是为了皇帝不纳妃子而进谏的简直就是凤毛麟角。如果明孝宗对张皇后的感情不是经得起考验的话，也许事情会发生变化，但明孝宗却断然拒绝了，用的还是那句老话："这是我的家事，你们就不用担心了。"

这不经意间的举动，创造了古往今来一个特殊的纪录，也算是孝宗作为一代明君的佐证之一。

弘治元年（公元 1488 年），卢思慎受命出使朝鲜，就曾经对朝鲜的国王评价孝宗父子说，说明宪宗用人有时会凭借自己的好恶，但孝宗却无论是选拔还是任用官员，都是出于公正。从来不喜欢享乐之事。说孝宗割除了宪宗时的一切弊政。即使风雪天气也不废朝会，总是穿丧服接见群臣，宴请群臣时也不奏乐，不设杂戏。婚后衣着也是朴素简单。

宪宗生前爱穿用松江府所造大红细布裁制的衣服，每年要向那里加派上千匹。而这种织品，用工繁浩，名虽为布，实际却用细绒织成。孝宗当时还是太子，内侍给他送来新裁制的衣服。他说，用这种布缝制的衣服，抵得上几件锦缎衣服。穿它，太浪费了。于是就谢而不用。他当了皇帝后，下令停止为皇宫织造此布。

另外，在武功方面，孝宗也有所建树。他击败吐鲁番，收复嘉峪关以西的土地，经营哈密。孝宗还修缮长城，抵御蒙古。

由于孝宗一朝，削弱了太监乱政的现象，采取了一些发展经济、挽救危机的治国措施，缓和了社会矛盾，出现了一个较为稳定的时期，社会经济发展迅速，政治清明。

弘治十八年（公元1505年）五月七日，孝宗逝于乾清宫，享年36岁，谥"达天明道纯诚中正圣文神武至仁大德敬皇帝"。据说，孝宗因为偶然风寒。太监张瑜，太医院使施钦，院判刘文泰，御医高廷和等人不诊视就开药，致使孝宗误服药物，鼻血不止而死。十月十九日葬泰陵。

明武宗与众不同的女性癖

明武宗朱厚照（公元1491～1521年），曾经化名朱寿。明孝宗长子，公元1506～1521年在位。年号正德。

明武宗是历史上荒淫皇帝的典型，他在短暂的一生中腐化堕落，荒淫无耻，花天酒地，抢男霸女。他对于自己的皇帝地位并不感兴趣，自即位第二年就搬出了皇宫大内，居住在自己选定的"豹房"，把那里变作了一座大妓院，肆意玩乐。因明武宗过度追求声色之乐，重用太监刘瑾等"八虎"，致使朝纲混乱，百姓遭殃。最后，荒唐好色的明武宗终因纵欲过度而死去。

朱厚照是明朝开国以来第一个以嫡长子的身份成为皇帝的。而且，朱厚照的生日也很巧，是在辛亥年甲戌月丁酉日申时，按照时、日、月、年的顺序来读他生日，恰好是"申、酉、戌、亥"，这种"贯如联珠"的生辰跟朱元璋非常相似，是大富大贵之命的人才有的。据说朱厚照相貌奇伟，面质如玉，容光焕发，性情仁和宽厚，孩提时，便已举止异常，大有帝王风度。8 岁时，在大臣的请求下，朱厚照正式出阁读书，接受严格的教育。朱厚照年少时以聪明见称，讲官所授之书次日他便能掩卷背诵。数月之间，他就将宫廷内繁琐的礼节了然于胸。孝宗几次前来问视学业，他率领宫僚趋走迎送，娴于礼节。孝宗和大臣们都相信，眼前的这位皇太子将来会成为一代贤明之君。但是，事实的发展完全相反，朱厚照后来成了历史上少有的一个放荡不羁、胡作非为、荒淫无度的皇帝。为什么他会堕落到如此地步呢？

由于武宗是孝宗惟一的儿子，（他原有一个弟弟朱厚炜，在 3 岁时不幸夭折）所以孝宗对自己的独子宠爱有加。孝宗对这个独子非常爱护和关心，孝宗外出的时候，总是带上他一路同行。谁曾想频繁的外出却给朱厚照提供了认识外面世界的机会，使他逐渐觉得宫廷的生活枯燥乏味，对他失去了吸引力。

朱厚照生性好动贪玩，频繁的外出使他的性情越来越"野"。他喜欢骑马射猎，在太监的教导下，很快学会了打马飞奔、挽弓搭箭的本领。有人把朱厚照的这些行为报告了张皇后，张氏有些担忧，但孝宗却不以为然，他认为儿子这样做倒是件好事，小小年纪就能学习军事知识和战斗本领，这是居安思危的行动，所以没有多加干预，反倒给以鼓励。于是更助长了他的放荡不羁、胡作非为的习性。

公元 1505 年（弘治十八年）5 月，孝宗在弥留之际，最放心不下的就是自己 15 岁的儿子。他特意把大学士刘健、谢迁、李东阳召至乾清宫暖阁，委以托孤的重任："东宫聪明，但年尚幼，好逸乐，先生辈常劝之读书，辅为贤主。"第二天便撒手西去。

明孝宗病逝，年仅 15 岁的朱厚照登上皇位，改年号为正德，将第二年定为正德元年。

当时悲伤的顾命大臣可能并没有太把孝宗的话放在心上，也许在他

243

们看来，这个"粹质比冰玉，神采焕发"的皇太子绝对会成为一位圣君。然而他们却没有想到，这个 15 岁的少年，居然会在以后十五年的岁月里，把大明朝搅得乱七八糟，使他自己也成了中国历史上少有的最能恶作剧的皇帝。而他的年号还偏偏叫"正德"，真是一个绝妙的讽刺。

朱厚照即位后，根本听不进去这些顾命大臣的劝谏。他喜欢的是当年在东宫做太子时的游伴太监。父亲一死，再也无人可以对他加以管束。这个没有经过良好教育，而且心已玩疯了的孩子，像是一匹脱缰的野马，陡然做了皇帝，根本无法适应终日繁复的朝廷礼仪和群臣枯燥的奏疏。他向往的是昔日自由自在骑马射箭、游逸玩乐的生活。

明武宗不满足于千门万户的皇宫，又在西华门内另筑宫院，两厢设有密室，勾连栉列，名曰"豹房"，专门搜罗珍禽异兽，捕捉虎豹充实其中。武宗和一班宦官、佞幸小人整天在里面花天酒地，纵情淫乐。从此以后，一直到死，武宗都住在这里，明朝的政治中枢实际上也从皇宫中心搬到了豹房。

他的兴趣也广泛，而且天资聪颖，对什么都是一学就会。从斗鸡走狗，骑马射猎到吹拉弹唱，甚至于梵文和阿拉伯文，都无所不通。武宗喜欢在豹房观虎搏斗。一日，武宗正在观虎搏斗，老虎忽然扑向武宗跟前，武宗险些被咬，幸得佞臣江彬眼明手快赶走了老虎，才使武宗化险为夷。但武宗却自鸣得意地说："我自己就足以制服老虎，怎么会需要你上来赶老虎？"有一次，甚至被虎抓伤休养了一个多月不能视朝。武宗还召集天下善搏虎豹的人，入豹房做勇士。初选进京的有上万人，武宗又从万人中选出了一百名勇士，将他们安置在豹房中，还把他们都封为自己的义子。

当然，时间长了，武宗也感到看虎豹搏斗单调乏味，就想起了新的享乐方式。

武宗的好色也有自己的特别之处，就是一生中喜欢的女人也与常人不同，自己皇宫中的皇后妃子一概不感兴趣，甚至不相往来。却在自己

244

的豹房中收罗了大量用各种手段从民间弄来的女子。这些女子基本上都是有夫之妇、寡妇、怀孕过的女人，或是妓女。

此外还喜欢带点异国风情的调调。锦衣卫都督同知于永是个色目人，擅长房中术之类的，武宗把他召入豹房，宠幸无比。他见武宗对于宫中的美女都玩腻了，就对武宗说："色目女子白皙幼润，姿色大胜中土。"于是武宗非常高兴，就让于永搜寻色目女子。于永矫诏叫都尉色目人吕佐把他家里十二个擅长西域歌舞的舞女进献给皇帝。武宗就和这十二个色目美女在豹房歌舞淫乐，昼夜不休。后来，他嫌十二人太少，就借口教习歌舞，下旨召公侯伯等贵族大官僚家中的色目女子进入大内，挑选姿色妖艳的留在豹房里，供他玩弄。他又听说于永的女儿也特别漂亮，就下旨让于永把女儿也献进豹房。于永引火烧身，当然不愿，就把邻人白回子之女冒名顶替地给皇帝送进豹房去。皇帝也没觉察出来，看那女子很美，还挺高兴，就赏赐于永很多东西。可是于永自知犯了欺君之罪，成天提心吊胆。后来他就装作风痹向皇帝辞职，让他的儿子承袭了自己的职位。于永劝诱皇帝大肆搜索色目女子，搅得那些色目人家鸡犬不宁，把于永恨得咬牙切齿。

与这些享乐活动相比，武宗皇帝最大的雅兴就是喜欢军事活动。正德十四年（公元1519年），宁王朱宸濠造反。出人意料的是武宗听到报告后，竟然喜出望外，马上昭告天下，宣布自己要御驾亲征。可是天不遂人愿，大军才行至半路，就传来宁王朱宸濠父子被南赣军务都御使王守仁生擒活捉的消息。

武宗皇帝很不高兴，反而非常郁闷，因为皇帝亲征的目标一下子失去了，这样皇帝就只能班师回朝。但皇帝竟然索性不去理会反叛已经被平息的事实，命令军队，一路急行军，向已经被自己的地方军队收复的扬州城奔来。

皇帝继续南下亲征的消息传到扬州城后，整座城顿时炸开了锅。因为皇帝好色已经"臭名远扬"了，于是，但凡家中有女儿未曾出嫁的，不管三七二十一，都赶在皇帝到来之前把女儿嫁掉，哪怕是假装许配，

245

也要逃过一劫。大军一到扬州，皇帝就马上下令心腹重臣事先暗地打探排摸，确定目标后再按户口名单半夜抓人，管她出不出嫁，只要喜欢就统统抓来。

当地地方官员心领神会，除了听任皇帝胡作非为之外，为了表示对皇帝此次南征的支持与感激，特地筹钱举办盛大的酒宴，还命扬州所有的青楼女子在广场集合，等待皇帝检阅。从此就有了正德皇帝召见妓女之说。

皇帝都是没有那么多忌讳，一见有这么多绝色的风尘女子在广场等候皇帝召见，武宗立即把吃酒席的事抛在脑后，走到这些女人堆里，玩得有滋有味。

更为荒唐的是，皇帝身边的几个亲信体会到武宗一心想要树立武功盖世的英勇形象的急切愿望，而苦于无处施展自己志向的苦闷心情。便有声有色地策划了一个绝妙计划就是官兵撤出扬州，将宁王放掉，再由皇帝亲自率领人马再活捉他一次。

按照孝宗的遗诏，在正德二年（公元1507年）八月，他举行大婚，迎娶皇后夏氏，后来还娶了两位妃子，但他却对她们毫无兴趣。明代宫禁管理严格，皇帝的一举一动都有人管，还要专门记下来以备后来查对。武宗对这种束缚人的制度简直深恶痛绝，所以他经常嬉游民间，沾花惹草。

明武宗喜欢的一个民间女子叫做王满堂。她的故事更加离奇。她的父亲是霸州的一个普通百姓。她从小生得俏丽动人，自恃貌美，竟然有了做个皇帝嫔妃的想法。但这对于一个百姓的女儿似乎是个梦想，但她还真就做了一个梦，梦见一个叫赵万兴的人要迎娶自己，这个人将贵不可言。于是她不肯随便嫁人，天天等着这个"赵万兴"的到来。她的家人对她这番胡话深信不疑，就到处给她打听这个叫赵万兴的人。这时，有个道士听说了这件事情，又得知王满堂貌美如花，就产生了个冒名顶替的念头。他先贿赂了一个和尚，让他对王家人说："你家明天有个大贵人要来了。"第二天，他到了王家，问他姓名，就说："我就叫赵万兴。"王家人一听，就是这个大贵人呀，高兴地围着他拜了起来，马上让他和王满堂成婚。

　　这个道士诱骗了个漂亮媳妇，也就该知足了。但可能是王满堂经常和他说贵不可言之类的话，时间长了，竟然忘记了自己是骗子，把自己当成了王满堂梦中的贵人，于是就煽动了不少人跟从他准备起谋反来。还改元"大顺平定"，自己当上了皇帝。当然，他们还没有什么实质行动，就已经被当地的官府探知，随即就被一网打尽。

　　皇帝听说了谋反的大事，倒也没有觉得有什么了不起，就下旨赦免了受道士蛊惑的那些人，只是把那个"赵万兴"和跟从他的两个儒生处死。而王满堂本是"祸首"，但武宗并没有想到要治她什么罪，因为皇帝听说她是个美人，就动起心来，于是就特地降旨赦免她。为了掩人耳目，先把她以犯人家属的身份送到了宫中的浣衣局，名为奴婢，实际上却很快被武宗召入豹房，大加宠爱，甚至让身边的佞臣小人称她为皇后。

　　明武宗不止喜欢一个王满堂，凡是那些来历不明、稀奇古怪的女人，只要长相漂亮，他都喜欢。这样的女子在朝臣眼里统统是"祸水"，根本没有资格纳入到皇宫做堂堂正正的嫔妃。武宗倒是也不强人所难，就把她们统统安置在豹房。豹房一时三千佳丽。非但如此，武宗还要让它看起来像个外面的社会。他让心腹在豹房里开辟一条街市，建了定和、宝延等六个店铺。他自己则穿着商人的衣服，戴着小太监的帽子。在这六个店铺里跟他们做买卖，持簿算账，讨价还价，假戏真做，玩得好不高兴。这个街市还很热闹，街头有各种杂耍，跳猿扁马、斗鸡逐犬；沿市还有当垆卖酒的美妇人。但武宗还觉得不过瘾，就又让那些豹房的美人们都扮做歌伎粉头，住在专门为他们开设的"青楼"里，他就挨家挨户地进去听她们唱曲，兴致一来就淫乐一番。为了玩得舒服，他还专门建造了一间"乐室"，在四壁和屋顶都嵌上镜子，地下铺着厚厚的锦被，他在那里命两个美女相陪，三人赤身裸体一起行乐，映到周围的镜子里，正是一幅幅"活春宫"，可真正把这个天字第一号大嫖客作足了。

明武宗玩够了美女，忽发奇想，又打算尝尝这男色的滋味。他在内臣里选取那些长相俊美，聪明伶俐的年轻后生，供他玩弄。还给他们起了个名字叫"老儿当"；尤其受他宠幸的，就叫"金刚老儿当"，这些人整天和皇帝在一起为非作歹，有的还干预朝政，权势很大。他最宠爱一个叫钱宁的，天天和他在一起。皇帝在豹房里经常枕着他的大腿睡觉。百官们见不着皇帝，就通过钱宁的举动来判断皇帝的下落。一看到钱宁打着哈欠走出豹房，就知道皇帝也快要出来了。

豹房里虎豹成群，美女如云，乐在其中的明武宗乐以忘忧，根本不关注群臣们的奏章。这样就使奸佞小人逐渐把持了朝政。他最宠信的宦官刘瑾就钻了空子。刘瑾常常趁着皇帝正玩在兴头上的时候，把群臣的奏章拿给他看，于是武宗皇帝就不耐烦地挥挥手，让刘瑾自己去处理。刘瑾因而大权独揽，权势熏天。当时京城内外都说有两个皇帝，一个坐皇帝，一个立皇帝；一个朱皇帝，一个刘皇帝。这位"刘皇帝"一朝当权，免不得排斥异己，公报私仇。有一次，刘瑾借口说一些正直的朝臣写匿名信骂他，就让他们在中午的太阳下集体罚跪，有些人就因为受不了折磨而当场毙命。不过"刘皇帝"的滔天权势也召来"八虎"中其他人的侧目，于是朝臣们抓住这个机会，趁皇帝慰劳一个叫张永的人时，买通张永，让张永趁机揭发刘瑾十七条罪状。皇帝当时有些醉意，就下令逮捕刘瑾，把他贬谪凤阳。第二天，武宗亲自带人抄家。除了搜出数目惊人的金银财宝之外，还在刘瑾家里搜出几百副甲胄，并且还发现刘瑾平日常用的扇子里竟然藏有两把锋利的匕首。武宗才大惊失色，下令将刘瑾凌迟处死。

明熹宗的"恋母情结"

明朝末年，明神宗死后，他的长子朱常洛继承了皇位，即明光宗。但明光宗运气实在太差，好不容易等到登基，却只坐了 29 天的皇帝便因"红丸案"而突然死去。明光宗死后，理所当然应由太子（他的长子朱由校）即位，但这时却出现了一个波折，就是所谓的"移宫案"。明光宗宠爱的一个"西李"选侍，在他死后，居然把持了太子，非要太子封自己为太后不可。她把朱由校关在乾清宫里，不肯让他和大臣们见面。最后，大臣杨涟等人联合司礼监秉笔太监王安，乘她不备，把小皇帝抢了出来，住进慈庆宫。但是，这时"西李"还占据着乾清宫，皇帝没法登基，于是大臣们连骗带吓，好不容易才让她挪开，让朱由校住进了乾清宫。经过"移宫案"之后，朱由校前往奉天门即皇帝位，也就是明熹宗，改年号为天启。

这时，皇帝朱由校已经是十六岁的少年了，但在"移宫案"中，他却没有一点主意，像个木偶一样的让人摆弄来摆弄去，如果不是那些大臣极力拥护，他最后能不能当上这个皇帝都很难说。

朱由校生于1605年，出生后不久他的生母王才人就去世了，他一直在奶妈客氏的抚养下长大，所以，对于这个奶妈也特别亲近。在他即位后不到十天，就封客氏为奉圣夫人。后来皇帝大婚，按规定作为奶妈的客氏应该离开皇宫。客氏走后，朱由校哭哭啼啼，整天吃不下饭，无奈，只好又把她召了回来。于是，客氏就仗着皇帝对她的宠爱，在宫中横行霸道起来。

其实，客氏只是个奶妈，本应和宫女们住在一起，可小皇帝却让她住在咸安宫，而且出入仪仗的规格比后妃还要高，侍从如云，有时甚至比皇后还气派，连侍从的衣服都华丽非常，插金戴银。客氏喜欢打扮，而且喜欢效仿江南妆，广袖低髻，看上去十分妖冶。因而，宫中嫔妃宫女竞相模仿。她每次梳洗，都要有几十个侍女在周围伺候，每人负责一项工作，谁也不敢有一点懈怠。她还经常选三五个美人的津液，作为脂泽，来湿润鬓发。这种津液被称为"群仙液"，此方据说传自岭南老人，可使人到老都不生白发。

作为一个奶妈却打扮得这么妖媚，因此，很多人都怀疑她和小皇帝的关系肯定也不太正常。虽说她比皇帝大好多岁，不过这样的事情在明代并不算什么稀奇，而是有先例的。当年，明宪宗的万贵妃，就是原来侍候他的宫女，比他要大十几岁。明宪宗却对她十分宠爱，她死后，明宪宗特别伤心，甚至要随她而去。可见，小皇帝爱上自己的奶妈，也不算什么稀罕的事。客氏以放浪淫纵在后宫闻名，她去诱惑年轻的天子就更显得合情合理。传说，客氏经常给皇帝做一种汤，名叫"龙卵"汤。这种汤具有很强的滋补功效，可以让皇帝阳气大增。从客氏后来的所作所为来看，应该不是为了让皇帝多宠幸几个妃子，很可能是为了自己"享用"。因此，她也像那个万贵妃一样，对熹宗的嫔妃们"醋意"十足。

小皇帝的脑子有点小毛病，总是爱忘事，就是他比较亲近的人，失踪了几天，他也不知不觉，不闻不问。客氏对他这一点看得特别透，所以，便毫无顾忌地对他的妃子下起了毒手。第一个遭殃的是皇帝的裕妃张氏，因她性情刚正耿直，对客氏不仅不巴结逢迎，甚至有点鄙夷不屑，因此，客氏怀恨在心。后来张妃怀了孕，客氏便向小皇帝暗进谗言，说张氏怀的孩子来路不明。小皇帝朱由校也不问青红皂白，便把张妃打入了冷宫。客氏又暗中派人断绝了她的饮食，此时张妃身体已极度虚弱，饥渴难耐之时，只能喝屋檐上流下来的雨水。最后，终于倒在了屋檐下，悲惨地死去。

冯贵人曾经劝阻皇帝不要在宫中设内操，这触犯了客氏与魏忠贤的利益，他们没有告知皇帝，就诬陷她诽谤圣躬，迫令她自尽。皇帝开始不知道，后来成妃李氏告诉他，他却不闻不问。而成妃因此又遭到了客氏的嫉恨，她便又假传一道圣旨，把成妃幽禁起来。幸好成妃已有裕妃的前车之鉴，早在壁间预藏食物，所以半个多月后还活着。一天，皇帝竟突然想起她来，去问客氏，才知道她被幽禁了。皇帝想想以前和成妃感情不错，还生过两个女儿，也不由地伤心起来，就向客氏求情，成妃才被放了出来，但客氏还不解恨，把她贬斥为宫人。像这样，在明熹宗在位期间，整个后宫嫔妃的生命，全都操纵在客氏的手里。

仅仅是嫔妃也就罢了，就是熹宗的皇后，客氏也不肯放过。熹宗皇后是张氏，她十五岁入宫，体态颀秀，知书达理，特别看不惯客氏那一副妖艳的样子。客氏喜欢广袖低髻的江南妆，皇后就命令自己宫中的女子一律窄袖高髻，以示对抗。有一次她还把客氏召入宫中，告诫她要好好做人。客氏感到害怕，也就更想借机报复。于是，她令手下散布谣言，说皇后本是一个盗犯的女儿，根本没有母仪天下的资格。同时，她还买通了几个大臣给皇帝上奏章弹劾皇后。所幸，熹宗虽然糊涂，却对皇后始终存有一份夫妇之情，这次竟然没有听从客氏的，反而下旨谴责了那些大臣，客氏才不敢再轻举妄动了。

然而客氏并不甘心，她还在寻找机会。这时，张皇后怀孕，客氏便买通了皇后宫中的宫女，趁皇后腰痛的时候给她捶腰，暗中下了重手，将胎孕伤损，过了一天，张皇后便小产了。对于其他妃子，客氏也用各种办法不让她们怀孕，或者暗地损伤腹中胎儿，甚至于害死皇子，所以，虽然熹宗妃嫔众多，最后却落个绝嗣的下场。

客氏不但和皇帝关系暧昧，还让太监为她醋海生波。当时宫中的规矩，太监不能在宫中起火做饭，宫女却可以。于是，太监就经常找一个宫女搭伙，久而久之，彼此之间产生感情，就像夫妻一样生活在一起了，叫做"对食"。"对食"原来属于非法，不过后来渐渐流行，就成为一种宫中的风气了。如果谁没有"对食"，还要受到大家的嘲笑。客氏的"对食"原来是个叫魏朝的太监。但后来客氏又喜欢上了另一个太监。魏朝大为吃醋，就和那个太监扭打起来，一直闹到了皇帝那里。皇帝得知，也不生气，对客氏说："客奶你心里看上谁，说出来朕替你做主。"于是，客氏毫不犹豫地向那个新欢一指，那个太监就成了她的"对食"。这个人，就是之后大名鼎鼎的"九千岁"魏忠贤。

明熹宗在位7年，终因嬉乐过度成病（一说曾落水，留下病根），于1627年服用"仙药"而死，终年23岁，谥熹宗，葬于德陵（今北京市十三陵，是明朝营建的最后一座皇陵。）明熹宗有三男二女，无一长成。最后遗诏立五弟信王朱由检为皇帝，就是后来的明思宗（崇祯皇帝）。

第八章　清朝时期

皇太极与海兰珠的生死爱恋

　　清太宗皇太极（公元 1592～1643 年），满族，姓爱新觉罗氏。清太祖努尔哈赤第八子，母亲是叶赫那拉氏。史称其仪表奇伟，聪睿绝伦。善骑射，喜读典籍，廓然有大度。1626 年在沈阳继后金汗位。次年改元天聪。他对内大力推行封建化的改革，加强中央集权；对外相继征服了蒙古和朝鲜，并多次带兵侵略明朝，将西部边界扩张至锦州、宁远一线。天聪十年（公元 1636 年），改后金为大清，四月改元崇德，正式称帝。他二十二岁结婚，并生有 11 子、14 女。崇德八年八月初九，皇太极在宫中暴卒。终年五十二岁。葬沈阳昭陵（沈阳北陵）。谥号文皇帝，庙号太宗。

　　皇太极戎马一生，东征西讨，南征北战，在天下人面前，他一直是个刚毅、理智、铁铮铮的帝王，大多数人也许认为他是马上天子，不会有什么缠绵的儿女柔情。实际却并非如此，他同样是个既爱江山，又爱美人的人。在他的后宫三千佳丽、如云美女中，皇太极"情有独钟"的只有宸妃娘娘海兰珠，在海兰珠面前，他柔情万分，爱得那么胆战心惊，就怕心爱的人会离开他。说到这一方面，还有一段有关他们之间动人的生死相恋佳话。

　　宸妃，名海兰珠，是蒙古科尔沁贝勒寨桑之女，姓博尔济吉特。她是孝端皇后的侄女，庄妃（孝庄文皇后）的姐姐，生于万历三十七年（公元 1609 年），比庄妃大 4 岁。天聪八年（公元 1634 年），其兄吴克善亲送海兰珠到盛京，与皇太极成婚，当时海兰珠已 26 岁，虽然已过妙龄，但备受皇太极的宠爱。皇太极的沈阳故宫中，有所谓"崇德五宫"后妃，这五宫为中官清宁宫，东宫关雎宫宸妃，西宫麟趾宫，次东宫衍庆宫，次西宫永福宫庄妃。崇德五宫后妃的地位远高于其他妃子，皇太极封宸妃海兰珠为"东宫大福晋"，仅次于皇后，位居四妃之首。自小追随、屡屡立功的庄妃仅居五宫之末。崇德元年，皇太极以古代名妃常用的封号，封海兰珠为"宸妃"。以《诗经》中像征爱情的诗句："关关雎鸠，在河之洲，窈窕淑女，君子好逑"，将宸妃居住的寝宫命名为"关雎宫"。在宫中的地位远远超过比她年轻五岁、早嫁九年的亲妹妹庄妃，仅次于姑母皇后哲哲。虽然海兰珠已经不是豆蔻年华，但是她冰肌雪骨，丽质天成，丝毫不亚于那些"二八佳丽"，尤其是她贤淑的品德，成熟女性的魅力，更让皇太极无法抗拒，年长海兰珠十六岁，已过不惑之年的皇太极与她情投意合，形影相随。在她的身上倾注了夫妻间的全部感情。

崇德二年（公元 1637 年），海兰珠生下一个儿子，这是皇太极的第八个儿子，深爱海兰珠的皇太极十分高兴，立刻册封这个幼儿为皇位继承人，并且大赦天下，举办全国规模的大庆典，同时颁发大赦令，释放了许多因犯。皇八子诞生之庆典，八方朝贺。蒙古各部落的首领均来供奉大量贺礼，朝鲜国王在元旦日上皇帝皇后贺表、敬献方物的同时，还上了皇太子贺表，并进献皇太子礼品，一时间，盛京（今沈阳）城内热闹无比。皇太极为表庆贺数次大宴宾客于崇政殿、清宁宫，着实盛况空前。此时的皇太极，开疆拓土，称雄于东北，加之娇妻产子，诸事顺遂，可谓春风得意，踌躇满志。宸妃更是看在眼里，美在心头，喜上眉梢。因为前 7 个皇子诞生时，并未举行什么大型庆典活动，也未大赦。之后，庄妃生第 9 子，麟趾宫贵妃又生下第 11 子，也未如此隆重地办理。由此可见，皇太极是将宸妃生的皇八子作为"储君"来对待

253

的。因爱宸妃而宠皇八子，也算是"爱屋及乌"吧。可这幼小的生命却经不起人间的喧闹，不到一年，就夭折了。作为一个母亲，海兰珠经不起这种打击，儿子的一颦一笑，时时在她眼前晃动，使她魂牵梦萦，终日郁郁寡欢，不久，便身染重病。皇太极想尽一切办法使她释怀，厚赐她的母亲，赐仪仗，但这依然无法医治海兰珠的丧子之痛，海兰珠的病一日重似一日。

　　崇德六年（公元1641年）九月，皇太极正在外面打仗，双方打的是难解难分。十二日，突然从宫中传来了海兰珠病危的消息，两军对垒的关键时刻，皇太极是三军统帅，断不能临阵走掉，但是，爱妃病重，皇太极又怎么有心情作战，无奈，他只好召来手下大臣，连夜布置任务，十三日一大早，皇太极就车驾起行，昼夜兼程赶回盛京。十七日抵达旧边界驻跸。当夜一更时分，盛京遣使来奏报宸妃病危，皇太极闻讯立即拔营，连夜赶奔，并遣大学士希福、刚林及冷僧机、索尼等急驰前往候问病势来报。尚未入城即传来宸妃殡天的噩耗。终是来晚一步，未能见到心爱之人的最后一面，皇太极听到后，犹如五雷轰顶，痛不欲生。皇太极直扑关雎宫，看着香消玉殒的海兰珠，皇太极再也按捺不住心中的那份凄苦，在爱妃的遗体前声泪俱下，悲痛欲绝。他为了宸妃之死日夜哭泣，六天六夜不吃不喝，几次哭晕过去。以致害了一场大病，自此后再没有重返松锦战场，从而也结束了他40余年的戎马生涯。

　　皇太极亲自主持举行宸妃的葬礼，在他的坚持下，丧殓仪式从厚举行。宸妃的殡所设在盛京城地载门外五里，皇太极频繁地率众王及后宫女眷至此祭祀，每次祭祀太宗都亲自在灵前奠酒，回到宫中，皇太极坚持不入宫，而在临时的御幄中居住，以表示对宸妃的哀悼和怀念。在频繁举行的祭祀中，皇太极长时间沉浸在痛失爱妃的悲痛之中，每次祭祀必"恸哭莫酒"，很长的时间里茶饭不思，甚至几次昏迷过去。朝中的大臣见此无不忧心如焚，清初的言臣祖可法、张存仁进劝说，皇上如此悲伤，于情可以理解，于理却未免太过了。皇上乃万乘之身，负有底定天下、抚育万民的责任，皇上一身关系重大。现在与明朝的交战正在进行，皇上不能过分沉湎于悲痛之中，应该以江山社稷为重，尽快从悲痛中解脱出来，这才是举朝上下想看到的。

宸妃葬于盛京城北十里的蒲河边上，皇太极每次巡猎途中都要到墓地祭祀。追封宸妃为"敏惠恭和元妃"，举行了隆重的追封礼。这是清代妃子谥号中字数最多的。宸妃之丧被视为国丧，皇太极特下诏，崇德七年（公元1642）元旦大典，由于宸妃丧而停止，举国停止筵宴。在宸妃丧期内作乐的官吏和宗室，都召来皇太极的暴怒，被一一革职禁锢。这已经成为事实上的国丧，连外藩蒙古、朝鲜等都遣专使来朝吊祭。皇太极亲自撰写的祭祀宸妃的祭文情真意切，催人泪下，真情绵绵。昭陵妃园寝建成后，宸妃改葬于园寝内。

此后，对宸妃的魂牵梦萦，使皇太极难以自拔。自宸妃死后，皇太极频繁举行祭典，并请僧道人等为宸妃布道诵经，超度亡魂。大祭、小祭、月祭、冬至节令祭、岁暮祭，年祭。无论怎样的祭奠都无法抹平心中的悲伤，反而加重了心伤。松锦大战捷报频奏，关外四座重镇尽归清朝，关外障碍既除，挥师入关逐鹿中原指日可待。然而，战争胜利的喜悦，也不能冲淡皇太极的悲伤。对宸妃的思念与难解的忧伤，严重损害了皇太极的健康，甚至连日常朝政也"难以躬亲办理"。在宸妃去世两年之后，皇太极也逝于清宁宫，灵魂追寻宸妃而去，享年52岁。

顺治情迷董鄂妃

清世祖名叫爱新觉罗·福临，是清太宗皇太极的第九个儿子，在他六岁的时候就已经登基做了皇帝，年号为顺治，也就是顺治帝。虽然顺治帝在位时间不长，却是清军入关后的第一个皇帝。

顺治当上了皇帝后，由于年龄小不懂得国家大事，朝政均被多尔衮掌控。科尔沁亲王吴克善是摄政王多尔衮的亲戚。顺治登基时，吴克善就将自己的女儿博尔济吉特氏送入宫中，并由多尔衮做主把他的女儿许配给顺治。对于多尔衮的专横独断，顺治内心非常不满，但多尔衮大权在握，实力强大，而自己年幼势单，羽翼未丰，根本无法与之抗衡，因此，他整天敢怒而不敢言，还整天担心多尔衮暗算自己，自小形成了暴躁、喜欢猜忌的性格。对多尔衮为他包办的婚姻也非常反感。

顺治七年（（公元 1650 年）十二月，多尔衮病死在塞北喀剌城。第二年，顺治帝亲政；同年八月，举行了大婚礼，册立博尔济吉特氏为皇后。可是顺治本人对这个皇后一点都没有兴趣。

由于顺治十分愤恨多尔衮的所作所为。亲政后不久他以恣意谋反篡位为借口，铲除了多尔衮的家族，并剥夺了他生前所有的封爵。大婚后两年来，顺治一直因多尔衮为他"包办"的婚姻而耿耿于怀。因多尔衮同皇后是亲戚关系，顺治又把怨恨迁到皇后身上，于是在亲政两年之后，就下诏废除皇后。

废后诏令下达的那一天，满朝文武都为之动容震惊。一方面他们从传统的封建伦理道德出发，认为"皇后母仪天下，关系甚重"，有些史称贤主的君王，如汉光武、宋仁宗等，都因废后受过史家的指摘；另一方面，他们又担心清入关时间不长，统治地位还不巩固，废后之举不应是开国主君所为，深怕因此而在朝野引起动荡不安，所以纷纷上疏反对。但"君为臣纲"，皇帝要办的事情，岂能让大臣阻挡？何况顺治正值春秋鼎盛，血气方刚之时，大臣们的反对，反而促使他下定了废后的决心。顺治十年八月，他下令将皇后降为静妃，改住侧宫。

为了弥补这两年来的遗憾，顺治把选择皇后的范围，从宫中已有的妃嫔，扩大到全国满蒙八旗人家。这年十月，他下令"选立皇后，作范中宫，敬稽典礼。应于内满洲官民女子，在外蒙古贝勒以下、大臣以上女子中，敬慎选择。"此次选秀女，只限于满蒙官民，由于居住分散，且多在边陲之地，从上谕颁布，到各家打点行装，把女儿送到京城，还是要相当一段时间。因此，这项活动前后进行了半年多，一直到第二年五月，才择定了科尔沁蒙古镇国公绰尔济的女儿，也就是废后静妃的侄女博尔济吉特氏为皇后，并在同年六月举行了大婚礼。

皇宫中有一个才女叫董鄂氏，这个姓氏隶属满洲正白旗，她的父亲鄂硕任内大臣，母亲却是江南的一位才女。所以，她既有满洲人的豪放、开朗、洒脱，又有汉家才女的温柔和多情善感，她外柔内刚，含而不露，有心胸、有见识，同时姿容也是举世无双。董鄂妃14岁被选入宫，许给顺治同父异母弟襄亲王博穆博果尔。在清朝初有命妇轮番入侍后妃的制度，董鄂氏经常到后宫拜见皇太后。她天生丽质，又很朴素，一眼看去宛若仙子，这引起了顺治的注意，董鄂妃对皇帝也是一见钟情，两人相识并坠入爱河。孝庄皇太后察觉此事后立即采取措施，以"严上下之体，杜绝嫌疑"宣布停止命妇入侍的旧例。但这一切并不能阻止顺治对董鄂氏的迷恋。为了获得更多接近董鄂氏的机会，顺治十二年，福临封博穆博果尔为和硕襄亲王，以示优宠。后来博穆博果尔知道了其中的内情，愤怒地训斥董鄂氏。福临知道这件事情后打了弟弟一耳光，博穆博果尔羞愤自杀。董鄂氏守孝还不到一年，便被顺治皇帝接进宫里封为王妃，一个月后，晋为贵妃，地位仅次于皇后。可见，顺治皇帝对董鄂氏是十分钟爱的。

　　此后，顺治对董鄂氏的感情到了难舍难分的地步。他认为董鄂氏有德有才，正是理想的皇后人选，准备二次废后。顺治的皇后是科尔沁蒙古博尔济吉特氏亲王的女儿，科尔沁蒙古自满清入关以前就始终支持皇太极平定满洲，夺取天下的战争，是蒙古四十九旗中最强大且举足轻重的一支。如果顺治再度废后，改立董鄂氏，势必影响满蒙关系，动摇大清帝国的立国根基。所有这些，顺治不是不知道，可是当一个人感情达到狂热的时候，就容易不顾后果地做事情。董鄂氏没有显赫的家庭背景，她的母亲还是一个汉族女子。顺治册封董鄂氏为皇贵妃已经引起很多人因其违背"满汉不通婚"的祖制而不满。孝庄太后毫不犹豫地对儿子的举动进行了阻止。结果，因为这事，母子间出现隔阂，顺治皇帝甚至公然下令抠去太庙匾额上的蒙古文字。但那位生活在感情荒漠中的蒙古皇后，对于安排自己命运的同族婆婆并无丝毫感激，相反地，她把不幸和怨恨，统统归集到太后身上，连太后病倒在床也不去问候一声。

这种微妙紧张的母子、婆媳关系在清室皇宫维持了五六年之久，也严重威胁到了清朝的统治。

此外，董鄂妃入宫不久就生了第四个皇子荣亲王，但是没想到没过多长时间爱子病逝，董鄂妃十分悲痛，身体每况愈下。顺治十七年，董鄂妃病治不愈去世。顺治非常悲伤，为此五天没有上朝。不久，顺治下旨礼部，称"奉圣母皇太后懿旨，皇贵妃佐理宫中事务多年，以其贤淑之德行教化宫闱，成绩斐然。如今突然去世，我内心深为痛悼。现追封贵妃为皇后，以示褒奖推崇。朕仰承太后懿旨，特此追封，并加以下谥号：孝献庄和至德宣仁温惠端敬皇后。"顺治为她亲撰行状，说她对皇太后"奉养甚至，左右趋走，皇太后安之"；"事朕，候兴居，视饮食服御，曲体，罔不悉"；"至节俭，不用金玉，诵四书及易，已卒业；习书未久，即精"等等。并命学士王熙、胡北龙编纂《董鄂皇后语录》，大学士金之俊撰《董鄂皇后传》。

光这些还不够，多情的顺治皇帝还是无法接受董鄂氏去世的事实，还为此终日抑郁，数月之后，就削发为僧，皈依佛门了。满洲宗室虽然百般劝解，但始终未能使顺治回心转意。于是清皇宫在顺治十八年谎称皇上驾崩，同时颁布皇帝的"罪己诏"，作为遗诏。

在董鄂氏与清顺治帝的缠绵凄婉的爱情故事里，顺治为了董鄂氏剃度出家，这就是清代有名的"顺治帝五台山出家"的传说。为此还引出了康熙去五台山寻父的故事：康熙见一和尚打扫庭院，问他叫什么法名，他说："八乂"。康熙打听询问了半天也没有找到他的父亲顺治。当他走出寺院，突然意识到"八乂"是个"父"字，于是又翻回来找那位和尚，可是和尚已经没了踪影。

这些只是传说而已，但是事实是否如此也不好下定论。但是可以得知的是，顺治一向好佛，宫中奉有木陈、玉琳两位禅师，矜章有"尘隐道人"、"懒翁"、"痴道人"等称号。他对木陈曾说过这样的话："愿老和尚勿以天子视朕，当如门弟子相待。"看来，他早有削发为僧的念头。在去世前几天，他还叫最宠信的内监去闵忠寺削发做和尚。据说，康熙曾四次去五台山，前三次都是为看他父亲去的，每次，必屏众人独上高峰叩谒。第四次去时，顺治已死，康熙帝触景伤情，作诗哀悼："又到清凉境，岩卷旋复垂。芳心愧自省，瘦骨久鸣悲。膏雨随芳节，寒霜惜土时。文殊色相在，惟愿鬼神知。"诗文十分哀惋。此外还有这样的传说，在康熙年间，两宫西狩，经过晋北，地方上无法准备供御器具，却在五台山上找到了内廷器物，于是，顺治出家便有了更充分的证据。

但是，随着史学研究的深入和发展，又有许多学者认为，顺治没有出家，而是在董鄂氏死后不久，抑郁而终了。持此论的学者孟森对吴伟业的《清凉山赞佛诗》进行考证后认为，吴伟业虽暗寓董、顺之情事，但所写之情形乃顺治帝未出家之前的佛事准备，结果还未成行则驾崩了。而据现前之清史，如《清实录》、《东华录》等记载来看，顺治于董鄂氏之后死于天花，王熙当时任顾命大臣一职，参与了草拟顺治遗诏一事，张震为中书舍人，受命为董鄂氏撰写祭文，顺治死时，他守制宫内，对整个情况最为了解，称当时朝廷传谕民间不要炒豆、燃灯、泼水，人们才知顺治出痘，并说顺治是由僧人茆溪森主持，在寿皇殿前焚尸火化。

那么由此看来，顺治英年早逝是因为出天花而死，对当时的人们而言，是极为常见之事，所以顺治因此而驾崩，也能说得过去；而至陵冢中无遗骸，则是因按满族旧俗火化亦可理解。但民间传闻顺治出家五台山，也不是毫无道理。这是因为：一，顺治确实是位虔诚的佛教徒，宫中有专授其法的木陈态、玉琳秀二位禅师，并且顺治也为自己取法号为"尘隐道人"、"懒翁"、"行痴"等，在谕旨中要求禅师"愿老和尚勿以天子视朕，当如门弟子旅庵（木陈态弟子）相传"。而据木陈态《北游集》记载，顺治早就有出家之念，玉琳秀的《续指月录》也说，玉琳秀第二次到北京，听说其徒弟茆溪森为顺治剃发，大怒，命众徒弟聚薪烧茆溪森。可见，顺治的确有出家的想法。当然，在正史中找不到可以直指事实的证据，也是其难以令人信服的原因，但清史中历来就没有有损皇室荣誉的事情的记载，也是不争的事实。

因此，顺治是遁入空门，还是因抑郁驾崩，抑或是因为得天花而死，至今也不得而知。到现在还是一个未解开的疑案。

乾隆的花月艳事

乾隆皇帝的名字叫弘历，从小聪明出众，好读书，很受父母喜爱。二十五岁登基承继清国大统，在位共六十年，又当了四年太上皇。他在朝执政可谓风光无限，史有"乾隆盛世"美誉。

乾隆帝不但在治国执政上纵横捭阖，潇洒至极，在风月场上更是春风得意，有"风流天子"的称号。有关乾隆的花月艳事后来流传甚多。

乾隆的嫡妻是孝贤纯皇后富察氏。孝贤皇后是察哈尔总管李荣保的女儿，早在雍正五年就册为当时还是宝亲王的弘历的嫡福晋，乾隆登基的第二年册封皇后。李荣保的子女中不仅出了一位皇后，儿子中也多居官显赫者，其中最有名的是第十子傅恒，也就是富察氏的弟弟。乾隆帝风流一生，却唯独对这位富察氏皇后感情至笃，但皇后的命运不佳，生了两位皇子都夭折了，她本人忧伤过度，在乾隆十三年随驾南巡时也病死在德州路上。

皇后之死，对乾隆帝的打击很大。因为孝贤纯皇后死在出济南后往德州的路上，所以乾隆后来一到济南就勾起伤情，发誓从此不去济南城了。直到他第四次南巡时，距皇后之死已十七年，但他仍绕济南城而行。

孝贤皇后之死对乾隆帝的刺激之大，以至于对他施政也产生了一些副作用。他打骂皇子，责罚近臣，连全国百姓中有人在百日丧期中剃头，也要被处斩，可谓到了神经错乱的程度。乾隆的这些举动隐藏着复杂的心理因素，其中一半是怀念，一半是愧疚。

有关皇后之死，一些野史上还有一些风流记载，称乾隆下令将畅春

260

园、长春馆与圆明园并连一处，工程告竣后，少不得召公卿命妇们到园中庆贺一番。乾隆忽见妇人群中有一绝色女人，足令六宫粉黛皆失颜色，但碍着众人之面不便打听。后见这位女人与皇后叙话，才知是大学士傅恒之妻，也就是皇后的弟媳妇。庆典散席后，乾隆帝被这女人勾去了魂，饮食不思，寝不安席，终日闷闷。不久，恰逢皇后生日，乾隆趁机建议皇后请来弟媳妇。酒席正酣时，皇后发现皇帝与自己的弟媳妇不见了，于是派人去找，很快得知二人已暗结欢情。这一下，皇后就像吃了苍蝇，心里升起一片抹不掉的阴翳，任凭乾隆如何赔罪也无济于事。皇后愁病在心，再加上二子夭折，便过早地离开人世了。

正因为乾隆帝这次风流，才有后来的福康安是其私生子一说。福康安（公元 1754 年—1796 年），姓富察氏，满清镶黄旗人。乾隆时任侍卫，授户部尚书、军机大臣，后担任封疆大吏。他的武艺十分高强，多次镇压了民众起义，为清王朝立下累累战功。后来被封为贝子，官至武英殿大学士。因为他极受乾隆的宠信，民间传闻他是乾隆的私生子。

在乾隆朝，孝贤皇后的娘家富察氏一族确实是当时最为显赫的官宦人家之一。不少人认为这是因乾隆对孝贤皇后去世极为哀伤，进而爱屋及乌移情外戚之故。至于乾隆与傅恒夫人之间有无情爱关系，傅恒的儿子福康安是否为乾隆的私生子，却成为历史的一大秘密。

乾隆和傅恒夫妇的关系确实有许多让人不解之处。福康安的父亲傅恒，是乾隆孝贤皇后的兄弟。傅恒深得乾隆的宠幸，位极人臣，官至大学士，参与机密，一共做了二十三年的太平宰相。乾隆三十四年（即公元 1769 年），傅恒率军攻缅，染瘴疾而还，不久病死。乾隆亲自到傅恒府上悼念，称其为"社稷功臣"，在悼亡诗中意味深长地表示："平生忠勇家声继，汝子吾儿定教培。"

傅恒共有四子。长子福灵安，封金罗额驸，曾随伊犁将军兆惠出征回疆有功，升为正白旗满洲副都统。次子福隆安，封和硕额驸，做过兵部尚书和工部尚书，封公爵。第三子便是福康安。傅恒第四子福长安任户部尚书，后来封到侯爵。福康安两个哥哥都做了驸马，而他最得乾隆恩遇，反而没有娶上公主，令人感到奇怪。这时他身任兵部尚书，总管内务府大臣，加太子太保衔，傅恒家满门富贵极品，举朝莫及。傅恒多次请求让福康安也娶公主成为额驸，乾隆只是微笑不许。这不由得让人心生疑团。福康安既然自幼就被乾隆喜爱，为什么乾隆偏偏不将公主下嫁给他，使之成为地位显赫的额驸？是不是因福康安本系龙种，与皇室有着血缘关系的缘故呢？

其实，乾隆自己就承认和福康安的感情有如父子家人，因而恩宠格外隆重。福康安生于乾隆十八年（1754 年），自幼乾隆即将他带到内廷，亲自教养，待他如同亲生儿子一般。福康安长大成人以后，乾隆更对其委以重任，生前封贝子，死后赠郡王，成为一代宠臣之最。福康安十九岁时，即以头等侍卫统兵随定西大将军温福征剿大金川，此后担任过吉林将军、盛京将军、成都将军、四川总督、陕甘总督、云贵总督、闽浙总督、两广总督、武英殿大学士等要职。参加过平定大小金川、镇压台湾林爽文起义、击退廓尔喀入侵等重大战役。据说，福康安作战勇敢，足智多谋，但生活豪奢，其统率的大兵所过之处，地方官都要供给巨额财物，"笙歌一片，通宵彻旦"，甚至在战场上也是如此：前线血肉横飞，而福康安的帅营，仍歌舞吹弹，余音袅袅不绝。乾隆对此丝毫不加责备。

在清朝，除清初如吴三桂等为平定各地反抗势力立下赫赫战功的军队将领以及蒙古等少数民族领袖外，异姓封王者只有福康安一人。福康安去世的时候，乾隆悲泪长流，赐谥文襄，追赠嘉勇郡王，配享太庙。所以不少人都惊叹乾隆对福康安的特殊恩宠，进而怀疑二者之间是否有异乎寻常的特殊关系，如有人推测说：福康安是乾隆的私生子，乾隆早就想封之为王，使他像诸皇子一样享受荣华富贵。只是碍于祖制，不能如愿。于是让福康安率军作战、建立军功，来做为封王的基础。所以福康安每次出征，乾隆都精心为其挑选将领，选派劲旅，使其必胜。而其他将领，也迎合乾隆旨意，有意不取胜争功，把功劳都让给福康安。乾隆先封他为贝子，可是福康安终究等不到封王就死了，于是乾隆追封他为郡王。还有人做诗讽刺说;"家人燕儿重椒房（后宫），龙种无端降下方;单阐（后族）几曾封贝子，千秋疑案福文襄。"

乾隆的第二位皇后为乌喇那拉氏。关于那拉氏，资料记载是这样的:高宗第二后为拉那氏，后废为尼，居杭州某寺，废时无明诏。后卒，满人御史某，疏请仍以后礼葬，不许，诏日:无发之人，岂可母仪天下哉?嘉庆五年，始改从后礼，唯仪节稍贬损。

这则记载大体是真实一面。富察氏皇后死后，乾隆曾无意再立皇后，将贵妃乌喇那拉氏进封为皇贵妃，总摄六宫事务。两年之后乾隆感到皇后之位虚空总是缺憾，便册封乌喇那拉氏为皇后，此后的十五年间后宫平静，皇帝虽然少不得拈花惹草，皇后只当不闻不见。乾隆三十年，皇后随夫皇做第四次南巡，一路上穷奢极欲，热闹异常。龙舟行到杭州，此处不仅富甲天下，素有"苏杭富，天下足"之称，而且船房（妓院）鳞次，名妓如云。乾隆帝是天生的登徒子，自然禁不住诱惑，弄出些风流勾当。皇后很是不悦，略加劝阻，竟惹得龙颜大怒。皇后生性刚烈，忍无可忍，便将一头乌发尽行剪下，发誓出家为尼。这一来，使此次南巡大煞风景，乾隆盛怒之下，让人将皇后先押送回京治罪，但后来有人说那拉氏皇后在杭州某寺为尼。

自此以后，帝后之间不相往来，第二年皇后去世，乾隆竟独自去木兰打猎游玩，而且下令按皇贵妃丧礼下葬。十二年之后，乾隆东巡，大臣金从善上疏，建议皇帝考虑再立皇后，不料，这个拍马屁的举动勾起乾隆旧恨，怒斥道:"那拉氏本朕青宫时皇考所赐侧室福晋，孝贤皇后崩后，循序进皇贵妃。过三年，立为后。其后自获过愆，朕优容如故。国俗忌剪发，而竟悍然不顾，朕犹包含不行废斥。后以病薨，只令减其仪文，并未削其位号。朕处此仁至义尽，况自是不复继立皇后。从善又请立后，朕春秋六十有八，岂有复册中宫之理?"说完，下令诸王大臣议罪，竟然将金从善砍了脑袋。

清朝官书上记载，乾隆共有三位皇后，那第三位皇后就是嘉庆皇帝的生母魏佳氏。她死于乾隆四十年正月，当时身份是皇贵妃。嘉庆即位

263

后，追封皇后，乾隆生前只有二后。

说到乾隆的婚情秘事，外间传闻最多的就是那位遍体散发异香的香妃。《清朝野史大观》中对此说得煞有其事，大意是乾隆派兵消灭霍集占的队伍，并将霍氏夫妇押至北京下狱。乾隆听说霍妻美丽绝伦，便在深夜"提审"，刑部官员们因朝廷向无"夜审"之例，经反复查明确是皇帝手谕，才将霍妻押到皇帝寝宫。第二日早朝，刑部官员将此事面禀皇帝，乾隆起初十分尴尬，继而呵呵大笑道："霍集占累抗王师，致劳我兵力，实属罪大恶极。我已将其妇糟蹋了。"此后，乾隆迷恋其姿色，封为妃子，并为其盖楼置景，大事铺张。

据史料，在乾隆的四十多位后妃中，确实有一名回族女子，就是死后葬在清东陵的容妃。但是，这位容妃与霍集占并无关系。

香妃是新疆人，她是新疆显赫的大家族和卓氏家族的后裔。和卓氏家族是世居于叶尔羌的回族始祖派噶木巴尔的后代。他们在富饶的叫尔羌繁衍生息，游牧打猎，过着自由自在的生活，他们的家族称为和卓。和卓家族和新疆别的大家族一样，家族中只有男性才有名字，而女子，没有名字，只称其为族氏。所以，香妃，也可称之为和卓氏。

香妃的父亲是和卓氏阿里，其五叔额色尹和其哥哥图尔都在平定大、小和卓木叛乱时立有战功，受到了清廷的嘉奖。乾隆二十四年（公元 1759 年），香妃的五叔额色尹和哥哥图尔都等被召入北京，第二年被正式安置在北京长期居住。额色尹被封为辅国公，图尔都被授给扎萨克一等台吉，后进封为辅国公。乾隆皇帝很热情、隆重地接待了这批从新疆来的贵宾，让他们带着家眷，永久在北京安家定居。

乾隆二十五年正月十五日，乾隆皇帝在同乐园正大光明殿，举行了一次盛大的皇家宴会，特地宴请额色尹、图尔都等平叛有功人员和他们的家属。二月初四日，图尔都的妹妹也奉旨召入皇宫。这一年，她二十七岁。乾隆皇帝亲自接见这位盛传满身异香的美丽的回族女人，当即册封她为贵人，宫中称之为和贵人。乾隆皇帝很喜欢这位异域的美人，赐给她金螺丝凤冠、珊瑚朝珠等大量珍贵物品。这位和贵人，就是名扬天下的香妃。

乾隆皇帝看香妃如此清香美丽，夸奖她是仙池福星。香妃的确很有福分。她入宫仅仅两个月，宫中从南方移植来的荔枝树，就结满了惹人喜爱的又圆又大的荔枝，而且，她所居住的宫室之中的荔枝树所结的荔枝最大最多，竟多达二百多颗。有了异域美人，乾隆皇帝很高兴。宫中的荔枝果实累累，宫廷上下都兴高采烈，宫人们以欢快的心情替皇上祝福，她们也很愉快地接受了这位从遥远的异域来到北京的回族美人。三年后的乾隆二十七年五月十六日，皇太后降下懿旨，封和贵人为容嫔，这一年，她二十九岁，她的哥哥图尔都也进封为辅国公。

乾隆三十年春天，乾隆皇帝第四次南巡。皇帝带着皇太后、皇后、令贵妃、庆贵妃、容嫔、永常在、宁常在以及图尔都等一行一千余人，在侍卫亲军的护从下，一路南行，游山玩水。他们游历了苏州、杭州、江宁、扬州等地，饱赏了江南风景和天下美食。乾隆皇帝一路上十分惦记着回族美人容嫔，派专人侍候她的饮食起居，前后赏赐了八十多种合乎她口味的美味佳肴，包括苏州糕、羊肚片、羊他他士、酒炖羊肉、奶酥油野鸭子等。

乾隆皇帝东巡时，特地令容嫔随行，他们一同游历了泰山、曲阜，拜谒了东北盛京祖陵。无论走到哪里，乾隆皇帝都关心和照料着容嫔的饮食起居。如乾隆四十六年八月二十日、二十四日，两次赐赏的御膳之中，乾隆皇帝赐赏给别的妃子的只是野猪肉，而赏赐给容妃的是鹿肉、狍子肉等。

乾隆皇帝很迷恋这位新疆的回族美人。她不仅姿色美丽，身有异香，而且歌舞、习剑、骑射，样样都会；不仅如此，其模样之俊俏、身姿之娇美、服装之奇特、气味之清香，都给风流的乾隆皇帝留下了刻骨铭心的印象。乾隆皇帝被这从没经历过的异域风情所迷惑，为之神魂颠倒。乾隆三十三年六月，皇太后再下懿旨，晋封容嫔为容妃。宫中赏给处还奉乾隆皇帝的御旨，从速为容妃办理满洲朝服、吉服、项圈、耳坠等。十月初六日，乾隆皇帝命大学士尹继善、内阁学士迈位逊为正、副使，正式册封香妃为容妃。册文称："尔容嫔霍卓氏，端谨持躬，柔嘉表则。秉小心而有格久，勤服事于慈闱，供内职以无违……兹奉皇太后慈谕，封尔为容妃。"这一年，容妃三十五岁。

容妃喜欢吃荔枝、哈蜜瓜、绿葡萄干、白葡萄籽等回族的瓜果小吃。乾隆皇帝吩咐要每天供应，还要选最好、最新鲜的果品。容妃吃不惯满族的饮食，乾隆皇帝特地请来了回人厨师，为容妃做最精美、最可口的回民美食。

容妃有时自己动手烹饪，请皇帝前来品尝。有的时候，容妃让自己的回族厨师，做几样富于浓厚民族特色的精美的美味佳肴，送给皇帝。如乾隆四十六年正月五日，斋宫晚膳的时候，容妃让自己的厨师烧了两道回族美食：谷伦杞和滴非雅则。

乾隆皇帝品尝之后，大为赞赏。其实，这两味美食也不是什么稀罕物，谷伦杞就是手抓饭，滴非雅则就是洋葱炒菜，只不过他们炒的饭和菜与众不同罢了。

容妃四十岁生日时，乾隆皇帝特地赐赏白玉如意、青玉寿星、无量寿佛、玛瑙灵芝杯、银晶象耳双环瓶等奇珍。

容妃五十岁生日时，乾隆皇帝宠遇不衰，特地为她祝寿，赏赐精美如意一盒，珍贵古玩九件，上好锦缎九匹，银元宝九个，喻其九九长寿之意。不仅如此，乾隆皇帝还特别指示，让思念家乡的容妃，身穿回族衣服，并特地建造回子营和回族礼拜寺让回人居住、礼拜和生活，以慰藉容妃的思乡之情。

第二任皇后去世以后，乾隆皇帝不再册立皇后。乾隆四十年，皇贵妃被赐死。这样，乾隆皇帝身前最受宠爱的人，就是回族美人容妃了。乾隆四十六年正月十五日，乾隆皇帝在圆明园奉三无私殿举行皇室家宴，容妃就坐在西边头桌的首位；到这一年十二月乾清官皇家大宴时，容妃又升格至东桌的第二位。这一年，容妃四十八岁，她的荣宠、地位和身份，宫中无人能比。

清乾隆五十年以后，容妃身体欠佳，从此很少在公开场合露面了。

清乾隆五十三年四月十四日，乾隆皇帝赏赐容妃十个橘子。这是容妃生前所获得的最后一次赏赐。十九日，容妃因病去世，终年五十五岁。

临终之前，容妃把乾隆皇帝赏赐给她的和她自己的全部衣服、用品、珍贵首饰等，统统分赐给其他妃嫔、宫女和娘家的亲眷婶嫂姐妹。

容妃的去世，乾隆皇帝非常悲痛，特地下旨隆重地治丧：皇帝辍朝三日；皇子以上、宗室人等，三日内服素服，不祭神；亲王以下、奉恩将军以上，民公侯伯以下、二品官和子以上，公主、福晋以下至于县君、奉恩将军妻、一品夫人等，齐集公所举哀；容妃以金棺下葬，其金棺奉移殡宫，行祭礼，用金银锭七万、楮钱七万、画缎一千端、楮帛九千匹。

咸丰帝的风流韵事

咸丰帝奕詝，爱新觉罗氏，（公元 1831～1861 年），是清朝的第九个皇帝，是满清第一昏君。

清朝的皇帝大多有所作为，但咸丰皇帝简直就是一个纵情声色的花花公子。咸丰皇帝掌权时期，中国是一个内忧外患纷至沓来的时期，第二次鸦片战争使大清皇朝丢尽了颜面，咸丰出奔热河，被迫签订了丧权辱国的《北京条约》，巨额赔款，使得国库空虚，入不敷出；太平天国农民起义从南方发生后，势不可挡，横扫大半个中国，一向以天朝上邦自居的中国，逐渐沦落为各国列强所共同角逐的半殖民地。咸丰生性柔弱，性好哭，内乱外患，使他常常半夜落泪，每天只能以醇酒美女为伴，观戏、环游、狩猎，纵情享乐，想忘掉国耻。他向全国下诏大选秀女，为此把大清国闹得怨声载道，民怨沸扬。由于荒淫无度，身体日益虚弱，公元 1861 年死的时候只有三十一岁，把江山留给了自己年仅六岁的儿子。他这个短命皇帝还为大清王朝造就了一位把持朝政半个多世纪的专横淫威、祸国殃民的女君主——慈禧太后。

咸丰的好色在清代帝王中是出了名的，虽然正史中没有记载，但野史中的记录还是不少。《清朝野史》中曾经谈到圆明园总管大臣文丰迎合咸丰旨意，为他搜求美女的故事。野史说：咸丰因为东南太平军起事，心中比较忧愁，心中渐渐怀念战国时信陵君的醇酒美人，也想模仿这样做。他居住在圆明园内，命令太监四出寻觅漂亮的汉族女子，充实到后宫中来，以满足他喜欢女人的欲望。其中有四个女人，特别漂亮，很受咸丰的宠爱。咸丰特地为四个女人设立了四个院子来安置她们，院内亭馆十分高大宏敞，隔墙可以互相看到，院与院之间有复道相连。这四个人就是民间传说的的杏花春、武林春、牡丹春和海棠春。杏花春十分妖艳，是扬州方姓人家的女儿，年幼时曾被卖给妓院，文丰的心腹下人物色到这位美女后，用二千大洋替她赎身，将她带到京城。海棠春是从金阊购来的，咸丰看到后十分满意她的姿色，亲自写了诗奖赏文丰的办事才能，至于奖给文丰的钱财就不计其数了。没有过多少时间，心腹下人又献上了牡丹春。这个女子是苏州人，很善于取媚于咸丰，而且能歌善舞。咸丰经常带了那拉妃一起听她唱歌，那拉妃也觉得她唱得很好，给她很多奖励。但是后来咸丰对她特别宠爱，那拉妃就起了嫉妒之心，另外派遣心腹至南方选美女，挑到了一位特别漂亮的，想来离间牡丹春与咸丰的关系，这个被挑来的女子就是武陵春。咸丰后期，四春争妍斗奇，其中文丰进呈的有三春，所以咸丰皇帝在位时，文丰特别得宠，与内府的太监们并没有什么差别。

咸丰特别耽恋醇酒、美女，姬妾甚多，他还常去宫外偷香窃玉。有一寡妇曹氏，容貌十分姣好，脚特别小，仅有三寸。她穿的鞋，衬以香屑，鞋头缀着珍珠。此女被咸丰帝看中，选到宫中，备受宠爱，一时人们都称她为"皇宫曹寡妇"。

直到朝政腐败至极，大厦将倾时，咸丰帝仍沉溺于酒色不能自拔。当时，有一个雏伶，名叫朱莲芬。其人俊美异常，善长于唱昆曲，歌喉珠圆玉润，娇脆无比；又会做诗，工书法，咸丰帝非常嬖爱，时时传到宫中相伴。当时，陆御史也与朱莲芬有往来，但因皇帝插足，他们便不能随时相见。陆御史满肚子恼恨，直接向咸丰帝提出了这件事，引经据典，洋洋数千言，说皇帝是天下之尊，同一个伶人打交道，实在不成体统。咸丰帝看了他的进谏书，便哈哈大笑起来，说："陆都老爷吃醋了！"并随手提起朱笔，在谏书上批道："如狗啃骨头，被人夺去，岂不恨哉！钦此。"咸丰还表示，虽然臣下同皇帝争风吃醋太不应当，但他一向以恩宽为怀，并不打算加罪于他。

咸丰帝常去圆明园泛舟，每当此时，沿岸必须排列宫女，从划桨开始，排头宫女就高呼："安乐渡！"依顺序往下传接。两岸呼声交织上空，呼喊声缭绕不绝，一直喊到咸丰帝的彩船到达彼岸，呼声才慢慢停下来。他那个还在怀抱中的儿子久而久之也学会了这种呼叫，一见到他，就学宫女的声音叫："安乐渡！"

咸丰帝有三位皇后。第一个皇后是萨克达氏，太常寺少卿富泰的女儿，道光时册为嫡福晋。可惜她在道光帝死前一个多月就去世了，只差几十天没能赶上丈夫登基大典。咸丰即位后，追封她为孝德皇后，直到同治时才移葬定陵。此后的两位皇后，就是中国近代史上有名的两位女人，一个是东宫慈安皇后，一个是西宫慈禧皇后，时称"圣母皇太后"和"母后皇太后"。

东宫皇后姓钮祜禄氏，是广西右江道穆杨阿的女儿。她入嫁时咸丰帝还未登基，咸丰即位的第二年，因嫡福晋去世，便将她从贞嫔、贞贵妃累封至皇后，总揽后宫事务。她生性懦弱，凡事没有主见，咸丰在世时倒也不用她操心理事，然而其夫皇一死，她的厄运也随之而来，这个克星就是慈禧皇后。

慈禧皇后姓叶赫那拉氏，安徽宁池广太道惠徵的女儿。那拉妃幼年随父在南方任官，熟悉南方人的生活习性，又善唱南方小调。由于她天生艳丽聪明，在咸丰初年挑选秀女时得以被选入宫，得幸后被册为懿贵人。她为人机警，善解人意，入宫之后，想尽千方百计招徕皇恩，渐渐引起咸丰帝的注意，继而进封懿嫔。咸丰六年三月，她生下一子（即同治帝），由于东宫未能生养，所以母以子贵，再封为懿妃、懿贵妃。因其参政欲望极强，且手段多端，咸丰帝晚年对她开始有防范之心，所以到死留有一手，相传他传慈安密诏，有权随时惩治这位懿贵妃。

咸丰帝生活日益放荡，在各处寝宫都置备春药，以备他淫戏时随时取用。坊间有关记载极多，其中有一则说：

"丁文诚官翰林，一日召见于圆明园。公至时过早，内侍引至一小屋中，令其坐，俟叫起。文诚坐久，偶起立，忽见小几上有蒲桃一碟，计十余颗，紫翠如新摘。时方五月，不得有此，异之，戏取食其一，味亦绝鲜美。俄顷，觉腹热如火，下体忽暴长至尺许，时正着纱衣，挺然翘举，不复可掩，大惧欲死。急俯身以手按腹，倒地呼痛，内侍闻之，至询所苦，诡对以暴犯急痧，腹痛不可忍。内侍以痧药与之，须臾痛益厉，内侍无如何，乃饬人从园旁小门扶之出，而以急病入奏。公出时，犹不敢直立也。"

从咸丰帝平时私生活极不检点来看，此事不一定是胡编。

咸丰从小就体质虚弱，经常咯血，当上皇帝后，每天下令杀鹿一头，取血一碗喝下，作为治疗的一种方法，有时还真起到点作用。1861年英法联军攻到北京城下时，咸丰仓皇逃出圆明园。由于逃的时候手慌脚乱，惊魂未定，到密云时吃饭没有粮食，住宿没有被子，狼狈不堪，咸丰帝想想就来气，一到热河就因伤风感冒引发痰喘，呕血不止，一口接着一口。之后，英法联军烧毁了圆明园，咸丰平时最喜欢住在那里，听到消息后，悲痛不已。紧接着英法联军和沙俄强迫中国签订了《北京条约》，咸丰更是悲观无奈，身体一天比一天虚弱，吐血一天比一天厉害。第二年春天，气管炎已转入肺部，病情加重。咸丰曾将自己的病情宣示给大臣说："咳嗽不止，红痰屡见，非静摄断难奏效。"但这时的咸丰仍不忘享乐，每天仍以看戏为乐。到了夏天，他旧病复发，又患腹泻。六月九日是他的生日，接受百官朝贺，赐群臣宴，但宴会还未结束，咸丰已支持不住了，命太监扶掖回宫。但咸丰仍是每天看戏，一直到临死的前一天，仍在如意洲的一片云小戏楼观戏，并安排了第二天的剧目。十六日夜半时分，咸丰病情突然加重，十七日晨撒手西归。同治帝继位后述说了咸丰致死的原因："上年夏间偶患痰嗽，旋即治疗后痊愈了。秋天到滦阳巡幸，圣体还是像往常一样康健，但因为各省暴乱没有安宁，日夜操劳，至今年春天，风寒感发旧疾，六月间又得了腹泻，以致元气渐亏，到本月十七日龙驭上宾。"死前得了许多病，但说这些病都是由于为国事操劳所致，这是谁也不会相信的。

同治风流染"花柳"

清穆宗同治名爱新觉罗·载淳（公元1856～1874年），咸丰病死后继位，是清朝入关后第八位皇帝。在位13年，患天花而死（另一说为患梅毒而死），终年19岁。

公元1861年7月，年仅三十一岁的咸丰帝病死。咸丰皇帝共有两个儿子，载淳是他的长子，次子三岁就夭折了，所以载淳成了皇位的惟一合法继承人。载淳于咸丰死去的当天在灵柩前继位，改年号为"祺祥"。载淳即位时，只有6岁，由载垣、端华、肃顺等八位顾命大臣辅政。这一年的十月，载淳的生母慈禧太后不满八位大臣专权，和恭亲王奕䜣合谋发动辛酉政变，乘皇室从热河回北京之机，将载垣、端华、肃顺处死，其他五人革职或遣戍，实行"垂帘听政"，自己掌握实权，改年号为"同治"，以第二年为同治元年。

同治帝少时可谓调皮顽童一个，不爱学习，专喜好同伙伴捉蟋蟀打斗玩耍。这是因为咸丰早逝，而生母慈禧又一味倾心于宫廷权力斗争，他的童年既失父教又缺少母爱，所以他才整天和身边的太监厮混在一起。而这些太监们，只知道阿谀奉承，陪同治玩得高兴就行了。等他渐渐长大之后，太监们又引诱同治整天声色犬马，恣意淫乐，因而登基之后，年幼的同治帝仍然只喜欢嬉戏玩耍，厌恶读书。进入弘德殿读书后，真是一个少见的顽童学子，让他的师傅们非常头疼。

光阴似箭，转眼过了几年，同治已到了大婚之年。经过一番挑选，皇后的最后目标集中在二位姑娘身上，一是蒙古族江西司员外凤秀之女富察氏，另一位则是当时满族户部尚书崇绮之女阿鲁特氏。富察氏一族将相辈出，显赫异常，只是此女年龄还小，性情娇憨，缺乏统摄六宫、襄助帝业的才华和气度。阿鲁特氏出身书香门第，生得端庄凝重，知书达理，举止有度，善工诗词文章。但慈禧因阿鲁特氏是咸丰皇帝遗命辅政的八大臣之一、后被赐死的郑亲王端华的外孙女，不愿让她做皇后，而打算立富察氏为皇后。慈安太后却有不同意见，她看中的是阿鲁特氏，认为此女品德才貌都能胜任皇后之位，对于同治帝主政理事十分有益。慈禧心下不乐意但没表现出来，她说："凤女虽然年轻，但听说她却很贤淑。"慈安道："凤秀的女儿太轻佻，不宜选为皇后，只能当一个贵人。"这句话刺痛了当贵人出身的慈禧，不免怀恨在心，但又不好争辩，只好提议说让奕䜣参酌。奕䜣虽在北京政变中与慈禧一个鼻孔出气，此次也赞同东宫太后的意见，这样慈禧更是难堪。最后，她只得使出杀手锏，以眼色暗示同治皇帝，让他在最后选择时按自己的意思办。可她不曾料想，同治皇帝虽是慈禧太后的亲生骨肉，但对生母没有多少感情，反而对慈祥和善的慈安太后视同母亲。同治帝先看看生母，再看看东宫太后，最后将那柄镶玉如意递给了阿鲁特氏。在大家的一片庆贺声中，慈禧觉得很是羞辱，脸色骤变，却又不便发威，直恨得咬牙切齿。

　　同治帝大婚，册封崇绮女阿鲁特氏为皇后，并封凤秀女富察氏为慧妃。这时皇帝已经成人，两宫太后撤帘归政。

　　同治帝完婚以后与皇后相处得十分融洽，互相以礼相待，相敬如宾。妒忌成性的慈禧，见儿子对皇后那么好，心里一百个不高兴。皇后去拜见她，她总是不理不睬，冷眼相看。这便引起了婆媳关系的紧张。慈禧对同治说：慧妃贤惠聪明，要更加爱她；皇后年纪小，不懂礼节，不要老往她宫里跑，妨碍政务。同时，暗中派心腹太监监视皇帝的行踪。同治帝对此大为不满，干脆一个人住在乾清宫，皇后、慧妃两边都不去。

同治帝同皇后亲热惯了，一个人独处，便感到寂寞无聊，整天闷闷不乐，时常无端暴怒。内监便想出法子，带着同治帝微服出行，说是到民间采风观俗，其实就是嫖妓。

同治帝从此便每天夜间与心腹太监周道英偷偷出宫。他微服出游，最怕碰见王公大臣。因此，凡是大的娱乐场所、大店铺、大饭馆都不敢去。他光顾的地方是天桥夜市场、韩家潭妓院以及冷僻街道的茶馆、酒店，与窑姐一宵恩爱，说不尽的风流快活。春宵苦短，同治天不亮，就要回到乾清宫，仍旧按向来惯例到前殿上朝，大臣们都没有丝毫察觉。退朝回来，同治也仍到两宫太后处请安，两宫皇太后也是毫无觉知。光阴荏苒，一晃过了数月。日子渐久，胆子也渐渐地大了，便不再叫周道英跟着，独自走动起来，所认识的窑姐儿，也越来越多。秦楼楚馆的温柔滋味，与宫中大不相同。让同治尝到了别样的滋味，从此对歌楼妓院流连忘返，真愿此生长老于此温柔乡。

翰林院侍读王庆祺是花月场里的老手，同治与他时常切磋，而后君臣同嫖。不久又加上恭亲王的儿子载澄。载澄曾在弘德殿伴读，自小与同治帝相伴。载澄是有名的纨绔子弟，一向把性命看得很轻，常常酒后发兴，只求眼前一时快乐，却不顾后来的情形，不惜重金，到处寻觅春药。同治近墨者黑，也时常服春药以求一时之欢。日子久了，北京城里逐渐传遍了同治帝微服出游的事，只瞒着两宫太后。

谁知风流过后，同治染上了花柳病。这种风流毒疮，传染蔓延非常迅速。遇到身体虚弱的人，更是来势凶猛，往往当天发作，立刻溃烂。也有十来天不治而死，也有月余不治而死的。同治整天在花月场中厮混，身体本来很虚弱，染上了风流疮毒之后，疮毒便无孔不入。身体很快就发起热来，太医问起病情，当着两宫太后的面，同治不敢实说，便说偶然发些寒热罢了。太医们便斟酌开上药方，照方配药。隔了几天，同治满面起了疮痘。两宫太后见了大惊，却又以为同治是发了痘疹，召太医们入宫诊视。太医见了同治的模样，大吃一惊，心想这种模样，分明是梅毒发作，但又认为皇帝整天在宫中，不应该生此恶疾，听得两宫太后声声说是痘诊，只得开了痘疹的药方。同治怒躁道："我不是患天花，怎么能按天花治呢!"太医奏道："这是太后的旨意。"

染上淫毒，起初还能支持，等到十月，连头面上都发现出来。宫廷为了保存颜面，盛称皇上生了天花。蕴毒越深，病情越重。十一月初，身体竟不能动弹，皇后前来看望，不敢闯进屋内，只得隔窗问候。慧妃正走向宫中来，听得皇后的声音，急忙转身走到慈禧太后宫里说："皇上大病才有转机，见了皇后，怕又要糟蹋了身子，再发起病来可不是玩的。"

皇后退出以后，不到多时，慈禧来了，便问道："可有人来过?"小宫监不敢隐瞒，直说："皇后娘娘来过一次，隔窗说了几句话。"慈禧太后听了之后，也不出声。隔了一天，同治的病忽然又犯了，疮疥又红肿起来。慈禧太后见了大惊，立刻传旨把皇后唤来。皇后战战兢兢地来到乾清宫。慈禧照准皇后的脸打了几巴掌，直打得皇后脸青唇肿。

慈禧太后叱道："骚狐精! 我打了你，你可心服吗?"

皇后道："老佛爷应当责打的，怎敢不服，只是奴才有何罪名?"

慈禧道："好个骚狐精，自己做的事，还敢抵赖吗? 我先问你，皇上病到这般地步，你还是妖媚无耻，是不是想让皇上的命送掉了才肯罢休吗?"

皇后听着，才知道为了自己昨天问候的事情，便跪奏道："奴昨天到此问候，因为老佛爷有旨在先，不敢进内，隔窗请了皇上圣安，立刻退出的，怎敢妖媚无耻，伏叩老佛爷圣鉴。"慈禧听了，冷笑了几声，叱道："不打总不肯招。"说罢，便命李莲英把皇后拖去笞责。同治在床上想挣起身来，跪求饶恕，只因病势已重，哪里还挣得起来，便伏枕叩头道："老佛爷请息雷霆之怒，姑且饶她一次吧!"慈禧见同治出来说情，便照准皇后的脸上，又是几下。慈禧十指上带着那金指甲，把皇后的面上抽得血痕缕缕。同治情急之下，晕倒在床上。慈禧这才罢手。同治帝从此卧病不起，病情日益恶化。

同治心情悒郁，加上药不对症，不多久便下部溃烂，臭不可闻，面颊肿硬，牙浮口粘，头发全都脱落了。十二月初五日，死于养心殿东暖阁，年仅十九岁。民间流传着一副对联："不爱家鸡爱野鹜，可怜天子出天花。"皇后为自己渺茫的前程感到绝望，自寻死路，到光绪元年二月二十日猝死在储秀宫，时年二十二岁。

关于同治的死至今有多种说法。至于"死于天花"之说，根据内廷李越缦、翁同和的笔记所载："十一月穆宗生天花，偏体蒸灼。"徐艺圃撰《同治帝之死》也认为同治死于天花。清代档案《万岁爷进药用药底簿》，比较详细地记录了自同治十三年十月三十日下午得病，召御医李德立、庄守和入宫请脉起，直至十二月初五日夜同治病死，前后37个脉案、所开的处方、共配了106服药的情况。据这份脉案的记载，同治是死于天花。同治帝的"脉案"，留到今天，确实有助于解决和澄清一些历史上存疑的问题。但脉案背后由更深的政治运作决定。"梅毒"二字，御医是不敢说的，也不敢按照梅毒来治，脉案上就不会记载。

清皇室对天花相当畏惧，顺治帝就曾颁布"避痘谕旨"，但他最终还是难逃天花，据说清廷后来选择了康熙的原因，即因他已经出过痘，终生对天花免疫。同治贵为天子，他怎么可能没有接受过种痘呢？如果确实接受了种痘，天花就算不幸在他身上发生，他也应该具有一些抵抗力，不至于如此脆弱。中国民间有句俗话说："生了孩子只一半，出了天花才算完全。"据记载"两宫太后俱在御榻上持烛令诸臣上前瞻仰"，照理说，天花是一种极强的传染病，满洲人视之为毒蛇猛兽，但两宫太后与诸臣子竟然还敢上前瞻仰，这与清初宫廷恐怖避痘的措施大相径庭。其实也是同治是否得的是天花的一个疑点。

在大多数野史笔记里都记载同治死于梅毒的传闻。野史有时并非一定是不可信的、荒谬的，反而可以反映出正史的矛盾之处，而发挥它的史料价值，或是提供人们不同视角下所显现出来的历史图像。《清稗类钞》中认为同治死于梅毒。清朝初年，从顺治到雍正，颁布过几次诏令，采取过一些措施，禁止与取缔卖淫嫖宿。顺治八年，奉旨停止教坊女乐。雍正年间，又诏令废除官妓。但是过了不久，反而进一步地蔓延发展了起来。雍正之后的几代皇帝对于娼妓的活动也多听之任之，令虽行而禁不止，乾隆皇帝巡视江南时甚至亲自召幸过女伶昭容和雪如。乾隆以后，娼妓之盛，当时来华的日本人也有记载，《唐土名胜图》认为，古今风土变迁，最可玩味者，莫如戏楼与妓馆。其中的《东西青楼之图》，是在北京的灯市口之东一带，妓皆长袍盛妆，弹筝侑酒，绣帘红烛，迥非今世所见。咸丰时，北京的妓风大炽，"胭脂石头胡同，家悬纱灯，门揭红帖，每过午，香车络绎，游客如云，呼酒送客之声，彻夜震耳，士大夫相习成风，恬不为怪，身败名裂，且有因此褫官者。"乾隆都可以下江南嫖妓，同治就近在北京风流也是有很大的可能的。